왜 기독교는 진짜인가

왜 기독교는 진짜인가

지은이 | 이영
초판 발행 | 2025. 10. 29
등록번호 | 제1988-000080호
등록된 곳 | 서울특별시 용산구 서빙고로65길 38 두란노빌딩
발행처 | 사단법인 두란노서원
영업부 | 2078-3333 FAX | 080-749-3705
출판부 | 2078-3331

책 값은 뒤표지에 있습니다.
ISBN 978-89-531-5201-4   03230

독자의 의견을 기다립니다.
tpress@duranno.com   www.duranno.com

ⓒ 이 출판물은 저작권법에 의해 보호를 받는 저작물이므로
무단 전재와 무단 복제, 무단 사용을 할 수 없습니다.

두란노서원은 바울 사도가 3차 전도여행 때 에베소에서 성령 받은 제자들을 따로 세워 하나님의 말씀으로 양육하던 장소입니다. 사도행전 19장 8-20절의 정신에 따라 첫째 목회자를 돕는 사역과 평신도를 훈련시키는 사역, 둘째 세계선교(TIM)와 문서선교(단행본·잡지) 사역, 셋째 예수문화 및 경배와 찬양 사역, 그리고 가정·상담 사역 등을 감당하고 있습니다. 1980년 12월 22일에 창립된 두란노서원은 주님 오실 때까지 이 사역들을 계속할 것입니다.

쉽게 읽는 기독교 변증
왜 기독교는 진짜인가

이영 지음

두란노

차례

추천의 글	6
프롤로그	10
하나님의 부르심과 믿음의 여정	16

Part 1 강력한 세속 문화에 대항하는 기독교 변증

01	진리가 무엇인가?	30
02	변증의 빅 픽처	51
03	변증의 어원과 성경적 기초	63
04	초대교회부터 이어온 변증의 역사	71

Part 2 예수님의 성육신과 관계적 변증

05	관계적 변증은 무엇인가?	130
06	하나님의 아들이 인간이 되셨다	138
07	관계의 영적 전쟁	152

Part 3 왜 기독교는 진짜인가

08	신(神)은 존재하는가?	182
09	성경은 신뢰할 수 있는 하나님의 말씀인가?	207
10	예수님이 구원의 유일한 길인가?	248
11	포스트모더니즘을 어떻게 대응할 것인가?	295
12	자연주의를 신뢰할 수 있는가?	305

에필로그	328
주	330

추천의 글

'변증'은 매우 낯설고 어색한 단어입니다만, 우리의 일상에서 많이 쓰이기도 합니다. 자신이 믿는 바를 다른 사람들에게 설명하는 것이 변증입니다. 믿기 어려워하는 이들에게는 다양한 사례를 들어 더 구체적으로 설명합니다. 이런 의미에서 예수 그리스도를 통해 구원받은 성도들은 모두 변증가의 삶으로 부르심을 받았다고 할 수 있습니다. 믿는 소망에 관한 이유를 묻는 자에게는 대답할 것을 항상 준비하라고 성경은 말하기 때문입니다(벧전 3:15-16).

이영 목사님의 삶은 '왜 기독교는 진짜인가'를 변증하는 삶입니다. 하나님이 저자에게 변증에 필요한 탁월한 은사들을 주셨습니다. 그러한 은사가 확인되어 세계적으로 저명한 기독교 변증 사역 단체인 조쉬 맥도웰 미니스트리에서 글로벌 훈련 디렉터로 섬기고 계십니다. 이제 이 책을 통해 한국 교회에도 그 축복이 주어지게 되었습니다. 모든 성도가 이 책을 통해 일상의 변증가로 준비될 수 있기를 소망하며 추천합니다.

● 이재훈 | 온누리교회 위임목사

이영 목사는 기독교 학교인 숭실고등학교를 졸업한 내 어릴 적 친구다. 그는 가족과 함께 미국으로 이민 가서 대학 졸업 후 잘나가는 직장도 다니고 공학 박사 학위도 받았지만, 하나님의 부르심이 있어 목사가 되어 나와 다시 만났다. 그는 성령의 사람이고, 복음 전도에 삶을 건 주의 종이다. 팀 켈러(Timothy Keller) 목사가 변증 설교로 맨해튼의 젊은이들을 개종시켜 리디머 교회(Redeemer Presbyterian Church)를 개척한 것은 기독교 변증이 현대의 젊은 세대에게 효과적인 복음 전도 방식임을 잘 보여 준다. 이 책에는 이영 목사가 현장에서 변증을 통해 전도하면서 개발한 그만의 비법이 담겨 있다. 이 책이 전도의 돌파구를 안내해 줄 것이라 믿어 의심치 않는다.

● 김철홍 | 장로회신학대학교 교수

추천의 글

예수님의 지상 명령 "모든 민족을 제자로 삼아"(마 28:19)는 믿는 우리 모두에게 주어졌다. 가르쳐야 할 복음은 정해져 있지만 어떻게 가르쳐야 제자로 삼을 수 있을까? 지극히 개인적인 관점에서 출발한 이 질문이 이 책에서는 학술 논문에 준하는 치밀함과 합리성으로 다뤄져 있으며, 특히 자연주의를 떠받치고 있는 진화론의 허실을 공학도의 관점에서 정리한 것도 돋보인다. 차세대 복음화가 위기에 처한 이 시대에 제자 훈련과 복음 전도 필독서를 집필해 준 이영 목사님에게 감사드린다.

● 이용경 | CGN CEO·KT CEO 역임, 18대 국회의원

복음을 전하다 보면 "신은 존재하는가?", "성경은 믿을 만한 책인가?", "창조인가, 진화인가?" 등의 변증적 질문을 하는 사람들을 생각보다 많이 만납니다. 그런 것들이 걸림돌이 되어 복음을 받아들이지 못하기도 합니다. 세계 최고의 학교에서 인문학, 이학, 공학, 신학 등 다양한 학문을 섭렵하고 세계적인 변증 단체에서 사역하는 이영 목사님이 쓴 이 책은 이런 질문들에 대해 이해하기 쉽게 대답해 줍니다. 왜 기독교를 믿어야 하는지 묻는 사람들에게 확신을 가지고 조리 있게, 체계적으로 설명하기 원하는 모든 이들에게 이 책을 기쁘게 추천합니다.

● 이재기 | 사랑빛는교회 담임목사, 성서침례대학원대학교 명예교수, 극동방송 칼럼니스트

프롤로그

> 너희 마음에 그리스도를 주로 삼아 거룩하게 하고 너희 속에 있는 소망에 관한 이유를 묻는 자에게는 대답할 것을 항상 준비하되 온유와 두려움으로 하고 선한 양심을 가지라 이는 그리스도 안에 있는 너희의 선행을 욕하는 자들로 그 비방하는 일에 부끄러움을 당하게 하려 함이라 벧전 3:15-16

기독교 변증은 초대교회에서 시작되어 수 세기 동안 이어져 온 믿음의 역사로, 각 시대마다 기독교가 세속 문화와 반기독교적 도전에 맞설 때 진리를 수호하는 거룩한 사명이 되어 왔습니다. 그 속에서 우리는 성경의 진리와 기독교의 정체성을 붙들기 위해 싸워 온 수많은 믿음의 사람들을 만납니다. 기독교 변증은 단지 이론적 논증이나 기독교 역사에서 주변적인 주제가 아니라 교회의 존재 이유이자 그리스도인에게 주어진 본질적인 소명 중 하나입니다.

이 책을 쓰게 된 가장 큰 동기는 변증은 특별한 사람들만 하는 일이라는 오해를 깨뜨리고, 보통 사람들이 쉽게 이해하고 적용할 수 있도록 돕기 위해서입니다. 변증은 목회자나 학자들만의 몫이 아닙니다. 우리가 살아가는 이 시대야말로 모든 그리스도인이 변증가가 되어야 할 때입니다.

다음 질문에 한번 답해 보십시오. 누군가가 "당신은 왜 기독교를 믿나요?"라고 물었을 때 어떤 대답을 하나요? 우리가 믿는 진리를 조리 있게, 체계적으로, 명확하게 설명할 수 있나요? 저는 변증은 무엇보다 우리 자신을 위한 것이라고 확신합니다. 예수님을 구주로 고백하는 우리가 "나는 왜 이 믿음을 따르는가?"에 대한 답을 갖고 있어야만 다른 이에게도 진실하고 확신 있게 말할 수 있기 때문입니다.

21세기를 사는 오늘의 그리스도인에게 절실하게 요청되는 것은 우리가 믿는 신앙의 핵심이 무엇인지, 그리고 왜 그 진리를 믿는지에 대한 분명한 자각입니다. 이 과정은 단지 이론적 이해를 넘어서서, 진리를 '살아 내는 것'으로 이어져야 합니다. 그렇기에 저는 변증이 단순한 논증이 아닌 제자 훈련의 핵심 과정이라 믿습니다.

오늘날 교회 안에 신자는 많지만 참된 제자는 적은 것 같습니다. 그러나 예수님의 지상 명령은 분명히 "제자를 삼으라"이며, 교회가 존재하는 이유도 여기에 있습니다. 변증은 제자를 세우는 데 필수 불가결한 도구입니다. 특히 젊은 세대가 교회를 떠나고 있는 지금, 우리는 더욱더 성경의 진리를 역사적·이성적으로 훈련하여 믿음을 굳건히 세울 필요가 있습니다. 저는 확신합니다. 변증은 견고한 교회를 세우고, 진리 위에 선 제자를 양성하는 데 없어서는 안 될 도구입니다.

변증은 또한 교회 밖에 있는 이들을 위한 것입니다. 신앙에 무관심한 이들, 진리를 탐구하는 구도자들, 또는 다른 종교를 믿지만 기독교에 대해 알고 싶어 하는 이들에게 변증은 기독교 신앙의 합리성과 역사성을 제시함으로써 그들이 하나님께 나아올 수 있는 길을 열어 줍니다. 저는 그들을 위해 기독교의 핵심 진리와 우리가 진리를 믿는 이유에 대한 합리적인 근거를 제시하고자 합니다.

포스트모던 시대는 절대적 진리를 부정합니다. 이 시대에서 기독교가 요구받는 것은 '진실성'(authenticity)입니다. 진리를 말하는 사람의 삶을 보면 그 사람이 정말 진리를 알고 있는지를 알 수 있습니다. 진리를 말할 뿐만 아니라, 진리를 '사는' 것이야말로 변증의 궁극적인 목표입니다. 예수님은 이렇게 말씀하셨습니다.

너희가 내 말에 거하면 참으로 내 제자가 되고 진리를 알지니 진리가 너희를 자유롭게 하리라 요 8:31-32

진리가 우리를 자유롭게 한다는 이 말씀은 단순한 지식의 선언이 아니라, 진리를 '살아 냄'으로 얻는 자유를 의미합니다. 변증은 곧 진정성 있는 삶입니다.

진리를 수호하는 우리의 말과 그 진리를 살아 내는 우리의 삶이 하나로 어우러질 때, 세상은 빛과 소금을 보게 됩니다. 이것이 복음입니다. 가장 강력한 변증은 진리대로 살아가는 성도의 진실한 삶입니다. 예수님이 그러셨던 것처럼 말입니다.

진리는 단순한 지식 이상의 것으로, 지적 진리, 영적 진리, 관계적 진리로 이루어져 있습니다.

- 지적 진리는 성경의 교리와 신조에 기반한 신학적 진리입니다. 사도신경이 좋은 예입니다.
- 영적 진리는 성령 하나님의 역사로 경험되는 중생과 내주의 체험입니다. 예수님은 거듭남으로 이를 표현하셨습니다.
- 관계적 진리는 우리가 하나님과 이웃과 맺는 관계 속에 드러나는 인격적 진리입니다. "내가 곧 진리다"라는 예수님의 선언은 진리가 한 인격으로 우리 가운데 계신다는 것을 말합니다.

이 모든 진리는 결국 삶 속에서 통합되어야 합니다. 우리가 진리를 경험하고, 진리를 삶 속에서 실천할 때, 비로소 진리는 우리 안에 살아 숨 쉬게 됩니다. 그렇게 살아가는 삶이 바로 변증의 삶입니다.

예수님은 그 삶의 완전한 모델이십니다. 그분은 말씀하신 그대로 사셨습니다. 마태복음의 팔복과 산상수훈의 메시지는 예수님의 삶 그 자체이며, 우리가 따라야 할 삶의 길입니다. 비록 쉽지 않은 좁은 길이지만, 복된 길입니다. 변증의 삶은 하나님을 향한 예배의 삶이고, 예수 그리스도를 따라가는 제자의 삶이며, 아름답고 진실한 삶입니다.

이 책은 총 3부로 구성되어 있습니다.

Part 1. 강력한 세속 문화에 대항하는 기독교 변증

포스트모던 시대의 진리 상대주의에 맞서 기독교 진리를 성경적·역사적·문화적 관점에서 정립합니다. 변증의 성경적 기초와 역사적 발전, 다양한 문화 속 변증 방법들을 다룹니다.

Part 2. 예수님의 성육신과 관계적 변증

진리는 삶으로 연결될 때 온전해집니다. 관계적 변증을 통해 지적·영적 진리가 사람과 하나님, 사람과 사람 사이의 관계 속에 드러나는 방식을 제시합니다. 특히 예수님의 성육신을 통해 관계적 진리의 본질을 살펴봅니다.

Part 3. 왜 기독교는 진짜인가

여러 가지 변증의 주제들을 다룹니다. "신(神)은 존재하는가?", "성경은 신뢰할 수 있는 하나님의 말씀인가?", "예수님이 구원의 유일한 길인가?", "포스트모더니즘을 어떻게 대응할 것인가?", "자연주의를 신뢰할 수 있는가?" 등 변증의 실제를 소개합니다. 이를 통해 왜 기독교가 진짜인지 알 수 있습니다.

이 책이 독자에게 줄 유익은 다음과 같습니다.

- 기독교 변증의 역사적 기초부터 실제 적용까지 포괄적인 이해를 돕습니다.
- 신앙을 깊이 이해하고 자신 있게 설명할 수 있도록 돕습니다.
- 진리를 전할 때 온유함과 사랑으로 접근하는 삶의 자세를 제시합니다.

이 책은 단지 '어떻게 변증할 것인가'를 설명하려는 것이 아닙니다. 이 책의 궁극적인 목적은 진리를 알고, 진리를 믿으며, 진리를 살아내는 그리스도인의 삶으로 나아가도록 돕는 데 있습니다.

그 여정을 함께 시작합시다.

2025년 10월
댈러스에서 이영

하나님의 부르심과 믿음의 여정

"하나님의 은혜가 아니었다면 지금의 저는 없었을 것입니다. 제 인생은 처음부터 하나님을 향해 열려 있는 여정이 아니었습니다. 그러나 하나님은 예상치 못한 방식으로 저를 부르셨고, 그 부르심에 순종할 때마다 놀라운 길들을 열어 주셨습니다."

복음을 알지 못했던 시절

저는 기독교 집안에서 태어났습니다. 친할머니의 영향을 많이 받았는데, 할머니는 항상 기도하고 성경을 보셨으며 늘 인자하셨습니다. 할머니는 언제나 교회는 꼭 가야 한다고 일러 주셨습니다.

제가 예배당에 처음 간 것은 유치원을 다니면서였습니다. 종로2가에 있던 새문안유치원을 다녔는데, 강신명 목사님이 유치원 아이들에게 말씀을 들려주시던 인자한 모습이 제 기억 속에 살아 있습니다. 부모님은 독실한 신자는 아니었지만 교회에 적을 두고 계시다가 제가 중고등학생 시절부터 교회에 열심히 다니기 시작했습니다. 저도 중

학생 때부터 매주 동네 교회에 다녔지만 예수님을 개인적으로 만나지 못했습니다. 예수님에 대해서는 존경할 만한 세계의 4대 성인 중 한 명 정도로 알고 있었고, 복음을 제대로 알지 못한 채 청소년기를 보냈습니다. 그저 다른 사람을 배려하고 못된 짓을 하지 않으면 된다고 생각하며 선하게 살려고 노력했습니다. 오히려 유교 사상이 저를 지배했다는 생각이 들기도 합니다.

고등학교에 진학하면서 교회에 발길이 뜸해졌지만 기독교 학교였기에 매주 금요일이면 학년 전체가 대강당에 모여 예배를 드렸습니다. 학교 정문 옆 작은 언덕에 "너의 주 창조주를 기억하라"라는 문구가 적힌 팻말이 있어서 등교할 때마다 쳐다보곤 했지만, 그 말씀의 뜻을 알지 못하고 고등학교 3년을 지냈습니다.

젊은 자연주의자가 진짜 진리를 만나다

고등학교를 졸업할 때쯤 여러 서적을 섭렵하며 "진리가 무엇인가?"라는 질문에 심취했습니다. 진리에 대해서 진지하게 알고 싶었고 진리를 깨달을 수 있으면 좋겠다는 생각을 했습니다. 불행히도 당시 제가 접한 서적들은 헤르만 헤세(Hermann Hesse), 버트런드 러셀(Bertrand Russell) 등의 저자들이 쓴 불교적·무신론적 사고를 주입하는 책들이었습니다.

중고등학생 시절 공교육으로 주입된 자연주의적 세계관과 진화론은 어느새 저의 세계관으로 깊숙이 자리 잡고 있었습니다. 여기에 한국 사회에 잠재적으로 흐르고 있는 불교·유교적 문화유산의 영향권 아래에서, 저는 기독교의 진리에서 벗어나 완전히 길을 잃은 인생이었습니다.

그런 와중에도 저는 참된 진리에 저 자신을 완전히 바치고 싶었습니다. 당시 세 가지의 심각한 질문을 가지고 있었고 그 답을 찾기 원했습니다. 첫째 질문은 "나는 어디서 왔을까?"였고, 둘째 질문은 "나는 무슨 목적으로 살아가는가?"였으며, 셋째 질문은 "나는 어디로 가는 것일까?"였습니다.

진화론에 따르면, 나는 우연히 진화되었고, 약육강식과 적자생존의 원리 속에서 살다가 경쟁에서 이기면 높이 올라갈 수 있는 존재였습니다. 그리고 주어진 생이 끝나면 자연으로 돌아가는 것이었습니다. '죽음이 인생의 끝이다'라는 진화론의 명제는 저에게 '인생은 허무하고 살 의미가 없다'는 결론을 내리게 했습니다.

불교의 "공수래공수거"(空手來空手去, 빈손으로 왔다가 빈손으로 간다), "색즉시공 공즉시색"(色卽是空 空卽是色, 물질적 현상[색]은 곧 실체가 없음[공]이고, 공은 곧 색이다)이라는 허무주의 사상이 진화론과 맞물려, 저는 정신적 혼돈 속에서 '인생은 의미가 없지만 그래도 삶이 주어졌으니 잘 살아 내야겠다'는 생각을 했습니다. 알베르 까뮈(Albert Camus)가 "삶의 의미는 없지만 그래도 우리에게 주어진 삶을 자살로 마감하지 말고 최선을 다하며 살아 내자"라고 한 말에 위안을 얻으며 저도 그렇게 살려고 노력했습니다.

그러다가 온 가족이 미국으로 이민을 가게 되었는데, 이 사건이 저의 인생을 바꾸는 전환점이 되었습니다. 작은 누님이 먼저 교회 대학부에서 믿음 생활을 했고, 저를 전도하기 위해 믿음의 형제자매들을 붙여 주었습니다. 함께 축구도 하고 식사도 하면서 그리스도인들

가운데 있는 따스함과 사랑의 마음을 느낄 수 있었습니다. 그러던 중 '나도 교회에 가야 되겠다'고 결심하고 대학부에 들어갔습니다. 처음 교회에 갔을 때를 기억하는데, 대학부 전도사님이 저를 보자마자 이런 질문을 하셨습니다. 이 질문이 제 인생을 바꾸어 놓은 계기가 되었다고 생각합니다.

"이영 형제, 구원의 확신이 있습니까? 만약 오늘 죽는다면 천국에 들어갈 확신이 있습니까?"

질문을 받은 저는 아무 대답을 할 수 없었습니다. 그때 두 가지 생각이 들었는데, 첫째는 '이 전도사님은 확신이 있구나'였고, 둘째는 '죽어서 천국에 갈지는 죽어 봐야 알지, 그것을 지금 어떻게 알 수 있지?'라는 것이었습니다.

이후에 저의 뇌리 속에는 '구원'이라는 단어가 떠나지 않고 계속 맴돌았습니다. 그래서 성경을 알아야겠다는 생각이 들어서 성경 공부 모임에 참석했습니다. 로마서를 공부하면서 죄가 무엇인지 알게 되었고, 제가 하나님을 등지고 살아온 삶 자체가 죄가 된다는 사실을 깨닫게 되었습니다.

그러나 죄성을 알게 되었음에도 저는 창세기 1장 1절, "태초에 하나님이 천지를 창조하시니라"라는 말씀을 믿을 수가 없었습니다. 하나님이 세상을 창조하셨다는 말씀이 믿어지지 않아서 교회에 출석하고 성경 공부도 계속했지만, 여전히 저는 자연주의자, 진화론을 신봉하는 자연적 인간으로 남아 있었습니다.

그때 로마서 공부를 인도하던 대학부의 리더가 자신의 기숙사로 저를 초대해서 캘리포니아 공과대학 교수가 쓴 진화와 창조의 증거에 관한 책을 읽어 보라고 권유했습니다. 이 책과 몇 권의 관련 서적을 읽으면서 저명한 과학자이며 최고 학교의 교수가 내린 결론에 주목하게 되었습니다. 그의 결론은 '진화론과 창조론 모두 일정의 과학적인 증거가 있으며, 두 이론 모두 일련의 가정(presupposition) 위에 세워진 것이고, 이것은 '믿음(faith)의 요소'라는 것이었습니다.

저는 그때까지 과학과 진화론은 하나이며, 이것이 진리에 가깝다는 생각에서 벗어나지 못하고 있었습니다. 그런 저에게 그 교수의 결론은 큰 충격으로 다가왔고, 진화론도 믿음의 일종이라는 사실은 저의 사고에 큰 전환을 가져오는 계기가 되었습니다. 이와 동시에 자연주의적 세계관과 진화론에 대한 회의감이 들기 시작했습니다. '과연 자연주의 세계관과 진화론에 근거해서 살아야 할 합당한 이유와 확신이 있는가?' 고심하면서 자연스럽게 성경적 세계관에 대해서 알아갔습니다.

그러던 어느 날 아침에 일어나서 성경책을 폈는데 창세기 1장이었습니다. 전에는 태초에 하나님이 세상을 창조하셨다는 말씀이 믿어지지 않아서 성경의 첫 페이지를 넘길 수가 없었는데 이번에는 느낌이 뭔가 달랐습니다. 갑자기 성경책에서 황홀한 빛 같은 것이 발현되는 것 같았고, 태초에 하나님이 세상을 창조하셨다는 말씀을 읽을 때 제 마음에 진한 감동이 생겨났습니다. 저도 모르게 눈물이 주르륵 흘렀습니다. 이것은 회개의 순간이었고 거듭남의 경험이었습니다.

이날 창문을 통해서 바라본 세상은 너무나 아름다웠습니다. 푸른 창공과 하늘에 떠 있는 하얀 뭉게구름, 봄날 화창하게 만발한 정원의 꽃들과 녹색의 수목들…. 온 세상이 전에는 느낄 수 없었던 생기와 아름다움으로 꽉 차 있었습니다. 하나님이 이 모든 것을 만드셨기 때문에 세상이 사랑스러웠고 하나님의 숨결이 느껴졌습니다.

이날부터 저는 약 3일간 아무 일도 하지 않고 성경을 읽으면서 눈물의 회개와 기도로 시간을 보냈습니다. 하나님의 은혜로 중생을 체험한 저는 그때 비로소 구원의 선물이 임했음을 알 수 있었습니다. '내일 죽더라도 나는 하나님의 품으로 돌아갈 것이다'라는 믿음의 확신이 생겼고, 저에게 예수님은 나의 죄를 사해 주신 용서의 하나님이심을 확신하게 되었습니다.

지금 그때를 되돌아보면, 성령 하나님이 역사하셔서 제가 예수님은 그리스도이시며 하나님이시라는 고백을 할 수 있도록 인도하셨다고 생각합니다. 이 무렵 제가 다녔던 고등학교 정문 옆 작은 언덕에 꽂혀 있던 팻말의 문구, "너의 주 창조주를 기억하라"라는 말씀의 의미를 비로소 깨닫게 되었습니다.

아울러 제 생각의 벽을 깨뜨리기 시작한 것은 앞서 언급한 것처럼 한 권의 책을 접하면서였습니다. 그 책은 저에게 진화론에 대한 의심과 회의감을 불어넣었고, 자연주의적 세계관에 균열을 일으켰습니다. 그 책을 통해 창조의 과학적인 증거를 알게 되었고, 그때 제 세계관의 축은 창조론 쪽으로 기울어졌습니다. 그러나 궁극적으로 저에게 믿음의 확신을 주신 분은 성령 하나님이십니다. 변증의 여러 가지 방법들을 총동원하여 저를 하나님께로 이끄셨습니다.

저는 회심을 통해서 변증의 중요성을 뼈저리게 깨닫게 되었습니다. 당시 경험한 변증의 체험은 먼 미래인 오늘날 제가 변증을 강연하러 다니는 데 큰 힘이 되었고, 변증의 여러 방법들이 어떻게 쓰여야 하는가에 대한 지혜의 기초가 되었습니다.

소명, 불순종과 순종

 드라마와 같이 제 믿음의 여정이 시작되었습니다. 저는 성경 말씀이 주는 평안과 기쁨에 사로잡혔습니다. 성경은 제 인생의 동반자와 길잡이가 되었습니다. 성경 공부와 제자 훈련에 열심을 내고, 믿지 않는 친구들과 가족을 위해 중보기도에도 힘썼습니다. 하루는 기도하는데 하나님이 선교의 비전을 보여 주셨습니다. 많은 사람이 모여서 경배의 찬송을 드리는 가운데 한 사람이 복음의 메시지를 전하는 황홀한 비전이었습니다. 하나님이 저에게 말씀 선포자의 소명을 주신 것임을 직관적으로 알 수 있었습니다.

 대학을 졸업한 후, 신학대학원에 진학해 목회자의 길을 가겠다고 결심했습니다. 이 계획을 가족에게 알렸지만, 돌아온 반응은 냉소적이었습니다. 하나님께 받은 소명과 현실 사이에서 갈등하던 저는 결국 신학대학원 진학 계획을 잠시 접고, 다른 길을 찾기로 했습니다.

 대학교를 졸업한 후 일반 대학원에 입학하면서 저의 진로는 완전히 달라졌습니다. 석사학위를 마치고 뉴저지에 소재한 벨 랩(Bell Labs)에서 엔지니어로서 커리어를 쌓았고, 14년이 흘렀습니다. 이 기간에 회사를 다니면서 공학박사 학위도 받았습니다. 그 후에 책임 연구원으로 승진해서 소위 세상에서 잘나갔습니다. 아이도 셋을 낳고 새집도 장만하는 등 아메리칸 드림을 이루었습니다.

 교회에서는 교사로, 주일학교 부장으로, 안수집사 등의 직임을 맡았고, 소그룹 리더와 제자 훈련 프로그램 총무 등의 직책을 맡으며 신앙생활에 충실하고 있다고 생각했습니다. 마음 한구석에 하나님이 주신 소명을 이루지 못하고 목회자의 길을 가지 못한 것에 대한 아쉬움이 항상 남아 있었지만, 현실적으로 이제는 그 생각을 접고 다른 모습으로 하나님을 섬기면 된다고 생각했습니다.

그렇게 안주하려던 차에 하나님이 다시 개입하기 시작하셨습니다. 우연히 아내가 참석하고 있던 기도 모임에 갔는데 놀라운 일이 기다리고 있었습니다. 그날 손님으로 오셨던 한 분이 모임에 참석한 사람들을 위해서 기도를 해 주셨습니다. 저를 위해 기도하면서는, 과거에 하나님이 소명을 주시고 또 하나님께 서원한 일이 있지 않느냐며, 왜 지금 이렇게 살고 있느냐는 도전의 말씀을 전하셨습니다. 그때 저는 하나님이 저의 서원을 기억하시고 그 서원을 이루길 아직도 기다리고 계심을 직감할 수 있었습니다.

기도 모임 후에 저는 깊이 기도하는 시간을 가졌습니다. 나이 40을 바라보는 이때에 다시 시작하는 게 맞는지 고민되기도 했지만, 한편으로는 '이 서원을 이루지 못하고 살다가 하나님 앞에 가게 된다면 내가 무슨 말을 할 수 있을까? 하나님이 나에게 무슨 말씀을 하실까?'라는 생각이 들면서 잠을 이룰 수가 없었습니다. 지난 14년의 삶을 한 단어로 정리하면 '불순종'임을 하나님은 저에게 알려 주셨습니다. 이것은 하나님의 은혜였습니다.

하나님이 행하신 사역 여정

이제 결단해야 함을 깨닫고 기도하던 중 하나님은 제게 "댈러스로 가라"는 마음의 음성을 들려주셨습니다. '왜 댈러스일까? 텍사스는가 본 적도 없고 아무 연고도 없는 지역인데' 하는 생각이 들었지만, 그곳에는 달라스신학교가 있었습니다.

2000년 저희 가족은 댈러스로 이주했습니다. 2001년부터 2005년까지 달라스신학교에서 4년간 신학석사(Th.M) 과정을 마쳤고, 2002년부터 영어권 목회 사역자의 길을 걸었습니다. 이 기간 중에 저희 가정은 여러 가지 어려움을 겪었지만, 그럼에도 마음은 늘 평안했습니다. 하나님께 순종하고 있다는 데서 오는 평안과 안식의 마음이었습니다.

신학교를 졸업한 후 재정의 어려움을 겪고 있던 중에 어느 날 갑자기 옛날 직장 동료가 전화를 걸어 와 자신이 다니고 있는 회사에 저를 소개하고 싶다고 했습니다. J국 회사였는데 저의 과거 경력에 관심을 갖고 있었습니다. 첫 인터뷰 후에 회사는 저에게 일자리를 제안했습니다. 그때 저는 '목사가 이중직 사역(bi-vocational ministry)을 해야 하는가, 아니면 생활비를 보장해 줄 수 있는 교회로 사역지를 옮겨야 하는가' 사이에서 갈등했습니다.

당시 섬기고 있는 교회를 떠나는 것이 내키지 않았고, 제자리를 지키라는 하나님의 인도하심을 느꼈습니다. 그래서 교회의 리더십에게 제 상황을 알렸는데, 감사하게도 저의 이중직 사역을 허락해 주셨습니다. 두 가지 일을 병행하기가 쉽지 않았지만 하나님이 힘과 지혜를 주셔서 해 나갈 수 있었습니다.

이 회사는 저를 자주 본국으로 초청했습니다. 이것이 J국 선교를 시작한 계기가 되었습니다. 저의 해외 출장은 곧 선교 여행이 되었습니다. 공식 출장을 마친 뒤 그 지역에 남아서 현지 사역자와 함께 여러 교회와 회사 등에서 성경 공부, 전도 집회 등을 할 수 있는 길이 열렸습니다. 이렇게 하나님은 저에게 J국 선교의 문을 열어 주셨습니다.

지역 목회를 하면서 J국에 올인해서 13년간 선교를 이어 갔습니다. 이 기간에 수십 번 이상 J국을 오가면서 하나님이 많은 선교의 열매를 주셨습니다. 복음 메시지를 전할 때마다 결신하는 신자들이 있었고, 성령님이 많은 치유와 기적의 역사를 보여 주셨습니다.

J국의 시계는 21세기라기보다는 사도행전 당시 1세기 같다는 생각이 들었습니다. 복음의 메시지와 성령의 능력이 함께 나타났던 사도 바울과 베드로의 사역이 이 나라에서 재현되고 있다는 생각이 들었습니다. 이런 사역은 전적으로 하나님이 하시는 일이었고, 저는 하나님의 주권적인 역사를 바라보면서 순종할 뿐이었습니다. 이때 하나님이 동행하신다는 확신을 주셨습니다.

이후 저는 J국의 한 신학교와도 연결되어 달라스신학교에서 배우고 목회 현장에서 해 왔던 강해 설교를 가르치는 선생이 되었습니다. 학생들은 3일간 집중 수업을 마치고 마지막 하루나 이틀간 설교 실습을 하게 되는데, 그들이 강해 설교를 잘 전하는 모습을 보면서 주님께 감사했고 뿌듯했습니다. 이런 식으로 많은 학생들이 신실한 목회자로 성장해 갔습니다.

2019년에 많은 일이 일어났습니다. 제가 아는 J국의 선교사들이 거의 추방되었는데, 이 일로 저는 큰 충격을 받았습니다. '현지 선교사가 없는 이 나라에서 내가 할 수 있는 일이 무엇일까?' 그때 저와 아내는 이제 한 가지만 선택해야 하는 기로에 와 있음을 깨달았습니다. '목회인가, 선교인가'의 선택 지점에서 하나님은 17년의 목회를 접고 이제는 선교의 비전을 이루어 가야 할 시점에 도달했다는 확신을 주셨습니다.

하나님은 저를 한국으로 인도하셔서 J국 선교를 계속하게 하셨습니다. 하지만 한국에서 선교를 하던 중 코로나19 팬데믹이 터지면서 뜻하지 않게 암초를 만났습니다. 여행이 제한되면서 제가 할 수 있는 일을 고민하던 중 하나님이 "Bless the Nations"라는 온라인 성경학교 사역의 아이디어를 주셔서 온라인 성경학교를 시작하게 되었습니다.

수많은 한국 선교사님들이 수십 년 동안 J국 교회 지도자들을 음지에서 양성하고 복음을 전하셨습니다. 그분들은 드러나지 않게 하나님이 주신 사명을 신실하게 감당한 믿음의 선진들입니다. 그들은 한국 기독교의 알려지지 않은 영웅들입니다. 이 자리를 빌려 선교사님들의 노고와 헌신에 감사드리며, 조금이나마 그분들과 동역할 수 있는 문을 열어 주신 하나님께 감사드립니다. 또한 세계에 수많은 선교사를 파송하고 뒷바라지하고 있는 한국 교회의 헌신에 감사드리며, 계속해서 선교 한국의 비전이 이루어져 가길 기도합니다.

예수 그리스도 변증의 삶

저는 2022년에 다시 미국으로 돌아와 선교 사역을 이어 갔습니다. 하나님은 사역 대상국을 모잠비크, 남아공, 나미비아, 네팔, 태국, 홍콩 등으로 넓혀 주셨습니다. 이 같은 오지에서도 한국 선교사님들이 묵묵히 주님이 주신 지상 대명령을 수행하고 있는 모습을 보면서, 그분들과 함께하며 작은 부분이나마 동역할 수 있는 것이 하나님의 크신 은혜임을 깨닫게 되었습니다.

그러던 어느 날 조쉬 맥도웰 미니스트리(Josh McDowell Ministry)에서

한 통의 전화가 걸려 왔습니다. 전에 제가 섬기던 교회의 교인이었던 한 자매가 이 사역 단체에서 일하고 있었는데, 제게 동역을 제안한 것입니다. 미국 대학생선교회(Campus Crusade for Christ, CCC) 산하 단체로, 조쉬 맥도웰이라는 당대의 저명한 변증가가 세운 변증 전문 선교 단체입니다.

현재 저는 이 선교 단체에서 글로벌 훈련 디렉터로 국제 사역을 이어 가고 있습니다. 전 세계 190개국 이상에 설립되어 있는 국제 CCC의 네트워크와 연결되어 변증학을 현지 스태프들에게 가르치고 있으며, 지역 교회와 신학교에서 목회자와 신학생들에게도 변증학 강의와 훈련, 영적 지도력 개발 강의를 하고 있습니다. 아시아와 아프리카의 여러 나라, 한국 CCC와 지역 교회, 신학교와도 연결되어 변증 설교, 변증학 세미나와 훈련을 하고 있습니다.

돌아보면, 이 모든 여정은 하나님의 은혜 없이는 설명할 수 없습니다. 하나님이 매 순간 주권적으로 개입하시고, 그분의 계획을 이루어 가셨습니다. 때때로 제가 불순종의 길을 갈 때에도 하나님은 인자하심과 사랑의 마음으로 저에게 찾아오셨고, 하나님이 원하시는 방향으로 저를 인도하시고 순종할 수 있는 기회를 열어 주셨습니다.

저의 간증이 독자들에게 조금이나마 위로가 되었기를 바랍니다. 주님께 모든 영광을 돌려 드리며 저와 함께 예수 그리스도 변증의 삶, 진리를 살아 내는 여정을 함께 가시길 바랍니다.

Part 1

1	진리가 무엇인가?
2	변증의 빅 픽처
3	변증의 어원과 성경적 기초
4	초대교회부터 이어온 변증의 역사

강력한 세속 문화에
대항하는 기독교 변증

Chapter 1 | 진리가 무엇인가?

"진리가 무엇인가?" 빌라도 법정에서 예수님과 변론하던 빌라도가 던진 질문이다. 이 질문을 자기 자신에게 해 보길 바란다. 그리고 이 질문에 대한 답을 찾아보자.

예수님과 빌라도의 대화

요한복음 18장 35-38절은 예수님이 십자가에서 처형당하시기 직전에 빌라도의 법정에서 있었던 예수님과 빌라도의 대화를 기록하고 있다.

빌라도가 대답하되 내가 유대인이냐 네 나라 사람과 대제사장들이 너를 내게 넘겼으니 네가 무엇을 하였느냐 예수께서 대답하시되 내 나라는 이 세상에 속한 것이 아니니라 만일 내 나라가 이 세

상에 속한 것이었더라면 내 종들이 싸워 나로 유대인들에게 넘겨지지 않게 하였으리라 이제 내 나라는 여기에 속한 것이 아니니라 빌라도가 이르되 그러면 네가 왕이 아니냐 예수께서 대답하시되 네 말과 같이 내가 왕이니라 내가 이를 위하여 태어났으며 이를 위하여 세상에 왔나니 곧 진리에 대하여 증언하려 함이로라 무릇 진리에 속한 자는 내 음성을 듣느니라 하신대 빌라도가 이르되 진리가 무엇이냐 하더라 이 말을 하고 다시 유대인들에게 나가서 이르되 나는 그에게서 아무 죄도 찾지 못하였노라 요 18:35-38

빌라도와 예수님의 대화는 오늘날에도 여전히 의미가 있다. 여기서 우리가 주목해야 하는 점은 예수님이 진리에 대해서 말씀하시는 부분이다. 즉 "네 말과 같이 내가 왕이니라 내가 이를 위하여 태어났으며 이를 위하여 세상에 왔나니 곧 진리에 대하여 증언하려 함이로라 무릇 진리에 속한 자는 내 음성을 듣느니라"라는 말씀이다. 예수님이 언급하신 "진리"는 ESV 영어 성경 번역본에 "the truth"로 명시되어 있다.

I have come into the world-to bear witness to the truth. Everyone who is of the truth listens to my voice John 18:37, ESV

그리스어(헬라어) 성경에도 "진리"는 "τῇ ἀληθείᾳ / τῆς ἀληθείας"로 기록되어 있는데, 여기에서도 정관사(GK: ἡ)가 붙은 형태로 예수님이 말씀하신 "진리"가 특정한 진리, 즉 절대적인 진리, 하나님의 진리를 뜻한다고 보는 것이 타당하다.

예수님은 자신이 절대적인 진리를 증거하기 위해 왔다고 주장하셨고, 이 진리에 속한 사람은 자신의 음성을 듣는다고 선언하셨다. 이 진리에 속한 사람은 예수 그리스도를 개인적으로 아는 사람을 지칭한다. 그래서 그는 예수님의 음성을 듣는다. 이 말은 진리의 관계적 측면을 의미한다. 진리는 절대적일 뿐 아니라 인격적·관계적이라는 것이다. 이 진리에 속한 사람은 예수님의 음성을 듣기 때문에 예수님과 교제하고 그분을 사랑하며 순종한다.

예수님의 진리에 대한 변론에 빌라도는 "진리가 무엇이냐?"라는 질문을 하는데, 여기서 그의 질문은 우리에게 몇 가지 중요한 통찰을 제공한다.

빌라도의 질문 "진리가 무엇이냐?"는 그리스어 성경에서 정관사 "the"(GK: ἡ)가 사용되지 않는다. 예수님은 진지하게 절대적 진리에 대해서 설명하셨는데 빌라도는 진리의 절대성을 인지하지 못하고 있을 뿐 아니라 "진리가 뭔데?"로 해석될 수 있는 어조로 반응했다. 이 반응은 진지하고 사려 깊은 질문이라기보다는 냉소적인 뉘앙스가 포함되어 있다고 볼 수 있다. 진리이신 예수님 앞에서 "진리가 무엇이냐?"고 묻는 빌라도를 보면서, 이것이 역사의 아이러니라고 말하지 않을 수 없다.

이 질문을 한 후에 빌라도는 예수님에게 답변할 기회마저 주지 않고 유대인들이 모여 있는 법정의 뜰로 나가 유대인들에게 예수님을 넘긴다. 빌라도는 진리를 가장 가까이에서 마주 보고 있었지만 진리에 대한 진지한 관심과 추구 없이 지나쳐 갔다. 그의 생애 동안 예수님을 믿게 되었을 가능성은 없다고 볼 수 있다. 그리고 빌라도라는 이름은 로마의 역사에 예수 그리스도의 처형을 집행한 정치인으로 기록되어 있고, 복음서와 사도신경에도 예수님에게 고난을 준 장본인으로 기술되어 있다.

진리에 관심 없는 MZ세대

예수님과 빌라도의 대화 이후 2천 년이 흘러 지금 우리는 포스트모던 시대에 살고 있다. "진리가 무엇인가?"에 대한 혼란이 여전히 존재한다. 우리는 다음과 같은 말을 하는 사람들을 종종 만나곤 한다.

"당신의 진리가 반드시 나의 진리는 아니다!"

이 말은 그럴듯하게 들리지만 사실이 아니며, 감정에 따른 개인의 의견이다. 어떤 것에 확고한 의견을 갖고 있다 해서 그것이 사실이 되는 것은 아니다. 수백만 명의 사람들이 믿고 있다고 해서 그것이 진리가 되는 것도 아니다. 우리 모두는 사실이라고 생각하는 일련의 가정(presupposition)을 가지고 있다. 특정 세계관은 이러한 가정을 바탕으로 구축된다. 두 가지의 완전히 다른 세계관이 충돌할 때 우리는 두 가지 세계관이 동시에 맞다고 할 수 없다.

진화론과 창조론이 좋은 예시다. 진화론과 창조론은 동시에 수용될 수 없다. 지난 200년간 이 두 가지의 세계관은 서로 대립해 왔다. 진화론을 수용하는 사람들은 진화론이 사실이라는 가정 아래 이 세계관으로 모든 것을 바라보고 자신들의 삶을 세워 간다. 마찬가지로 창조론을 수용하는 사람들은 하나님이 세상을 만드셨다는 가정 아래 성경적 세계관을 믿고 자신들의 삶을 세워 간다.

MZ세대, 즉 밀레니얼세대와 Z세대를 통틀어 부르는 이 세대는 때로 빌라도와 비슷한 모습을 보인다. 예수님 앞에서 "진리가 무엇이냐?"라고 물었지만 정작 진리를 찾으려 하지 않았던 빌라도처럼, 이 세대도 절대적인 진리에 별로 관심이 없다. 누군가 진리에 대해 이야기하면 이렇게 말하곤 한다.

"그건 당신만의 진리일 뿐이다. 절대적인 진리는 없다. 진리는 문화나 교육, 성별, 인종 등에 따라 달라진다."

마치 진리를 고정된 것이 아니라, 사람과 상황에 따라 계속 변하는 것이라고 생각한다. 이러한 진술은 포스트모던 사상의 핵심을 말해 준다. 독자들 중 일부는 그런 식으로 생각할 수도 있을 것이다. 포스트모던 시대에 태어나고 자랐기 때문에 자연스럽게 그런 식으로 생각할 수도 있다. 그러나 포스트모더니즘의 본질을 이해한다면 그 허구성에 대해서도 인지할 수 있을 것이다.

포스트모더니즘과 상대주의

《옥스포드 사전》은 포스트모더니즘을 다음과 같이 정의한다.

포스트구조주의적 측면에서 포스트모더니즘은 고정된 의미나 언어와 세계 사이의 대응 관계, 탐구의 대상이 되는 고정된 현실이나 진실 또는 사실을 부정하는 것을 포함한다.[1]

문화사학자 리처드 타르나스(Richard Tarnas)는 포스트모더니즘에 대한 《옥스포드 사전》의 정의에 공감하며 다음과 같이 주장한다.

인간의 지식은 수많은 요인에 의해 주관적으로 결정된다. 객관적 본질, 즉 사물 그 자체는 접근 가능하거나 단정할 수 없다.[2]

간단히 말해서, 그는 객관적인 절대 진리는 없으며 그것이 존재하더라도 우리는 알 수 없다고 주장한다. 이 주장이 옳은가? 모든 진리가 주관적이라고 주장하는 사람들은 일종의 상대주의를 옹호하는 것이다. 절대 진리에 대한 부정은 결국 그 자체를 부정함으로 사실상 진리에 대해 어떤 옳은 주장도 하지 못하게 한다. 상대주의는 다음의 세 가지 문제를 발생시킨다.

자기 말에 스스로 발목 잡힌다

상대주의는 "절대적인 진리는 없다"고 말한다. 그런데 이 말 자체가 절대적인 주장이다. 그래서 "절대적인 진리는 없다"는 말이 맞으면, 그 말도 틀릴 수 있다는 뜻이 된다. 결국 자기 말에 스스로 발목을 잡히게 된다.

옳고 그름이 사라진다

만약 절대적인 진리가 없다면, "이것은 옳다", "이것은 나쁘다"라고 할 수 있는 기준이 없어진다. 그러면 인간의 존귀함도 개인의 의견에 불과할 뿐이다. 그 경우 사람을 물건처럼 대하는 것도 막을 이유가 없어진다.

말이 안 되는 상황이 생긴다

상대주의에 따르면, 서로 반대되는 말이 동시에 맞을 수 있다. 예를 들어, 나는 "냉장고에 우유가 있다"고 하고, 당신은 "냉장고에 우유가 없다"고 할 때, 둘 다 맞다고 할 수 없다. 우유는 동시에 '있으면서 없을' 수 없기 때문이다. 그런데 상대주의는 이런 말도 안 되는 상황을 가능하게 한다.

우리는 진리를 알 수 있다

예수님이 빌라도에게 진리에 대해서 말씀하실 때 쓰신 "진리"라는 단어는 그리스어로 "αλήθεια"(aleeitheia)다. '알레테이아'는 세 개의 단어가 합성된 것이다.

$$αλήθεια = α + λήθε + ια$$

α - 반어(反語) 접두사
λήθw - 감추다, 숨겨지다
ια - 명사화 접미사

그리스어로 "진리"는 '참됨, 실재 상태'를 말한다. 부정 접두사(α)와 '감추다', '숨겨지다'(λήθw)가 합쳐져 '숨겨지지 않음', '드러남'이라는 뉘앙스를 가진다. 진리는 드러나기 때문에 알 수 있는 속성을 가진 단어다. 이 말에서 우리는 드러남, 즉 계시를 통해 진리를 알 수 있다는 사실을 알게 된다.

　신약성경에서 진리는 종종 예수님이 선포하신 하나님의 계시, 또는 이 계시를 구현하신 예수님 자신을 가리킨다. 우리는 단순한 과학적 분석이나 탐구만으로는 진리를 발견할 수 없다. 진리는 본질적으로 위에서부터 하나님이 알려 주시고 계시해 주셔야 한다. 하나님이 계시해 주시지 않으면 우리는 진리를 알 수 없다. 성경의 하나님은 그분의 창조물이며 그분의 형상으로(imago dei) 지어진 인류에게 그분의 진리를 알려 주시고 계시하신다.

　우리는 하나님의 특별계시인 성경을 통해 진리를 알 수 있다. 진리이신 하나님이 성경을 통해 그분의 진리를 알려 주신다. 성경은 구약과 신약으로 구성되어 있다. 성경을 요약하자면, 구약은 오실 메시아에 대한 소망을 예고하고, 신약은 역사 속에 도래하여 하나님의 진리를 구현하신 메시아 예수 그리스도를 증거한다.

　이 논의를 좀 더 심도 있게 진행하기에 앞서, 철학적 관점에서 진리가 무엇인지 알아 보자.

진리는 사실과 상응한다

　진리는 사실과 깊이 연결되어 있다. 사실은 사물이 실제로 존재하는 방식이고, 진리는 그 사실과 일치한다. 달라스 윌라드(Dallas Willard)는 "사실은 당신이 틀렸을 때 직면하게 되는 것이다"라고 말했다. 즉 사실은 실제로 존재하며, 우리가 틀렸음을 깨달을 때 현실을 인식하게 된다는 뜻이다.

진리의 여부는 그것이 실제 상황과 맞는지에 따라 결정된다. 예를 들어, 냉장고에 달걀이 실제로 있다면 "달걀이 있다"는 말은 참이지만, "달걀이 없다"는 말은 거짓이다. 이처럼 서로 모순되는 두 주장이나 사상이 동시에 참일 수는 없다.

일부 주장은 사람마다 다르거나 상황에 따라 달라진다. 이는 주로 개인의 취향이나 욕구와 관련된 주관적인 주장이다. 주관적이라고 불리는 이유는 피험자(the subject)의 신념이나 주장이 사실인지 아닌지를 결정하는 요소이기 때문이다. 피험자가 무언가를 믿는다면 그것은 그에게 참일 수 있다. 그러나 주관적인 주장은 사실(reality)에 근거하지 않을 수 있다.

존 레녹스(John Lennox)도 유대교, 이슬람교, 기독교를 예로 들어 같은 점과 차이점을 비교한다. 유대교는 예수의 부활을 부인하고, 이슬람교는 예수의 죽음과 부활 모두를 부인하며, 기독교는 둘 다 인정한다. 따라서 세 종교가 동시에 참일 수는 없다. 결국 예수의 죽음과 부활에 대한 증거와 사실을 바탕으로 가장 합리적인 결론에 이를 수 있다.

확신에 찬 의견이나 많은 사람이 믿는다고 해서 그것이 곧 사실이 되는 것은 아니다. 진리는 감정이나 다수 의견이 아니라, 실제 존재하는 사실에 근거해야 한다. 히브리어로 진리를 의미하는 단어 (emet)는 '확고함'이라는 뜻과 밀접하게 연결되어 있다. 히브리어에서 'emet'는 히브리어 알파벳의 첫 글자, 가운데 글자, 마지막 글자로 구성된다.[3]

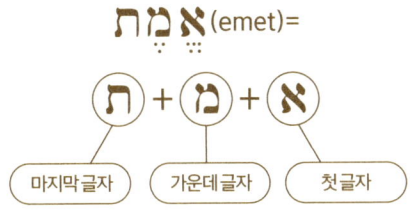

이는 진리가 모든 것을 포괄하며 처음부터 끝까지 확고하게 지속됨을 의미한다. 진리는 사실의 기반 위에 서 있기 때문에 확고하다. 만약 어떤 사실이 옳다면, 당신은 그 사실에 대해 확고하게 믿을 수 있으며 그 사실을 진리로 받아들이고 의지할 수 있다.

예수님 자신의 정체성 선언은 사실과 일치한다

성경은 진리의 상응론을 명시적으로 표현하지는 않지만, 암묵적으로 진리의 상응 원리를 가정하고 있다. 예수님이 선포하신 자신의 정체성, 즉 그분의 신성이 참인지 아닌지는 그분이 행하시는 행동의 결과를 보면 알 수 있다. 예수님의 선포가 사실로 드러난다면 우리는 예수님이 하나님이심을 진리라고 여기는 것 외에는 다른 선택이 없음을 알게 된다.

예수님 시대에 바리새인들은 최고의 종교 엘리트들로서 하나님의 율법에 열성적이었다. 그러나 그들은 예수님의 사역이 그들이 믿고 있는 유대교에 손상을 입힌다고 생각해 예수님의 사역을 방해할 뿐 아니라 그분을 제거하려고 많이 시도했다. 이에 대해서 예수님은 자기 자신의 정체성 선언, 즉 신성 선언의 진실을 사람들이 보고 믿을 수 있도록 행동으로 보여 주셨다.

그러나 인자가 땅에서 죄를 사하는 권세가 있는 줄을 너희로 알게 하리라 하시고 중풍 병자에게 말씀하시되 내가 네게 이르노니 일어나 네 침상을 가지고 집으로 가라 하시매 눅 5:24

예수님은 중풍 병자에게 인류의 죄를 용서할 권세가 있음을 선포하면서 자신의 신성을 드러내셨다. 그런 다음, 그 신성 주장의 증거를 보여 주기 위해 사람들이 보는 앞에서 중풍 병자를 치유하셨다. 죄를 사하는 권세와 세상의 질병을 치유하는 권세는 하나님께만 있다.

그가 네 모든 죄악을 사하시며 네 모든 병을 고치시며 시 103:3

여기서 사람들은 예수님의 신성 선포와 신성의 실제 능력이 일치됨을 목격했다. 진리의 선포가 사실과 일치되는 순간이었다. 예수님은 자신의 말과 실제가 하나임을 보여 주심으로 자신이 하나님이라는 진리를 증명하셨다.

성경에서 말하는 모든 진리는 사실과 완전히 일치한다. 즉 성경의 진리 관점은 진리의 상응 이론(진리는 사실과 일치한다)과 완전히 양립할 수 있다.

진리는 가장 중요한 추구다

진리에 대해 깊이 생각하지 않더라도 우리의 행동은 진리를 찾는 일이 매우 중요하다는 사실을 알고 있음을 보여 준다. 라비 재커라이어스(Ravi Zacharias)는 그의 저서 《경이로움》(Recapture the Wonder)에서 다음과 같이 말했다.

모든 철학은 경이로움에서 시작된다는 아리스토텔레스의 주장은 옳았다. 그러나 인생의 여정은 진리를 통해서만 발전할 수 있다고 제안한다.

재커라이어스는 경이로움이 진리 탐구의 출발점이며, 진리 없이는 인생의 여정이 의미 있게 발전할 수 없다고 말한다. 그는 진리를 단순한 개념이 아니라, 삶을 형성하고 목적을 부여하는 실체로 보았다. 진리만이 우리의 삶을 이끄는 동력임을 확신하고, 진리를 아는 것이 매우 중요함을 알려 주었다. 진리를 추구하는 것이 인생에서 가장 중요한 일이다.

우리는 직관적으로 진리를 찾을 뿐만 아니라 일상의 많은 행동도 우리 자신이 진리라고 믿고 있는 원칙을 따라 행동하고 그 진리를 실현하려고 한다.

진리는 실제적인 면에서 우리에게 중요하다

스튜어트 켈리(Stewart E. Kelly)는 진리가 우리의 삶에서 실제적으로 중요한 이유를 다음의 다섯 가지 명제로 설명한다.[4]

1. 진리는 일상생활에서 중요하다.

    : 우리는 진리에 기반한 선택과 행동을 한다.

2. 진리 추구는 행복과 상관관계가 있다.

    : 의미 있고 만족스러운 삶은 진리를 이해하고 따르려는 노력과 관련 있다.

3. 과학은 진리를 추구하는 활동이다.

    : 과학의 목적은 세계에 대한 사실을 밝히는 것이다.

4. 지식은 본질적으로 진리 지향적이다.

    : 참이 아닌 것은 지식이 될 수 없다.

5. 진리는 본질적으로 가치 있다.

    : 진리는 그 자체로 중요하며, 추구할 만한 가치가 있다.

그는 또한 지식이 단순한 믿음이 아니라 진리에 기반한 믿음이어야 한다고 주장하며, 진리가 지식의 필수적인 구성 요소임을 설명한다. 이러한 관점은 전통적인 "정당화된 참된 믿음"(justified true belief) 이론과 일치하며, 지식이 되기 위해서는 믿음이 사실이어야 한다는 점을 시사한다.[5]

진리는 삶의 현장과 맥락에서 중요하다

그리스도인들이 그리스도를 잘 대표하고 가족, 친구, 이웃과 복음을 나누기 원한다면, 진리를 설명하고 진리의 주장을 명확히 하는 데 시간과 노력을 들여야 한다. 우리는 삶의 현장에서 일어나는 중요한 트렌드와 문화의 맥락을 잘 이해해야 한다.

우리는 세속 문화가 기독교 진리를 거부하며 공격하고 있다는 사실을 인지해야 한다. 특별히 세속 문화는 폭력과 성적인 방종에 매료되는 경향이 있다는 점을 주의해야 한다. 우리는 세속 문화가 매혹되는 두 가지 경향(즉 폭력과 성적인 방종)이 성경의 다음 두 가지 기본 가르침에 반대된다는 점을 인식할 필요가 있다. 첫째, 인간은 하나님의 형상대로 만들어졌다(창 1:26). 둘째, 인간의 몸은 하나님의 성전이다(고전 3:16).

폭력은 종종 인권 탄압의 모습으로 나타나기도 하는데, 이는 하나님의 형상대로 지어진 사람의 존엄성에 대한 비진리임을 인식해야 한다. 성적인 방종(예: 동성애, 동성결혼, LGBT, 혼전성관계, 혼외성관계 등)은 하나님의 성전인 몸을 원래의 목적대로 사용하지 않는다는 점에서 진리가 아니라는 사실을 인식해야 한다.

진리는 논리적이다

조쉬 맥도웰은 진리의 논리성을 다음과 같이 주장한다.

논리는 진리가 실재한다(real)는 것을 전제한다. 모든 생각과 지식에는 논리가 필요하며, 논리는 '저 밖에'(out there) 있는 사실(reality)의 존재와 그 사실을 설명하는 방법을 모두 가정한다. '저 밖에 있는 사실'은 독립된 외부 세계의 실재를 말하며 이 실재는 객관성을 부여한다.[6]

토마스 아퀴나스(Thomas Aquinas)는 "모든 논증은 원리들에서 시작되므로, 누군가 논증을 통해 결론을 알고자 한다면 반드시 제1원리(First Principle)를 알아야 한다"고 주장한다.[7] 즉 제1원리는 모든 진리의 출발점이며 모든 사고의 기초가 된다.

미국의 변증학자이며 신학자인 노먼 가이슬러(Norman L. Geisler)는 "제1원리는 자명하며(self-evident) 거부할 수 없는 진리"라고 주장한다.[8] 그는 또한 지식의 제1원리는 지식의 영역에서 다른 모든 것이 따르는 기본 전제라고 주장한다.[9] 주요 제1원리들은 다음과 같다.

- 동일률(Law of Identity) : A는 A이다.
- 모순율(Law of Non-Contradiction) : A는 A가 아니다.
- 배중률(Law of Excluded Middle) : A이거나 A이다.

아퀴나스는 제1원리를 이성적 사유의 토대로 삼아 신 존재 증명, 윤리의 기초, 자연법, 형이상학적 논의 등 모든 철학적 체계를 구축했다. 가이슬러는 아퀴나스의 제1원리를 현대 변증학의 토대로 발전시켰다.

진리는 초월적 존재를 가리킨다

사실과 존재는 서로 뗄 수 없다. 무언가가 사실이라면 그것은 존재해야 한다. 존재하지 않는 것은 현실 속에서 사실일 수 없다. 이런 의미에서 사실은 시간과 관련이 있는데, 존재하는 것은 항상 시간의 맥락 안에서 의미가 있다. 하나님은 시간을 초월하고 시간을 창조한 존재이시므로, 궁극적 실체는 바로 하나님 자신이시다. "I AM"(스스로 있는 자)은 구약성경에서 선포된 하나님의 이름이다.

> I AM WHO I AM 나는 스스로 있는 자이니라. 출 3:14

"스스로 있는 자"는 여호와(LORD, Yahweh)의 속성을 가장 잘 설명하는데, 'Yahweh'는 히브리어의 'To Be'에서 비롯된 단어다. 'To Be'는 'was-is-shall be'를 포괄하는 뜻으로, 하나님이 시간 위에 계시는 분, 시간을 초월하시는 분, 항상 존재하시는 분임을 암시한다. 그래서 '여호와 하나님'을 '항상 현존하시는 하나님'(ever-Present God) 혹은 '영원하신 하나님'(eternal God)의 의미로 해석한다. 그렇기에 하나님은 시내산에서 모세에게 나타나셨을 때 자신을 "스스로 있는 자"(I AM WHO I AM)로 소개하시고, 이스라엘 민족에게 자신을 "너희 조상의 하나님 여호와 곧 아브라함의 하나님, 이삭의 하나님, 야곱의 하나님"(출 3:15)으로 알리라고 명하신 것이다.

400여 년간 애굽에서 노예 생활을 하던 이스라엘 민족에게 하나님은 이러한 암울한 기간에도 그분은 존재하시며 개입하시는 분임을 보여 주신다. 여기에서 우리는 하나님이 궁극적 실재(ultimate reality)임을 보여 주신다는 것을 알 수 있다. 궁극적 실재는 결국 인격체인 하나님이시다. 항상 계신 분이 궁극적 실재일 수밖에 없다는 명제를 증명하는 것이다.

신약 시대에 예수님은 자신이 궁극적 실재임을 보여 주신다. 요한복음 8장 58절에서 예수님은 "아브라함이 나기 전부터 내가 있느니라"라고 선포하심으로 자신이 본질적으로 구약성경의 "I AM"(스스로 있는 자)임을 드러내신다. 이것이 예수님의 신성 선포다.

예수님의 신성 선포는 그분의 사역에서 증명된다. 예수님은 성육신, 십자가 처형, 부활, 승천의 구속적 사역과 수많은 기적과 치유의 행적을 통해 자신의 신성을 증명하셨다. 진리는 사실과 부합한다. 복음서(마태·마가·누가·요한복음)는 예수님의 정체성 선포(신성 선포)와 예수님의 행적이 실제로 부합되는 것을 보여 주는 증인(witness)의 역사적 기록이다.

진리는 예수님을 통해서만 알 수 있다

요한복음 14장 6절에서 예수님은 도마에게 "내가 곧 길이요 진리요 생명이니 나로 말미암지 않고는 아버지께로 올 자가 없느니라"고 말씀하셨다. 이 말씀은 아마도 예수님의 정체성과 진리에 대한 가장 중요한 선포 중 하나일 것이다. 이 진술은 예수 그리스도를 구세주이자 주님으로 삼지 않고서는 진리를 온전히 알 수 없음을 시사한다. 구원의 측면에서, 예수님은 자신이 하나님께 이르는 유일한 길이라고 주장하셨는데, 이는 어떻게 보면 가장 도발적(provocative)이고 배타적인(exclusive) 진술이다.

진리의 관점에서, 예수님은 자신이 진리라고 말씀하셨다. 자신이 하나님의 최고 계시를 구현한다(embody)고 말씀하셨다. 사도 요한은 예수님을 가리켜 "본래 하나님을 본 사람이 없으되 아버지 품속에 있는 독생하신 하나님이 나타내셨느니라"(요 1:18)라고 증언한다. 도마는 예수님을 향해 다음과 같이 고백했다.

나의 주님이시요 나의 하나님이시니이다 요 20:28

예수님이 진리이신 이유는 예수님이 바로 하나님이시기 때문이다. 예수님이 언급하신 진리는 하나님의 진리로 성경, 즉 하나님의 말씀 형태로 우리에게 주어졌다. 성경은 예수님에 대해 증거한다.

너희가 성경에서 영생을 얻는 줄 생각하고 성경을 연구하거니와 이 성경이 곧 내게 대하여 증언하는 것이니라 요 5:39

예수님은 또한 성육신하신 '말씀'(logos)이시다. 태초에 말씀이 계셨고 이 말씀이 하나님과 함께 계셨으니, 이 말씀은 하나님이셨다(요 1:1). 말씀이 육신이 되어 우리 가운데 거하셨다(요 1:14). 따라서 진리는 진리의 근원이신 하나님 자신의 계시에 의해 우리에게 알려진다. 성경은 우리가 진리를 알 수 있는 하나님의 특별한 계시다. 성경에서 우리는 하나님의 아들, 성육신하신 말씀인 예수님을 만난다. 예수님은 진리이시며, 우리는 그분을 알 수 있다.

예수님은 자신이 생명이라고 말씀하셨다. 그분은 우리의 생물학적 삶과 영적 삶을 창조하고 부여하시는 분이다. 살아 계신 하나님만이 생명을 창조하고 자신의 피조물에게 생명을 부여하실 수 있다. 예수님은 우리에게 생명을 주시는 살아 계신 하나님이시다. 더 중요한 것은, 예수님은 우리 안에 거하시며 신성하신 하나님, 즉 성부, 성자, 성령과 함께 영원한 생명을 허락하신다는 것이다. 우리는 삼위일체 하나님과 교제하기 위해 창조되었다.

진리는 관계적이다

진리의 또 다른 측면은 관계적 진리다. "내가 진리요"(I AM The Truth)라는 예수님의 선포는 진리의 관계적 측면을 말한다. 우리가 알고 확신하는 명제적 진리(propositional truth)를 넘어서는 인격적(personal), 관계적(relational) 진리의 차원을 제시한다. 예수님은 "내 양은 내 음성을 들으며 나는 그들을 알며 그들은 나를 따르느니라"(요 10:27)라고 말씀하시고, 또 "진리에 속한 자는 내 음성을 듣느니라"(요 18:37)라고 선포하셨다. 진리는 예수님 자신이시다. 그리스도께 속한 자는 모두 그분의 음성을 듣고 순종한다. 예수님께 속한 자는 진리를 알 수 있다. 이것이 진리의 관계적 측면이다.

관계적 진리는 지적 진리, 영적 진리의 토대 위에 세워진다. 우리가 지적, 영적 진리에 대한 확신과 이해가 있을 때, 다시 말해서 우리가 알고 체험하는 진리가 있을 때 이 진리가 우리의 관계 속에서 자연적으로 표출되어야 한다는 것이다.

여기서 관계는 사람과 하나님의 관계, 사람과 사람의 관계를 포함한다. 우리의 수직적, 수평적 관계는 우리가 어떤 사람인가를 말해 주는 바로미터다. 우리가 믿고 경험하는 진리는 관계 속에서 증명된다. 우리가 알고 체험하는 진리는 우리가 하나님과 다른 사람들을 어떻게 대하는지를 보면 그 진실성(authenticity)이 드러난다.

요한복음 8장 31-32절에서 예수님은 "너희가 내 말에 거하면 참으로 내 제자가 되고 진리를 알지니 진리가 너희를 자유롭게 하리라"라고 말씀하셨다. 진리는 예수님과의 친밀한 관계를 통해서 알아 가는 여정이다. 진리를 아는 것은 그리스도 안에서 자유로움을 누리고 사는 것이다.

질문과 묵상

1. 요한복음 18장에는 예수님과 빌라도의 대화가 나오는데, 예수님은 진리를 무엇이라 하시는가? 진리의 절대성과 관계성을 어떻게 이해할 수 있는가?

2. 오늘날 포스트모더니즘과 MZ세대가 주장하는 상대적 진리관은 어떤 문제점을 가지는가? "진리란 무엇인가?"라는 질문에 대해 기독교적, 철학적으로 어떻게 반박할 수 있는가?

3. 진리가 우리 삶과 행동에 왜 중요한가? 진리의 논리적 기초(제1원리)와 객관적 진리의 특성은 무엇인가?

4. 상대주의가 도덕과 윤리, 인간 가치에 미치는 부정적인 영향은 무엇인가? 진리가 상대적이라면 왜 모순된 상황이 발생하며, 이러한 모순은 어떻게 설명되는가?

5. 성경과 예수님의 가르침은 진리에 대해 어떻게 설명하며, 진리의 근원과 진리 인식은 어떤 관계가 있는가?

6. 진리가 관계적이라는 말은 무슨 뜻인가?

7. 포스트모던 시대를 살아가는 MZ세대에게 예수님을 어떻게 전해야 할지 정리해 보자.

Chapter 2 | 변증의 빅 픽처

이 장에서는 변증의 빅 픽처(Big Picture), 즉 큰 그림을 이해해 보자. 여기서 다루는 내용에는 변증의 정의, 변증의 역할과 기능, 변증의 방법, 변증의 기본 질문, 기독교 신앙에 대한 오해 등이 포함된다.

변증이란 무엇인가

변증에 대해 정의하기에 앞서 사람들이 변증을 무엇이라고 정의했는지 살펴보자.

- "가장 좋은 변증은 잘 사는 삶이다." 순교자 유스티누스
- "변증의 목적은 단순히 논쟁이나 토론에서 승리하는 것이 아니라, 우리가 접촉하는 사람들이 그리스도인이 되어 삶의 전 영역에서 그리스도의 주권 아래 살 수 있도록 하는 것이다." 프란시스 쉐퍼
- "기독교 신앙에 대한 호소와 변호를 제공하는 관행." 조슈아 채트로 & 마크 알렌

- "기독교의 진리에 대한 지적 변호" 《브리태니커 백과사전》
- "믿지 않는 사람을 그리스도께로 인도하는 것은 당신이 말하는 것보다 당신이 어떤 사람인지에 따라 결정되는 경우가 많다. 그렇다면 이것은 궁극적인 변증학이다. 궁극적인 변증학은 바로 당신의 삶이기 때문이다." 윌리엄 레인 크레이그
- "모든 종교와 철학은 '이것이 길이다'라고 말한다. 오직 예수님만이 '내가 길이다'라고 말씀하신다." 팀 켈러

이 정의들을 종합해 보면, 변증은 "기독교 진리를 지적으로 변호하고 호소하며, 궁극적으로 삶을 통해서 진리를 살아 내는 일"이라고 할 수 있다.

변증의 기초와 역할

변증에는 중요한 기초와 두 가지 핵심 역할이 있다. 다음 그림이 이를 잘 요약한다.

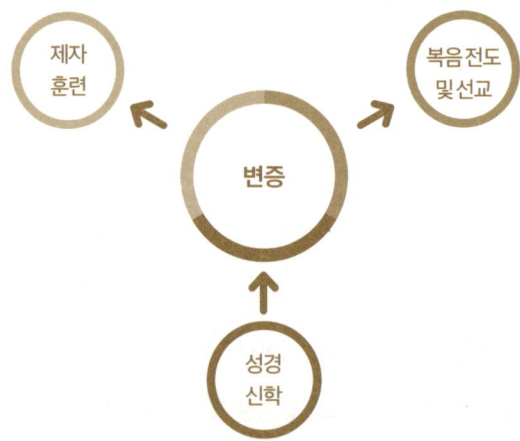

성경 신학에 기초한다

변증은 먼저 성경에 바탕을 둔 신학이라는 탄탄한 기초가 없으면 도구로서의 잠재력을 최대한 발휘할 수 없다. 이것이 바로 변증이 올바른 정통 신학 위에 세워져야 하는 이유다. 성경이 말하는 진리 안에서만 변증학은 존재한다.

교회사를 살펴보면 실제로 수많은 이단의 도전이 있어 왔고, 오늘날에도 동일한 이단이 존재한다. 변증의 중요한 역할이 여기에 있다. 성경의 핵심 진리를 발견하고 수호함으로써 교회를 보호하고 이단의 도전을 이겨 내는 데 변증은 빛을 발할 수 있다.

제자 훈련에 필요하다

변증은 제자 훈련의 관점에서 논리적이고 합리적인 논증을 사용해 믿음을 수호하고 하나님에 대한 믿음을 증진하는 데 도움이 되는 강력한 도구다. "무엇을 믿으며 왜 믿는가?"에 대한 답변을 우리 자신에게 할 수 있도록 인도하는 변증은 제자 훈련에서 중요한 위치를 차지한다고 볼 수 있다.

복음 전도 및 선교의 도구다

궁극적으로 변증은 복음 전도의 필수 불가결한 도구라는 측면이 있다. 변증을 통해서 우리는 세상 사람들에게 성경의 핵심 진리를 잘 전달할 뿐만 아니라 진리와 부합한 진정한 삶을 보여 주는 단계까지 도달해야 한다.

절대적인 진리는 없다고 주창하는 포스트모던 시대의 사조 속에서 그리스도인들에게 요구되는 것은 진실성(truthfulness)과 진정성(authenticity)이다. 변증과 삶은 하나가 되어야 한다. 변증에서 수호하는 진리를 우리가 삶 속에서 살아 내야 한다. 진실한 삶이 전도의 가장 효과적인 도구이며 변증의 궁극적인 목표다.

변증의 네 가지 기능

케네스 보아(Keneth D. Boa)는 변증학의 네 가지 기능을 제시한다. 다음 그림이 네 가지 기능을 한눈에 보여 주는데, 입증, 방어, 반박, 설득 등이다.[10]

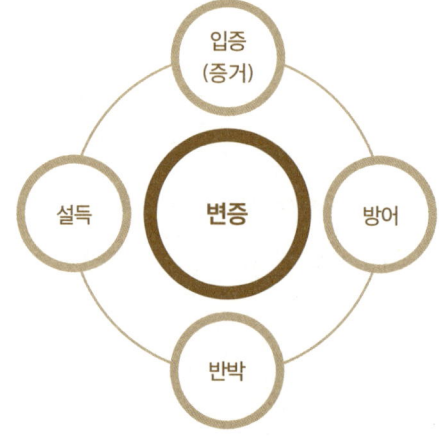

이 네 가지 기능은 변증이 어떻게 사용될 수 있는가, 다시 말하면 기능적인 관점에서의 분류다. 네 가지 기능이 합쳐져서 변증의 종합적인 기능을 수행한다고 볼 수 있다. 그러나 이 기능들은 개별적으로 강조될 수도 있으며, 어떤 기능을 사용할지는 대화 상대와 그들의 상황(context) 및 필요(needs)에 따라 결정된다.

입증(Evidence)

입증 또는 증거는 변증학에서 가장 포괄적으로 사용되는 기능이다. 여기에는 기독교 신앙에 대한 과학적, 역사적 증거뿐만 아니라 철학적 주장을 정리하는 것도 포함된다. 여기서 변증의 목표는 기독교가 받아들일 만한 신념 체계임을 합당한 증거에 기초해 설득력 있게 제시하는 것이다.

입증 또는 증거으로서의 변증은 기독교가 합리적임을 보여 준다. 그 목적은 비그리스도인들에게 기독교 신앙을 받아들일 만한 합리성과 이성적인 이유를 제공하는 것이다. 증거로서의 변증은 기독교의 검증 기준이 다른 종교나 철학적 주장을 객관적으로 평가하는 도구로 활용될 수 있음을 보여 준다.

방어(Defense)

방어로서의 변증은 기독교를 상대로 가하는 수많은 공격으로부터 기독교를 보호하는 기능을 한다. 모든 시대를 통틀어 기독교 신앙을 비판하는 사람들은 오해와 왜곡된 주장을 펼쳐 왔는데, 방어로서의 변증은 이러한 상황에서 그리스도인의 입장을 분명히 밝히고 설명하는 역할을 한다. 비그리스도인들의 반대, 비판, 질문에 답하는 것, 그리고 일반적으로 불신자들이 믿음에 이르는 데 방해가 된다고 주장하는 모든 지적 어려움을 제거하는 것이 방어로서의 변증의 중요한 역할이다.

방어로서의 변증은 기독교가 합리적이라는 사실을 입증한다. 비그리스도인들이 예수님을 신뢰하거나 성경을 하나님의 말씀으로 받아들일 수 있도록, 그들이 비합리적이라고 생각해 왔던 기독교의 요소들을 제거하는 역할을 담당한다.

반박(Refutation)

반박으로서의 변증은 비기독교적 사고가 지닌 비합리성을 보여준다. 비기독교 신앙 체계를 반박하는 목적은 비그리스도인의 입장이 비합리적임을 드러내는 데 있다.

대부분의 변증학자들은 다른 종교나 철학이 거짓임을 증명하는 것이 기독교가 참임을 증명하는 것은 아니기 때문에 반박만으로는 독립적으로 변증할 수 없다고 주장한다. 그럼에도 불구하고 반박은 변증의 본질적인 기능 중 하나다. 예를 들면, 이슬람의 허구성이나 자연주의의 비합리성 등을 반박하는 것은 직접적으로 기독교의 진리를 방어하거나 설득하는 것은 아니다. 하지만 이슬람과 자연주의와 같은 비기독교적 사고가 오류임을 강조함으로써 기독교적 진리로 인도할 수 있다.

설득(Persuasion)

설득으로서의 변증은 단순히 지적인 논쟁에서 승리하는 데 목적이 있지 않다. 사람들이 자신의 삶과 영원한 미래를 위해 그들을 사랑하셔서 십자가에서 죽으신 하나님의 아들을 믿도록 이끄는 데 목적이 있다. 우리는 이 기능을 전도나 증언이라고 말할 수도 있다. 다시 말하면, 단지 사람들에게 기독교가 진짜임을 확신하게 하는 데에서 멈추지 않고, 그 진리를 그들의 삶에 적용하도록 설득하는 것을 의미한다. 설득으로서의 변증학은 기독교의 객관적 합리성을 토대로, 사람들이 개인적인 차원에서 그리스도를 만날 수 있도록 인도하는 것을 포함한다.

변증의 방법

변증의 역사는 기독교 신앙을 수호하기 위해 오랫동안 개발된 다양한 방법을 보여 준다. 초대교회에서부터 신자들은 진리를 수호하기 위해 구체적인 접근 방식이 필요한 다양한 문제와 과제에 맞서 씨름해 왔다.

여기서는 케네스 보아(Keneth Boa)와 로버트 보우만(Robert M. Bowman Jr.)[11]이 분류한 변증의 방법(Method)을 기반으로 시간이 지남에 따라 등장한 다양한 범주의 변증 방법을 살펴보겠다. 이러한 변증 방법을 이해함으로써 기독교 신앙에 점점 더 적대적이 되어 가는 세상에서 신앙을 수호하기 위한 준비를 더 잘 갖출 수 있다.

다음은 보아와 보우만이 제시한 변증학의 4대 접근 방법을 정리한 것이다.[12]

고전적 변증학(Classical Apologetics)

종교 철학의 타당성을 결정하는 데 논리적 기준을 사용한다. 이 기준의 예로 비모순, 포괄성, 일관성의 법칙 등을 적용한다. 고전적 변증학은 유신론(유일하신 창조주 하나님의 존재를 확인하는 세계관)을 옹호한 다음, 하나님이 그리스도와 성경에 자신을 계시하셨다는 증거를 제시하는 변증의 '2단계' 방법이다.

고전적 변증학의 대표적인 학자는 토마스 아퀴나스, 노먼 가이슬러 등이다.

증거적 변증학(Evidentialism)

증거적 변증학은 주로 경험적, 역사적으로 검증 가능한 사실을 근거해서 기독교 신앙의 변증 논리를 전개한다. 예를 들어, 증거적 변증학은 성경의 신뢰성, 예수 그리스도의 부활과 신성 등에 대한 역사적 증거를 제시함으로써 기독교 신앙을 변증한다. 증거(evidence)가 반드시 증명(proof)을 구성하는 것은 아니지만, 반대 의견에 답하고 기독교 신앙이 비합리적이지 않음을 보여 주기에는 충분하다.

증거적 변증학의 대표적인 학자는 조셉 버틀러(Joshep Butler), 존 워릭 몽고메리(John Warwick Montgomery) 등이다.

개혁변증학(Reformed Apologetics)

개혁변증학은 '전제론'(Presuppositionalism)으로도 알려져 있는데, 이성이나 사실에 기초하여 신앙을 증명하거나 변호하려 하기보다는 기독교 진리를 전제로 삼고 변증하는 방법론이다. 기독교와 비기독교 두 그룹 간의 유일한 논증 수단은 간접적이어야 한다. 즉 근본적인 가정이나 전제 수준에서 이루어져야 한다고 주장한다.

개혁변증학의 대표적인 학자는 존 칼빈(John Calvin), 코넬리우스 반틸(Cornelius Van Til) 등이다.

신앙주의(Fideism)

진리에 대한 인간의 지식은 근본적으로 지성보다는 마음이나 의지의 개인적인 문제라고 주장한다. 하나님에 대한 개인적, 실존적 경험은 합리적 분석이나 과학적, 역사적 증거에 근거할 수 없다고 주장하는데, 이러한 경험은 마음의 문제이기 때문이라는 것이다.

신앙주의의 대표적인 학자는 블레즈 파스칼(Blaise Pascal), 마르틴 루터(Martin Luther), 쇠렌 키르케고르(Søren Kierkegaard) 등이다.

다음 표는 보아와 보우만이 제시한 변증학의 4대 접근 방법을 요약한 것이다.[13]

변증학의 4대 접근 방법			
고전적 변증학	증거적 변증학	개혁변증학	신앙주의
입증	방어	반박	설득
합리적	실증적	권위주의적	직관적
토마스 아퀴나스, 노먼 가이슬러	조셉 버틀러, 존 워릭 몽고메리	존 칼빈, 코넬리우스 반틸	마르틴 루터, 쇠렌 키르케고르

변증의 기본 질문

변증의 기본은 기독교 진리에 관해 비그리스도인들이 일반적으로 제기하는 질문에 답하는 것이다. 역사적으로 많은 사람들이 다음의 질문들을 해 왔고, 오늘날에도 이 질문들은 유효하다.

1. 우리는 왜 성경을 하나님의 말씀으로 믿을 수 있는가?
2. 모든 종교가 하나님께로 인도하는 것은 아닌가?
3. 하나님이 존재하신다는 것을 어떻게 알 수 있는가?
4. 하나님이 존재하신다면 왜 악을 허용하시는가?
5. 성경에 나오는 기적은 문자적인 사실이 아닌 영적인 신화나 전설이 아닌가?

이 밖에도 다음과 같은 다양한 질문들이 있다.

1. 진리란 무엇인가?
2. 진리가 있다면 우리가 진리를 알 수 있는가?
3. 성경이 과학적으로 설명될 수 있는가?
4. 성경이 말하는 창조를 믿을 수 있는 근거가 있는가?

변증학의 대가인 팀 켈러 목사는 그의 저서 《팀 켈러, 하나님을 말하다》(The REASON for GOD: Belief in an Age of Skepticism)[14]에서 기독교에 대한 일반적인 반대 의견과 이에 대한 답변을 제시한다.

1. 참 종교는 단 하나만 있을 수 없다.
2. 선한 신이 어떻게 고통을 허용할 수 있을까?
3. 기독교는 인간의 자유를 억압한다.
4. 교회는 역사적으로 너무나 많은 불의에 대한 책임이 있다.
5. 사랑의 신이 어떻게 사람들을 지옥에 보낼 수 있는가?

6. 과학은 기독교를 반증(反證)한다.
7. 성경을 문자 그대로 받아들일 수 없다.

이 장에서 제기된 다양한 질문들과 일반적인 반대 의견 중에서 중요한 몇 가지를 Part 3 "왜 기독교는 진짜인가"에서 자세히 다루겠다.

기독교 신앙에 대한 오해

리처드 도킨스(Richard Dawkins)는 그의 저서 《만들어진 신》(The God Delusion)에서 신앙은 이성에 반대한다고 주장하며 신앙을 "망상"이라 부르고 "지속적인 잘못된 믿음"이라고 묘사한다.[15]

도킨스의 주장에도 불구하고 기독교는 마음의 역할을 중요하게 생각한다. 예수님은 "네 마음을 다하고 목숨을 다하고 뜻을 다하고 힘을 다하여 주 너의 하나님을 사랑하라"(막 12:30)고 말씀하셨다. 여기서 마음은 우리의 이성과 합리적인 생각 위에 세워지는 확신이다.

기독교의 믿음은 맹목적이기 때문에 증거가 필요하지 않다는 주장은 잘못되었다. 기독교 신앙은 예수님의 삶, 죽음, 부활이라는 역사적 사실과 이를 전하는 성경의 신뢰할 만한 기록에 기초를 두고 있다. 이 근본적인 믿음은 수 세기 동안 지지를 받아 왔으며, 전 세계 신자들의 신앙을 지탱하는 초석이 되고 있다.

질문과 묵상

1 변증이란 무엇이며, 단순한 논리를 넘어 우리의 삶과 어떤 관계가 있는가?

2 변증에는 어떤 주요 역할이 있으며, 오늘날 우리에게 왜 필요한가?

3 변증의 네 가지 기능(입증, 반박, 방어, 설득)은 각각 어떻게 작용하며, 나의 상황에 어떻게 적용될 수 있을까?

4 변증에는 다양한 접근 방식(고전적 변증학, 증거적 변증학, 개혁변증학, 신앙주의)이 있는데, 나는 어떤 방식에 익숙하거나 공감하는가?

5 사람들이 기독교 신앙에 대해 자주 제기하는 질문이나 오해는 무엇이며, 나는 어떻게 대답할 준비가 되어 있는가?

Chapter 3 | 변증의 어원과 성경적 기초

이 장에서는 변증의 성경적 기초에 대해서 살펴보겠다. 변증이라는 말의 어원과 함께 신약성경에서 이 단어가 어떤 맥락에 쓰였는지를 조사해 보고 변증이 어떻게 성립되어 왔는지를 알아 보자.

아폴로기아(Apologia)의 헬라어 용법

'변증'은 신약성경이 쓰인 1세기 전에 이미 헬라 문화에서 널리 쓰이던 단어다. 주전 5세기 아테네의 철학자 소크라테스(Socrates)가 자신을 변호할 때 이 단어를 어떤 맥락에서 사용했는지 살펴 보자.

변증(apologetics)이라는 단어는 헬라어 'apologia'(ἀπολογια)에서 유래했는데, 원래 이 단어는 법정에서 피고인이 변호나 답변을 통해 혐의를 반박할 수 있는 연설을 가리키는 데 사용되었다. 피고인은 비난에 대해 '말하기'(apo: 멀리, logia: 말하기)를 시도할 것이다. 그러한 변증의 전형적인 예는 이상한 신들(strange gods)을 설교한다는 비난에 대한 소크라테스의 변호였으며, 그의 가장 유명한 제자인 플라톤이 《소크라테스의 변명》의 대화편에서 이 변호를 반복했다.[16]

플라톤(Plato)의 저서, 특히 《소크라테스의 변명》(Apology of Socrates)에서 'apologia'라는 용어는 공식적인 방어 또는 정당화를 가리키는 데 사용된다. 단어 자체는 '방어' 또는 '방어를 위한 연설'을 의미하며 '자신을 변호하기 위해 말하다'를 의미하는 헬라어 동사 apologeomai(ἀπολογέομαι)에서 파생되었다.[17]

플라톤은 이 책에서 주전 399년 재판 중에 소크라테스가 변론한 연설을 소개한다. 소크라테스는 아테네의 젊은이들을 타락시키고 불경건하게 만들었다는 비난을 받았다. 이 책은 소크라테스가 아테네 배심원단 앞에서 자신의 철학과 행동의 성격을 설명하며, 그에 대한 혐의를 반박한 변론을 담고 있다.

이 맥락에서 '변명'이라는 용어는 자신의 행동과 신념을 합리적이고 도덕적으로 방어하려는 소크라테스의 노력을 강조한다. 소크라테스는 단순히 무죄를 주장하는 데 그치지 않고, 그의 철학적 사명과 그가 옹호하는 원칙을 분명히 드러냈다. 플라톤은 정의, 미덕, 사회에서 철학자의 역할에 대한 주제를 탐구하기 위해 '변증'이라는 개념을 사용한다.

신약성경에서 사용된 '아폴로기아'

신약성경에 헬라어 단어 아폴로기아(*apologia*)와 동사 형태 헬라어 아폴로게오마이(*apologeomai*)는 17회 등장하며, 변론이나 합리적인 설명을 전달하는 데 사용된다. 이 용어는 일반적으로 자신의 신앙이나 신념을 '방어' 또는 '입증'하는 맥락에서 나온다.[18] 이 중 몇 가지를 살펴 보자.

1. 베드로전서 3장 15절

이 말씀은 신약성경에서 '아폴로기아'가 사용된 주요 용례다. 이 구절에서 베드로는 다음과 같이 썼다.

> **너희 마음에 그리스도를 주로 삼아 거룩하게 하고 너희 속에 있는 소망에 관한 이유를 묻는 자에게는 대답[변명]할 것을 항상 준비하되 온유와 두려움으로 하고** 벧전 3:15

여기서 "대답"(변명)의 의미는 복음을 변호하는 행위다(참고 빌 1:7, 16).[19] 이 맥락에서 비그리스도인들이 그리스도인의 행동을 비방하고 박해로 위협하고 있었음을 알 수 있다(참고 벧전 3:13-17, 4:12-19). 도전과 위협을 받을 때, 그리스도인은 합법적으로 행동하고 선한 양심을 유지하며, 믿는 이유를 묻는 사람에게 자신의 믿음을 합리적으로 변호해야 한다. 베드로는 신자들에게 그들을 박해하는 비그리스도인들로부터 질문을 받을 때 진실성과 존중하는 마음을 가지고 자신의 신앙을 설명하고 변호할 준비가 되어 있어야 한다고 격려했다.

2. 사도행전 22장 1절
바울은 유대인 군중 앞에서 자신을 변호하기 위해 아폴로기아를 사용한다.

부형들아 내가 지금 여러분 앞에서 변명하는 말을 들으라 행 22:1

이 경우 바울은 적대적인 분위기에서도 그의 행동과 신앙을 변호하며, 자신의 배경과 기독교로 개종하게 된 과정을 군중에게 설명하고 있다.

3. 사도행전 25장 16절
바울은 법적인 상황에서 자신의 입장을 공식적으로 변호하기 위해 아폴로기아를 사용한다.

내가 대답하되 무릇 피고가 원고들 앞에서 고소 사건에 대하여 변명할 기회가 있기 전에 내주는 것은 로마 사람의 법이 아니라 하였노라 행 25:16

이러한 신약성경의 문맥에서 '변증'은 도전이나 비난을 받을 때 자신의 신념을 합리적이고 정중한 방식으로 옹호하는 행위를 강조한다.

4. 사도행전 19장 33절

바울의 설교로 생업이 위태로워진 우상 제조자들의 선동으로 격분한 에베소의 군중 앞에서 알렉산더라는 유대인이 "변명"하려고 했다.

유대인들이 무리 가운데서 알렉산더를 권하여 앞으로 밀어내니 알렉산더가 손짓하며 백성에게 변명하려 하나 행 19:33

여기서 "변명"은 헬라어 '아폴로기아'의 동사 형태인 '아폴로게오마이'를 사용한다.

다른 구절에서 누가는 이 단어(변명)를 항상 그리스도인들, 특히 사도 바울이 그리스도에 대한 믿음을 선포했다는 이유로 재판을 받고, 불법이라는 비난을 받을 때 복음의 메시지를 변호해야 하는 상황과 관련하여 사용한다(참고 눅 12:11; 행 24:10, 25:8, 26).

5. 빌립보서 1장 7, 16절

바울은 감옥에 갇혀 있는 동안 예수 그리스도의 복음을 변호하려는 목적을 신자들에게 상기시켰다. 바울은 복음을 변호하는 맥락에서 '아폴로기아'(변증)라는 단어를 사용했다.

내가 너희 무리를 위하여 이와 같이 생각하는 것이 마땅하니 이는 너희가 내 마음에 있음이며 나의 매임과 복음을 변명함과 확정함에 너희가 다 나와 함께 은혜에 참여한 자가 됨이라 빌 1:7

> 이들은 내가 복음을 변증하기 위하여 세우심을 받은 줄 알고 사랑으로 하나 빌 1:16

신앙을 합리적으로 변호한다는 생각은 이 본문 중 세 구절(빌 1:7, 16; 특히 벧전 3:15)과 사도행전(22:1, 25:16, 19:33)에 분명하게 나타나지만, 신약성경에는 변증에 대한 구체적인 체계나 이론이 개괄되어 있지는 않다.

변증(apologia)에서 변증학(apologetics)으로

2세기에 이르러 '방어'를 뜻하는 이 일반적인 단어는 기독교의 신앙과 실천을 다양한 공격으로부터 옹호했던 저자(Writer) 그룹을 가리키는 좁은 의미를 가지기 시작했다. 저자 그룹의 대표적인 변증가는 순교자 유스티누스와 테르툴리아누스다. 이들의 중요 업적은 다음 장에서 자세히 다루겠다.

순교자 유스티누스

순교자 유스티누스가 쓴 《트리포와의 대화》(Dialogue with Trypho)는 유대교 신학의 맥락에서 자신의 신앙을 옹호하고 설명하려는 초기 그리스도인의 노력을 보여 주는 중요한 텍스트다. 그는 기독교가 유대교 신앙을 합법적으로 이어받았다는 점을 증명하려고 노력했는데, 초기 기독교의 신학적, 변증적 방법에 대한 통찰이 돋보인다.

테르툴리아누스

테르툴리아누스(Tertullianus, c. 160-c. 220)의 《변증》(*Apologeticum*)은 로마인들의 오해와 비난에 맞서 기독교 신앙을 옹호하기 위해 합리적인 논증을 사용한 기독교 변증학의 기본 텍스트다. 테르툴리아누스는 수사적 기술을 사용해 기독교의 완전성을 옹호하려고 노력했다. 이 책은 후기 기독교 변증학에 중요한 영향을 미쳤으며, 이교 비판에 맞서 기독교를 체계적으로 방어한 최초의 작품 중 하나였다. 테르툴리아누스가 사용한 '변증'이라는 단어는 후기 기독교 변증론자들에게 선례가 되었으며, 초기 기독교 사상의 발전을 이루었다.

변증학이 특정한 신학 분야를 지칭하는 데 사용된 것은 18세기 후반이 되어서다. 변증학을 신학의 일부로 체계화한 사람은 벤자민 워필드(Benjamin B. Warfield)다. 워필드의 변증학은 다음 장에서 자세히 다루겠다.

질문과 묵상

1. '변증'(apologia)이라는 단어의 헬라어 어원과 원래 법정에서의 의미는 무엇이며, 플라톤의 책 《소크라테스의 변명》에서 어떻게 사용되었는가?

2. 신약성경에서 헬라어 아폴로기아(apologia)와 그 동사 아폴로게오마이(apologeomai)가 어떤 맥락과 용례로 사용되며, 베드로전서 3장 15절 등 주요 본문에서 변증의 의미는 무엇인가?

3. 베드로는 우리에게 어떤 자세로 변증에 임해야 한다고 하는가?

4. 사도행전과 바울 서신에서 '아폴로기아'(변증)가 사용된 구체적 사례는 무엇이며, 이를 통해 신약의 변증 개념을 어떻게 이해할 수 있는가?

5. 2세기 초 기독교 변증가인 순교자 유스티누스와 테르툴리아누스는 변증이라는 개념을 어떻게 사용하고 발전시켰는가?

Chapter 4 | 초대교회부터 이어온 변증의 역사[20]

이 장에서 우리는 초대교회 이후로 변증이 어떻게 발전해 왔는지를 조사함으로써 변증의 기초를 완성할 것이다. 변증의 역사적 발전 단계는 대략 다음의 여섯 시대로 분류할 수 있다.

I. 교부 시대(100-500년)

II. 중세 시대(c. 500-1500년)

III. 종교개혁 시대(1517-1648년)

IV. 17-18세기

V. 19세기

VI. 20세기 이후

I. 교부 시대(The Patristic Period)

학자들이 '교부 시대'라고 부르는 초기 교회 형성기에는 교회의 생존 자체가 위협을 받았다. 개종자들은 기쁜 마음으로 그리스도의 길로 돌아섰지만, 특히 이단 세력, 종교적인 유대인, 그리스인들로부터 심각한 도전에 직면하게 되었다. 그러한 도전으로부터 교회를 방어하고 교회의 생존력을 높이기 위해 초대교회 교부들은 신학적 기틀을 마련했다.

이단의 도전

다음은 초대 교회에 전파된 가장 위협적인 이단 신앙 중 일부다.

영지주의(Gnosticism)

영지주의는 비밀 지식(gnosis)을 가진 소수만이 오직 '에온'(Aeons)이라 불리는 일련의 하위 신들을 통해서만 신에게 도달할 수 있다고 주장했다. 예수에 관해서도 이들은 예수는 신이 아니며 단지 에온일 뿐이라는 주장을 펼쳤다.

마르키온주의(Marcionism)

마르키온주의는 다음과 같이 이분법적이고 이단적인 여러 가지 주장을 했다.[21]

- 성경의 어느 부분은 좋고 어느 부분은 나쁘다.
- 정신은 좋고 물질은 나쁘다.
- 예수님은 선하고, 사랑이 많고, 평화로우시다.
  구약의 창조주 하나님은 나쁘고, 비열하고, 화를 내신다.
- 복음은 좋고 율법은 나쁘다.
- 그리스도인은 좋고 유대인은 나쁘다.
- 예수님은 실제로 인간이 아니며, 단지 신일 뿐이다.

마니교(Manicheism)

마니교는 기독교와 다른 종교를 결합하여 창설된 종교다. 마니교는 예수님은 실제로 태어나지도 않았고, 고난을 겪지도 않았으며, 죽음에서 부활하지도 않았고, 그의 고난은 단지 상징적일 뿐이라는 주장을 편다. 일부 사람들이 마니교에 빠진 이유는 고통을 선과 악의 갈등으로 설명하고 하나님은 선하시지만 악한 세력의 방해를 받는다는 주장이 그들을 미혹했기 때문이다.

아리우스주의(Arianism)

아리우스주의는 그리스도의 신성을 부인하는 이단이었다. 이들은 그리스도가 존재하지 않았던 때가 있었다는 신조를 유지했는데, 이는 예수 그리스도의 선재성(pre-existence)과 영원성(eternality)을 부인한 것이다. 아리우스주의는 예수님은 세상이 시작되기 전에 아버지 하나님에 의해 창조되었다고 주장하며, 하나님과 비슷하지만 아버지와 동일한 본질을 갖고 있지는 않다고 주장했다.

아리우스주의는 어떻게 예수님이 인간이자 신이 될 수 있는지를 고민하는 사람들에게 간단한 해결책을 제시했다. 아리우스주의는 오늘날 여호와의증인의 모체가 되는 이단이라고 볼 수 있다.

교회는 어떻게 대응했는가?

이레니우스

라옹의 주교였던 이레니우스(Irenaeus, c. 130-c. 202)는 《이단들에 대항하여》Against Heresies)를 저술하여 사도들이 전통(Rule of Faith)을 전체 교회에 공개적으로 전달했기 때문에 진리에 대한 지식은 비밀이 아니라고 주장함으로써 영지주의를 반박했다.

테르툴리아누스

카르타고 출신의 초기 라틴 교회 교부인 테르툴리아누스는 이단에 대한 직접적인 대응으로 《마르키온에 대항하여》(Against Marcion)를 저술했다. 그는 이레니우스처럼 자신의 주장을 펼치기 위해 성경과 전통(Rule of Faith)을 사용하여 구약과 신약이 완벽하게 선하시지만 또한 공의로우시므로 죄를 처벌하셔야 하는 참된 창조주 하나님에 대해 증언하고 있음을 보여 준다.

테르툴리아누스의 《변증》(Apologeticum)은 주후 197년경에 쓰인 초기 기독교 문학의 중요한 작품이다. 테르툴리아누스는 로마의 비판과 박해에 맞서 기독교 신앙을 옹호하기 위해 '변증'이라는 용어를 사용했다. 테르툴리아누스 변증의 주요 측면은 다음과 같다.[22]

기독교 박해에 대한 항의

로마 제국은 그리스도인들을 범죄자로 취급했지만, 실제로는 법적인 심리 없이 그리스도인이라는 이름만으로 유죄 판결을 내렸다고 비판하며, 그리스도인에 대한 소문(식인, 근친상간, 비밀 의식 등)은 모두 거짓이라고 주장했다.

기독교의 도덕성과 순수함

로마인들은 잔인한 검투 경기를 즐기거나 부도덕한 행위를 하는 데 비해, 그리스도인들은 훨씬 깨끗하고 절제하며 도덕적인 삶을 산다고 변호했다.

참된 신과 우상 숭배 비판

로마의 다신교와 황제 숭배는 인간이 만든 거짓 신을 섬기는 행위라고 비판하고, 참된 신은 오직 한 분이시며, 기독교는 그 하나님을 예배한다고 주장했다.

박해에도 불구하고 교회가 성장하는 이유

그리스도인들을 죽일수록 교회가 더 커진다고 선언하고 "순교자의 피는 교회의 씨앗이다"(*Semen est sanguis Christianorum*)라는 말을 남겼다.

국가에 대한 충성

그리스도인들은 반역자가 아니라 오히려 가장 충성스러운 시민이라고 설명하고, 황제를 신으로 섬기지는 않지만 그의 통치를 위해 하나님께 기도한다고 주장했다.

테르툴리아누스의 《변증》은 후기 기독교 변증학에 중요한 영향을 미쳤으며, 이교 비판에 맞서 기독교를 체계적으로 방어한 최초의 작품 중 하나였다. 테르툴리아누스가 사용한 '변증'이라는 용어는 후기 기독교 변증론자들에게 선례가 되었으며, 초기 기독교 사상의 발전을 이루었다.

아우구스티누스

히포의 주교였던 아우구스티누스(Aurelius Augustinus, c. 354-c. 430)는 기독교로 개종하기 전 10년 동안 예수 그리스도의 육신을 부인하는 이단인 마니교를 신봉했다. 그러나 개종 이후 그는 그리스도의 육체가 실재한다고 변호했으며, 예수님이 도마에게 자신을 만져 보고 옆구리에 손을 넣어 보라고 하신 요한복음 말씀을 그 실례로 들었다.

아우구스티누스는 신앙과 구원과 인류의 역사에서 하나님의 주권에 대해 철저하게 바울의 견해를 받아들인 최초의 기독교 신학자이자 변증가가 되었다. 그는 또한 '이해를 구하는 신앙'(fides quaerens intellectum)의 원리를 밝힌 최초의 변증가였다. 그러나 다음 진술에서 보듯 그는 신앙과 이성에 대해 상호작용적이거나 상호의존적인 관점을 자주 표현했다.

신앙은 이성의 단계이다. 믿음의 성취를 이해하는 것이다.[23]

아타나시우스

많은 적들과 대항한 알렉산드리아의 주교 아타나시우스(Athanasius, c. 296-c. 373)는 세 가지 주장을 통해 예수님이 완전한 하나님이 아니라는 이단적인 가르침에 맞서 싸웠다.[24]

1. **구원의 배타성**: 오직 하나님만이 인류를 구원하실 수 있다. 예수님은 인류를 구원하신다. 그러므로 예수님은 하나님이시다.
2. **예수의 성육신**: 하나님이 인간의 육신을 입고 인류의 죄를 위해 죽으시는 것이 하나님의 공의와 자비를 모두 만족시킬 수 있는 유일한 길이다. 그러므로 예수님은 성부와 유사본질(호모이우시오스)이 아닌 동일본질(호모우시오스)을 가진 하나님이시며, 그분의 신성과 인성이 성육신을 통해 한 인격 안에 결합되었다.
3. **예수의 신성**: 교회의 전례에서 예수님은 하나님으로 경배된다. 단순한 피조물을 숭배하는 것은 신성 모독이다. 그러므로 교회는 예배에서 예수님이 하나님이심을 고백한다.

유대인의 종교적 도전

율법적이며 실천적인 종교인 유대교가 초대 교회의 그리스도인들에게 던진 질문들은 다음과 같다.

- 그리스도인들은 왜 모세의 율법을 지키지 않는가?
- 그리스도인들은 왜 예수가 구약의 메시아라고 믿는가?

• 그리스도인들은 왜 예수를 하나님으로 숭배하는가?

유대교의 이 같은 질문들에 대해 답변을 한 변증가는 순교자 유스티누스였다. 그는 《트리포와의 대화》에서 유대교에 대항하여 기독교를 변증했다.

순교자 유스티누스

순교자 유스티누스는 2세기에 가장 뛰어난 기독교 변증가 중 한 사람이다. 그는 '방어' 또는 '정당화'라는 일반적인 의미와 일치하는 방식으로 '변증'(apologia)이라는 용어를 사용했다. 그가 이 용어를 사용한 것은 비판과 오해에 맞서 기독교 신앙을 옹호하려 했기 때문이다.

《트리포와의 대화》[25]
《트리포와의 대화》는 유스티누스와 트리포(Trypho)라는 유대인 사이의 신학적, 철학적 교류를 담은 중요한 초기 기독교 텍스트다. 주후 155-160년경에 쓰인 이 대화는 기독교 변증과 신학의 역사에서 중요한 작품이다. 유스티누스는 유대인 사상의 맥락에서 기독교를 설명하고 옹호하였으며, 기독교의 신약성경과 유대교의 토라(구약성경) 간의 연속성을 보여 주려고 노력했다.

유스티누스는 《트리포와의 대화》에서 유대인들이 제기한 기독교에 대한 여러 반대 의견에 다음과 같이 답했다.

- 구약의 예언은 예수가 신성하며 메시아임을 확증한다.
- 새 언약이 옛 언약을 대체하기 때문에 그리스도인들은 구약을 해석하는 데 더 나은 위치에 있다.
- 기독교 교회는 새 이스라엘이다.

이 대화는 유대인의 관점에서 기독교의 진실성을 입증하는 것을 목표로 한다. 순교자 유스티누스는 트리포와 기독교 신앙과 관행에 대해 깊이 토론하며, 예수가 메시아임을 타당하게 설명하고 구약의 예언이 성취되었다는 점을 그에게 확신시키려고 노력했다. 이 대화의 핵심은 다음과 같다.

메시아 예언
예수가 구약에 언급된 수많은 메시아 예언을 성취했다고 주장했다. 구약의 다양한 예언적 본문을 해석하여 그것이 예수를 가리킴을 증명했다.

율법과 복음
구약 율법과 신약 복음의 관계를 논의했다. 기독교가 유대교에서 벗어나는 것이 아니라 유대교의 지속이자 성취라고 주장했다.

로고스로서의 그리스도
로고스(말씀)로서의 그리스도라는 개념을 자세히 설명하면서 그리스도의 선재와 창조와 계시에서 그분의 역할을 강조했다.

유대적 해석에 대한 비판

이 대화에는 유대적 성경 해석에 대한 비판이 포함되어 있으며, 유스티누스는 이것이 본문의 진정한 의미를 오해하거나 왜곡한다고 믿었다.

순교자 유스티누스의 '변증'을 활용한 가장 주목할 만한 작품은 《제1변증서》와 《제2변증서》다.

《제1변증서》[26]

《제1변증서》는 로마 황제 안토니누스 피우스(Antoninus Pius)와 그의 아들 마르쿠스 아우렐리우스(Marcus Aurelius)에게 바친 공식적인 기독교 변호서다. 유스티누스는 그리스도인들이 무지와 편견 속에서 부당하게 박해받고 있다는 사실을 설명하고, 기독교 신앙의 이성적이고 도덕적인 정당성을 로마 철학자들과 황제에게 변호했다. 그리스도인들이 '이름만으로' 고발되고 처형당하는 현실을 비판했고, 기독교는 고결한 윤리를 실천하고, 오히려 로마 사회보다 높은 도덕 기준을 갖고 있다고 주장했다.

그는 구약성경(특히 이사야서, 시편 등)에 나타난 예언이 예수 안에서 성취되었음을 강조하며, 기독교는 신화가 아니라 실제 역사적 사건에 근거한 신앙임을 변증했다.

《제2변증서》[27]

《제2변증서》는 《제1변증서》의 후속으로, 《제1변증서》 이후 제기된 추가 쟁점과 비판을 다룬다. 주요 내용은 그리스도인들이 여전히 이유 없이 고발되고 처형되는 부당함을 폭로하고, 고대 신화나 철학에서 나오는 유사한 개념들(예: 디오니소스의 부활, 신들의 아들들 등)은 사탄이 그리스도의 복음을 모방한 것이라 주장했다. 그는 그리스 철학의 로고스 개념(우주를 지배하는 지혜와 합리성의 원리)의 진정한 주체가 예수 그리스도임을 주장했다.

두 변증서에서 순교자 유스티누스는 비평가들과 소통하고 기독교에 대한 오해를 해소하기 위해 '변증'을 사용했다. 그가 이 용어를 사용한 것은 기독교 신앙을 지적·도덕적으로 옹호하고, 이교 신앙과 관습에 맞서 합리적·윤리적 대안으로 자리매김하려고 했기 때문이다.

그리스와 로마의 도전

초대교회는 헬레니즘 문화의 거센 도전에 직면했다. 그중 가장 두드러지는 도전은 정치·문화적 도전과 철학적 도전이었다.

정치·문화적 도전

그리스인들이 초기 그리스도인들에게 가한 비난은 원색적인 저주에 가까웠으며, 교회와 그리스도인들에게 심각한 문제를 야기했다. 이러한 비난은 대부분 기독교 실천과 교리에 대한 오해에 근거했다.

- **그리스도인들은 부도덕하다.**

- 그리스도인들은 근친상간을 행한다.
- 그리스도인들은 식인종이다.
- 그리스도인들은 유아 살해를 자행한다.
- 그리스도인들은 무신론자들이다.
- 그리스도인들은 시민의 충성심과 국가의 안정을 훼손한다.
- 그리스인들은 기독교를 그들의 기반을 무너뜨리는 새로운 것으로 간주했는데, 이는 기존의 다신교 기반 신화 체계와 완전히 다른 유일신 기반이었기 때문이다.

정치·문화적 도전에 대한 그리스도인의 대응

기독교의 신은 우월하고 그리스도인은 덕이 있다

주후 125년경에 쓰인 《그리스도인을 위한 아리스티데스의 변증》(The Apology of Aristides on Behalf of Christians)은 아마도 신약성경이 쓰인 이후에 기록된 최초의 공식적인 기독교 변증서다. 아리스티데스는 이 책에서 기독교의 신은 우월하고 그리스도인은 덕이 있다고 주장했다.

그리스의 종교다원주의 문화는 기독교 신앙의 자리를 허용해야 한다

아테네의 아테나고라스(Athenagoras)는 주후 177년경에 《그리스도인을 위한 변호》(Embassy for the Christians)를 저술하여, 그리스도인이 무신론자가 아님을 주장했다. 그는 로마 황제 마르쿠스 아우렐리우스와 그의 아들 코모두스에게 기독교는 무신론이 아니며, 헬레니즘이 지향하고 있는 종교다원주의에 비추어 볼 때 기독교가 하나의 합법적인 종교로 인정되어야 함을 설득력 있게 주장했다.

기독교의 뿌리는 고대부터다

시리아의 안티오키아 주교 테오필루스(Theophilus, c. 115- c. 183/185)는 기독교는 신흥 종교가 아니며 고대부터 있었다는 주장을 2세기의 여느 변증가보다도 더 설득력 있게 제시했다.

기독교는 로마 제국에 유익하다

테르툴리아누스는 《변증》에서 로마가 정복한 나라들의 많은 거짓 신들을 숭배하기 이전에 가장 큰 발전과 성취를 이루었다고 주장했다. 그는 다른 종교와는 달리 유일하신 참 하나님을 숭배하는 기독교는 제국을 약화시키지 않으며, 실제로 그리스도인들의 기도와 자선은 로마 제국과 황제 모두에게 유익하다고 주장했다.

철학적 도전

교부 시대에 그리스 사상가들의 비판과 대립 속에서 그리스도인들이 직면했던 대표적인 철학적 도전들은 다음과 같다.

- 예수는 사생아의 수치심을 피하기 위해 동정녀 탄생 이야기를 꾸며냈다.
- 성경에 나오는 어떤 사건들은 진정한 역사적 사건인지 확인할 수 없다.
- 예수의 제자들은 예수의 부활에 관한 이야기를 꾸며냈다.
- 예수와 제자들이 행한 기적은 사실이 아니다.
- 하나님에 대한 모세오경의 묘사는 부도덕하고 유치하다.

- 하나님의 사랑은 보편적인 사랑이 아니라 유대인만을 사랑하는 편협한 사랑이다.
- 기독교의 진리는 계시적으로 주어진다고 주장하지만 그리스 철학자들은 특별한 계시 없이 진리를 발견했다.
- 그리스도인들은 이성을 거부하고 맹목적인 믿음에 의존한다.
- 사람들이 번영하려면 이교가 필요하다.

철학적 도전에 대한 그리스도인의 대응

교부 시대에 나타난 여러 가지 반기독교적 철학의 도전에 대응하기 위해 변증가들은 여러 가지 방법을 동원했다. 다음에 소개하는 기독교 변증가들의 변증 대응 방법은 21세기에도 여전히 유효하며, 현대 변증가들도 종종 이러한 방법을 사용한다.

은유(Metaphor)

이집트 알렉산드리아의 교리학교 교사였던 클레멘스(Clemens, c. 150-c. 215)는 그리스 철학에 대해 긍정적인 시각을 갖고 기독교의 매력을 은유적으로 표현하려고 노력했다.

철학은 헬라인들에게 주어진 하나님의 율법이었다. 마치 유대인들에게 모세의 율법이 주어졌듯, 철학은 헬라인들을 그리스도께로 인도하는 훈육자였다.[28]

설명(Exposition)

클레멘스는 구약성경과 신약성경이 하나님의 고귀하심을 설명(exposition)하는 하나님의 말씀이며, 특히 예수 그리스도라는 인격을 통해 우리 가운데 나타나신 하나님의 초월적 능력을 계시한다고 설명했다.

일대일 반박(Point-by-point refutation)

오리겐(Origen, 185-254)은 그의 작품《켈수스 반박》*Contra Celsum*에서《참 교리》*True Doctrine*라는 반기독교 소책자에 언급된 주장이 왜 잘못되었는지를 조목조목 이성적으로 반박했다.

종합적 논증(Cumulative Apologetics)

종합적 논증은 기독교를 변호하기 위해 여러 가지 방법을 결합한다. 이러한 변증적 접근 방식을 사용한 중요한 작품의 예가 많이 있지만 유세비우스의《복음의 증거》*The Proof of the Gospel*가 이 접근 방식을 도입한 대표적인 문서다.

풍자(Sarcasm)

유세비우스는 풍자를 사용하여 사도의 증언이 역사적으로 진리라는 점을 주장했다.

> **만일 사도들이 꾸며낸 이야기를 전하려 했다면, 그들이 스스로 고문과 죽음을 자청했을 리 있겠는가? 거짓말을 위해 기꺼이 목**

숨을 버리는 자들이야말로, 세상에서 가장 '지혜로운' 사기꾼일 것이다.[29]

대화(Dialogue)

마르쿠스 미누키우스 펠릭스(Marcus Minucius Felix)는 아프리카 출신의 로마인인데 기독교로 개종하여 최초의 라틴 변증가 중 한 사람이 되었다. 그의 작품 《옥타비우스》(Octavius)는 이교도 카이킬리우스(Caecilius), 기독교도 옥타비우스(Octavius), 그리고 이교도 판사 역할을 하는 작가 자신 등 세 사람 사이의 대화를 상상적으로 묘사했다.

역설(Paradox)

테르툴리아누스에게 역설은 인간 이성이 하나님의 헤아릴 수 없는 신비에 얼마나 자주 무릎을 꿇어야 하는지를 보여 주는 강력한 예다. 이런 이유로 그는 실제로 십자가의 부조리함을 기독교 신앙의 타당성에 대한 논증으로 보았다.

욕구(Desire)

아우구스티누스 변증의 핵심은 행복을 향한 인간의 본질적인 욕구에 호소하는 것이다. 그에 따르면, 모든 사람은 행복을 얻고자 하는 욕구가 있는데, 오직 하나님 안에서만 만족할 수 있다.

신앙과 이성(Faith and Reason)

변증학에 대한 아우구스티누스의 접근 방식은 종종 '주관적이고 심리학적'이지만, 그는 또한 합리적 논증을 사용하여 하나님의 존재를 확립하고 신앙의 길을 닦았다. 아우구스티누스의 변증법은 고전적 변증학의 토대를 마련했다.

기독론적 일관성(Christological Coherence)

요한 크리소스톰(John Chrysostom)은 사복음서가 필요한 이유를 두 가지로 설명했다. 첫째, 사복음서가 본질에서 일치하는 것은 그 증언이 참됨을 보여 주며, 둘째, 세부 차이는 저자들 간에 공모가 없었음을 증명한다. 이 차이들은 각자의 관점에서 기록된 증언이기 때문이며, 초대 교회는 이를 하나님의 말씀으로 인정했다.

로고스(The Logos)

그리스 철학에서 '로고스'는 우주를 지배하는 합리성이나 우주 내의 지능이나 합리성의 원리로 이해되는데, 초대 교회 교부들은 그리스 철학의 로고스가 성경에서 말하는 말씀, 특히 요한복음 1장 1절의 말씀(로고스)과 연결된다고 주장했고, 특히 이 말씀은 예수님을 통해서 인격화된 하나님의 지혜라고 변증했다.

교부 시대 변증의 요약

교부 시대(약 2세기부터 5세기까지)의 기독교 변증은 다음과 같은 두 가지 목표를 가졌다. 내적으로는 이단에 맞서 신자들에게 기독교 진리의 합리성과 신뢰성을 설명했다. 외적으로는 로마 제국 내에서 종교적, 철학적, 정치적 비판과 공격에 대응하고, 기독교 신앙의 진리성과 합리성을 설명하고 방어했다.

주류 철학(플라톤주의 등)의 개념을 철학적 언어를 사용하여 변증에 활용했으며, 기독교의 도덕적 우수성과 예언 성취를 통해 신뢰할 수 있다고 주장했다. 그리고 로마의 종교적·정치적 박해와 오해에 대해 이성과 논리로 반응했다. 이 시대에는 기독교 세계관이 체계화되기 시작했고, 로마의 몰락 속에서 기독교의 영원한 가치를 변증했다.

II. 중세 시대(The Middle Ages)

중세 시대(c. 500-1500)는 교부 시대와 동일한 도전에 직면했을 뿐만 아니라 이전 시대와는 전혀 다른 새로운 도전도 경험했다. 특히 기독교 신학과 변증학이 직면한 과제 중 하나는 기독교의 확장과 성장에 따라 광범위한 기존 사상을 통합하고 필터링하고 분류하여 종합할 필요성이었다.

이단의 도전

중세 교회는 기독론적 도전에 직면했다. 예수 그리스도의 본질에 대한 정통 교리를 재확립할 필요성은 네스토리우스주의와 유티키아주의의 등장으로 더욱 심화되었다.

네스토리우스주의(Nestorianism)

콘스탄티노플의 총대주교인 네스토리우스(Nestorius, c. 386–c. 451)는 예수가 성육신에서 두 가지 본성(two natures)을 유지했을 뿐만 아니라, 인간적 인물(human person), 신적 인물(divine person)이라는 두 가지 인물(two persons)을 유지했다고 주장했다. 네스토리우스는 예수를 인간과 신적인 인물로 나누어, 인간 예수는 고난을 당했지만 신적 예수는 고난을 받지 않았다고 주장했다.

네스토리우스는 마리아를 테오토코스(Theotokos, 하나님을 낳은 자)가 아니라 크리스토토코스(Christotokos, 그리스도를 낳은 자)라고 주장했다. 이것은 인간으로 오신 예수가 신성을 가지고 있지 않다는 주장인데, 이는 예수의 본질이 신성과 인성을 모두 가지되 두 본질이 분리되지 않고 조화를 이룬다는 양성론의 정통 교리에 부합하지 않기 때문에 부인되었다.

유티키아주의(Eutychianism)

콘스탄티노플의 수도사 유티케스(Eutyches, c. 380–c. 456)의 이름을 딴 유티키아주의는 실제로 그리스도가 오직 하나의 본성을 갖고 있었다고 주장했다. 그리스도의 신성한 본성과 인간의 본성은 매우 혼합되어 새로운 종류의 본성, 즉 노란색과 파란색이 녹색을 만드는 것과 거의 같은 방식으로 세 번째 종류의 본성을 만들어 냈다는 것이다.

이 본성 개념은 단성론(Monophysitism)을 주장하는 것으로, 양성론의 정통 교리에 부합하지 않기 때문에 부인되었다.

기독론(Christology)에 대한 교회의 대응

네스토리우스주의와 유티키아주의는 중세 시대 교회가 직면한 가장 강력한 도전이었다. 431년 에베소 공의회에서 네스토리우스주의는 이단으로 판정받았다. 유티케스는 448년 콘스탄티노플 공의회에서 축출되었고, 이후 그의 가르침은 451년 칼케돈 공의회와 제3차 에베소 공의회에서 이단으로 규정되었다.

중세 교회는 예수님의 본질(기독론)에 대한 정통 교리 확립의 중대성을 인식했다. 따라서 이단적 주장을 해온 네스토리우스주의와 유티키아주의를 이단으로 정죄하고 축출시킨 교회의 결정은 정당성을 가지고 있었다.

유대인과 무슬림의 도전

610년에 계시를 받아 창설된 이슬람교가 빠르게 세력을 키우자 중세 시대의 그리스도인들은 무슬림에 맞서 기독교의 기본 교리를 수호하는 데 많은 힘을 쏟았다. 이슬람의 문화적, 군사적, 종교적 위협이 거셌기 때문이다. 게다가 회심하지 않은 유대인에게 복음을 전해야 하는 선교적 도전도 감당해야 했다.

요한 다마스쿠스

몇몇 기독교 변증가들은 매우 단도직입적으로 이슬람을 정죄하고 기독교의 기본 교리를 방어했다. 시리아의 수도사이자 사제인 요한 다마스쿠스(John of Damascus, c. 675-c. 749)는 초기 기독교 변증가로서,

이슬람을 체계적으로 비판한 인물 중 하나다. 그는 주로 《이단에 대하여》(De Haeresibus) 제101장에서 이슬람을 "새로운 이단"이라고 규정하고 분석했다.[30]

사라센(무슬림)과 그리스도인 사이의 대화에서 그는 이슬람 신앙과 실천의 문제를 먼저 지적했고, 기독교 신념에 대한 이슬람의 비판에 대응했다. 그는 이슬람을 완전히 새로운 종교로 보지 않고, 기독교 이단의 한 형태로 간주했다. 그는 무함마드를 '거짓 예언자'로 규정하고, 이슬람 신앙의 핵심 요소들(코란, 신관, 예수관, 종말론 등)을 비판했다.

> **이스마엘 사람들(무슬림) 가운데 미신이 있다. 그들은 그(무함마드)를 예언자라 부르지만, 그는 참된 예언자가 아니라 악한 자로부터 말을 왜곡하는 법을 배운 자일 뿐이다. 그들은 하나님이 하나라고 하면서도 하나님의 말씀과 영을 부정한다.**[31]

그는 이슬람을 비판하는 동시에, 무슬림들이 기독교를 비판하는 주요 논점을 방어하고 해명했다.[32]

- **무함마드 비판**: 무함마드는 '속세적 권력과 쾌락을 위해' 가르침을 세웠다고 본다.
- **코란(Quran)에 대한 비판**: 코란의 기원과 내용을 경시하고, 신성한 영감이 아니라 인간의 저작물로 간주했다.
- **기독론 방어**: 무슬림들이 기독교의 삼위일체와 성육신 교리를 부정하는 것에 대해 상세히 반박했다.

- **삼위일체 변증**: 하나님의 본질과 위격이 구분되면서도 하나임을 철학적 언어를 동원해 설명했다.
- **예수에 대한 오해 바로잡기**: 무슬림이 예수를 단순한 인간 선지자라고 보는 견해를 반박하고, 예수의 신성을 강조했다.

요한 다마스쿠스는 이슬람을 단순 비난하거나 감정적으로 대응하는 것이 아니라, 상대방의 논리를 이해한 다음 지적하는 논증 방식을 택했다. 특히 철학적 언어(플라톤-아리스토텔레스적 개념)를 사용해서 논리적으로 설명하려 했다.[33]

테오도르 아부 쿠라

요한 다마스쿠스의 제자인 테오도르 아부 쿠라(Theodore Abu Qurrah, c. 740-c. 820)는 "유대교, 이슬람교, 기독교를 포함하여 수많은 종교가 있는데 어느 것이 참된지 어떻게 판단할 수 있는가?"와 같은 질문에 대한 답으로 '왕과 신하들의 비유'(혹은 '왕과 법령의 비유')를 사용했다. 그는 이렇게 설명한다.

> 한 왕이 여러 신하들에게 서로 다른 명령들을 내리고는, 그 명령들을 신뢰하고 따르라고 모든 백성에게 요구했다고 가정해 보자. 그런데 그 명령들이 서로 충돌한다면, 백성은 왕이 친히 인장으로 봉인한 것과, 왕의 대리인들이 전한 것들 중 어느 것이 진짜인지를 판별해야 한다. 백성은 왕의 인장, 왕의 방식, 그리고 왕의 고유한 특징을 통해 진짜 명령을 알아볼 수 있을 것이다.[34]

이 비유에서 그는 왕을 하나님에, 신하들을 다양한 종교 지도자나 교리를 전하는 자들에 비유한다. 서로 다른 종교가 참되다고 주장할 때, 사람들은 왕(하나님)의 특징(예: 사랑, 진리, 일관성, 성취된 예언 등)을 기준으로 어느 종교가 참된지를 판별해야 한다는 것이다. 그는 "진짜 하나님의 종교는 하나님 자신을 가장 닮은 종교다"라며 "기독교가 하나님의 성품을 가장 닮았다"고 주장했다.[35]

종합과 통합 챌린지(Synthesis Challenge)

중세 시대에도 기독교 신학자들과 변증학자들은 "신앙과 이성은 어떻게 연관되는가?" 그리고 "신학과 철학의 연관성은 무엇인가?"와 같은 종합과 통합의 질문에 계속해서 대답하는 데 많은 노력을 기울였다.

보에티우스

테오도리크 대왕(Theodoric the Great) 행정부의 로마 영사 보에티우스(Boethius, c. 480-c. 524)는 용감하게 통합(Synthesis)의 문제에 대처했다. 그는 철학과 신학의 차이가 방법론에서 비롯된다고 주장했다.

철학은 이성에 따라 나아가고, 신학은 신앙에 따라 나아간다.[36]

안셀름

캔터베리 대주교인 안셀름(Anselm, 1033-1109)은 아우구스티누스의 격언, "먼저 믿고, 그다음에 깨달으라"에 따라 신앙과 이성의 관계를 다음과 같이 말했다.

> 나는 믿기 위해 이해하려고 노력하는 것이 아니라 이해하기 위해 믿는다. 내가 이것을 믿노니 내가 믿지 않으면 깨닫지 못하리라.[37]

안셀름의 존재론적 논증(ontological argument)은 변증학 분야에서 가장 유명하고 오래 지속된 공헌으로 꼽힌다. 신의 완벽한 존재성에 대한 안셀름의 기본 주장은 다음과 같다.[38]

1. 신은 정의상 그보다 더 큰 것은 생각할 수 없는 존재다.
2. 마음속에만 존재하는 것보다 현실에 존재하는 것이 더 위대하다.
3. 그러므로 신은 현실에 존재해야 한다. 만약 그가 현실에 존재하지 않는다면 그는 가장 위대한 존재가 아닐 것이다.

안셀름의 이 같은 주장은 성경의 하나님이 가장 위대하고 초월적인 존재이지만, 우리의 현실 속에서 우리와 함께 계시는 임마누엘의 하나님이시기 때문에 가장 위대한 존재임을 알 수 있다는 것이다.

피에르 아벨라르

프랑스의 뛰어난 신학자, 철학자, 윤리학자, 논리학자인 피에르 아벨라르(Pierre Abélard, 1079-1142)는 불신자를 초기 신앙으로 이끄는 데에 이성의 가치를 강조했다. 기독교 증거의 분석을 통해 사람은 초보적인 신앙을 얻을 수 있으며, 그는 하나님의 은혜로 생성된 초자연적 신앙의 길을 갈 수 있다고 주장했다.

토마스 아퀴나스

가장 유명하고 영향력 있는 중세 신학자이자 변증가인 토마스 아퀴나스(Thomas Aquinas, c. 1225-1274)는 변증을 할 때 성경의 권위에만 의존하지 않았다. 그는 자신의 선교 목적을 달성하고, 성경의 권위를 부정하는 반대자들을 설득하기 위해 이성과 자연계시에 기반한 논증을 펼쳤다.

아퀴나스의 위대한 변증서인 《이교도에 대한 반론》(Summa Contra Gentiles)의 처음 세 권에서 그는 특별한 계시의 도움 없이도 우리가 경험적으로나 합리적으로 특정한 신학적 진리를 알 수 있다고 주장했다. 예를 들어, 하나님의 존재와 그분의 특정한 속성을 증명할 수 있다고 말했다.

아퀴나스가 신의 존재를 증명하는 다섯 가지 방법[39]

1. **제1운동자**(First Mover): 모든 운동은 다른 것에 의해 일어난다. 무한 회귀를 막기 위해 '움직이지 않는 첫 번째 운동자'가 있어야 한다. 하나님이 제1운동자이시다.
2. **제1원인**(First Cause): 모든 것은 원인이 있다. 원인의 무한 퇴행을 피하려면 '제1원인'이 있어야 한다. 하나님이 제1원인이시다.
3. **필연적 존재**(Necessary Being): 어떤 것은 존재하고 어떤 것은 존재

하지 않는다(우연적 존재). 필연적 존재가 없으면 아무것도 존재할 수 없다. 하나님이 필연적 존재이시다.

4. **존재의 등급**(Gradation of Being): 존재들 사이에는 선, 참, 귀함 등의 등급이 있다. 최고의 존재가 있어야 한다. 하나님이 무한한 존재이시다.

5. **목적론적 논증**(Teleological Argument): 자연의 질서와 목적성은 지성적 설계자를 가리킨다. 하나님이 궁극적 존재이시다.

중세 시대 변증의 요약

중세 시대의 변증학은 플라톤과 아리스토텔레스의 철학을 기독교 교리와 조화시키려는 시도에서 출발했다. 변증학은 이성과 계시의 조화를 강조하면서, 이성으로 신앙을 옹호하는 방향으로 발전했다.

중세 시대 변증의 주요 목적은 첫째, 이슬람, 유대교, 이교 사상에 대한 논박이었고, 둘째, 이단에 대한 교회의 교리적 정당성을 세우는 일이었으며, 셋째, 이성적 설명을 통해 기독교 신앙의 진리를 입증하고 합리적 신앙을 세우는 일이었다.

중세 변증학의 가장 큰 유산은 변증학을 철학적 신학(apologetic theology)의 한 형태로 발전시킨 것이다. 이성과 신앙, 철학과 신학의 관계를 교부 시대보다 더 정교하게 논의함으로 이후 종교개혁 및 근대 변증학의 이론적 토대를 제공했다.

III. 종교개혁 시대(The Reformation)

종교개혁으로 인해 교회는 가톨릭과 개신교 진영으로 나뉘게 되었다. 구원, 교회, 권위에 관한 교리를 둘러싼 논쟁이 수 세기 동안 중심을 이루었다.

교회가 이러한 내적 갈등에 사로잡혀 있는 가운데, 세상은 계몽주의와 근대화를 향해 급속히 전진하고 있었다. 이러한 새로운 발전은 기독교 신앙에 철학적, 과학적, 도덕적으로 중대한 도전이 되었다. 안타깝게도 종교개혁 시대의 주요 인물들은 기독교 신앙을 수호하는 변증학에 초점을 맞추지는 않았다.

개신교 개혁

마르틴 루터

가톨릭 수도사 마르틴 루터(Martin Luther, 1483-1546)는 구원이 믿음을 통한 하나님의 은혜로 주어진다는 진리를 깨달았다. 하나님은 그의 마음을 움직이셔서 우리가 현재 개신교 종교개혁으로 알고 있는 개혁을 시작하게 하셨다.

마르틴 루터는 아리스토텔레스 철학의 가치와 더불어 신앙에 도달하는 과정에서 이성을 사용하는 것 모두에 의문을 제기했다.《스콜라 철학 논박문》(*Disputation Against Scholastic Theology*)에서 그는 다음과 같이 말한다.

> 자신의 영혼에 위험을 주지 않고 아리스토텔레스를 사용하여 철학하기를 원하는 사람은 먼저 그리스도 안에서 완전히 어리석은 사람이 되어야 한다.[40]

이 글에서 루터는 중세 대학에서 아리스토텔레스 철학이 과도하게 사용되면서 기독교 신학이 타락했다고 비판했다.

루터는 본질적으로 십자가의 인성(humanity of cross)을 제외한 이성은 참되지 않으며, 이성은 오직 믿음의 틀 안에서만 제대로 기능한다고 주장했다. 그러므로 믿음 안에는 내적·논리적 일관성이 있지만, 믿음 밖에서는 철학과 이성이 십자가의 어리석음에 굴복해야 한다고 말한다. 루터는 변증학의 방법 모델 중 하나인 신앙주의(Fideism)를 주장하는데, 이는 일반적으로 이성과 지식보다 믿음(fides)을 신앙의 궁극적 근거로 삼는 입장을 말한다. 요점은 다음과 같다.[41]

인간 이성의 부패

루터는 아담의 타락 이후 인간 이성이 타락했으며, 하나님을 참되게 인식하거나 구원을 얻을 능력이 없다고 보았다. 이성은 신앙의 길에서 오히려 장애물("믿음의 매춘부"라고까지 표현함)이 될 수 있다고 했다.

믿음의 절대적 우선성

구원은 인간 이성이나 행위로 이루어지지 않고, 오직 믿음을 통한 하나님의 은혜로 주어진다고 강조했다(이신칭의: 믿음으로 의롭다 하심을 얻는다).

이성과 신앙의 관계

이성은 세속적인 영역(법,정치 등)에서는 유익할 수 있으나, 하나님 앞에서는 무력하며 믿음만이 유효하다고 보았다. 루터는 '십자가의 신학'(Theologia Crucis)을 통해, 인간 이성이 아닌 십자가에서 드러나는 하나님의 어리석음과 약함 속에서 참된 신학이 이루어진다고 주장했다.

필립 멜란히톤

루터의 동료 종교개혁자 필립 멜란히톤(Philipp Melanchthon, 1497-1560)은 처음에는 신앙과 이성에 관한 루터의 의견에 전적으로 동의했다. 그러나 나중에는 이성이 실제로 누군가가 복음을 받아들이도록 준비시킬 수 있다는 것을 깨달았다. 그는 특별계시나 경전계시의 도움 없이도 이성이 하나님의 존재, 하나님의 일부 속성(자비, 영원성, 선하심, 지혜, 진리성), 세상을 창조하신 일, 하나님의 유지하시는 능력 등 많은 진리를 확립할 수 있음을 발견했다.[42]

루터는 급진적 복음주의자로서 오직 믿음과 은혜를 강조했고 인간 이성을 신앙의 영역에서는 경계했다. 하지만 멜란히톤은 루터의 복음적 핵심을 유지하면서도, 교육적·체계적 신학자로서 이성과 질서를 부분적으로 수용하고 신학을 논리적으로 정리했다. 루터는 드라마틱하게 신앙을 십자가 사건 중심으로 풀었고, 멜란히톤은 이를 조화롭게 체계화하여 개신교 조직신학의 초석을 마련했다.

존 칼빈

프랑스 종교개혁자 존 칼빈(John Calvin, 1509-1564)은 이성이 모든 인간으로 하여금 하나님에 대해 알 수 있게(knowing something about God) 해 준다는 점은 인정했지만, 이성만으로는 하나님과 관계를 맺을 만큼 깊이 알 수 없다는 점을 명확히 했다.

그는 창조된 세계를 묵상하는 것만으로도 하나님의 존재와 하나님의 속성에 대해 많은 것을 분별할 수 있음을 인식했다. 그러나 인간의 타락으로 하나님은 주로 성경을 통한 특별계시를 통해 인간에게 자신과 진리를 친히 나타내셔야 한다고 주장했다.[43]

칼빈은 합리적인 논증만으로는 성령의 내적 증거가 없는 사람을 설득할 수 없으며, 성령의 내적 증거가 있는 사람에게는 합리적인 논증이 필요하지 않다고 했다. 성령만이 성경의 진리성에 대한 내적 증거를 주신다고 주장했다.[44]

칼빈의 이러한 사상은 개혁주의 변증법의 토대가 되는데, 이는 개혁전제론(Presuppostionalism)으로 알려져 있다.

가톨릭 반종교개혁

개신교에서 종교개혁이 진행되는 동안 가톨릭교회는 두 가지의 문제에 직면하고 있었다. 하나는 교회 내부의 부패였고, 다른 하나는 외부에서 활발히 일어나는 종교개혁자들의 활동이었다. 특히 종교개혁자들의 역동적인 활동에 대해서 가톨릭교회는 가만히 있지 않았다. 가톨릭교회는 개신교 개혁자들의 도전에 맞서 논쟁적이고 변증적인 대응을 체계화했다.

로베르토 벨라르미노

이탈리아 예수회 로베르토 벨라르미노(Robertus Bellarminus, 1542-1621)는 개혁자들에 맞서 반동을 주도했다. 그는 《이단자들에 대한 기독교 신앙 논쟁에 관한 토론》(Disputations concerning the Controversies of the Christian Faith against the Heretics)을 썼으며, 개신교 종교개혁을 이단 운동으로 간주했다. 이 책은 당시 개신교 신학에 대한 가톨릭 측의 가장 체계적이고 철학적인 반박서로 평가되며, 16-17세기 유럽에 큰 영향을 끼쳤다. 특히 트렌트 공의회(1545-1563) 이후 가톨릭 반종교개혁(Counter-Reformation)의 신학적 기준을 형성하는 데 중요한 역할을 했다.

그는 체계적으로 교회 권위의 본질, 성경과 전통의 관계, 칭의(구원) 교리, 성례전(특히 성찬, 세례 등)에 대한 루터파, 칼빈파, 재세례파의 주장을 반박했다.[45]

후안 루이스 비베스

스페인 인문주의자 후안 루이스 비베스(Juan Luis Vives, 1493-1540)는 《기독교 신앙의 진리에 대하여》에서 기독교의 진리를 이성과 교육을 통해 설득하려 했다. 그는 개종을 단순한 신앙 수용이 아니라 이성과 학습을 통한 점진적 과정으로 보았으며, 특히 유대인과 무슬림 설득에 주력했다.[46] 기독교가 인간의 궁극적 목적(하나님과의 영원한 결합)에 이르는 가장 확실하고 단순한 길이며, 도덕·철학적으로 다른 종교보다 우월하다고 주장했다.[47] 그는 이성을 신이 주신 선물로 보고, 신앙이 이성의 한계를 초월하지만 이성도 신의 뜻에 맞게 사용해야 한다고 강조했다.[48] 또한 철학적 사고를 신학 논증에 적용해야 한다고 보았다.

종교개혁 시대 변증학의 유산

종교개혁 시대의 가장 큰 유산은 근대 신학과 변증학의 기틀을 마련한 것이다. 성경 중심의 변증 방식은 근대 프로테스탄트 변증학에 계승되어 발전했다. 개신교 안에서는 교파 내부의 다양성을 인정하게 되는 토대가 마련되어 칼빈파·루터파 논증 차별화가 '다원적 변증 문화'를 촉진하는 계기가 되었다.

가톨릭교회의 반종교개혁 운동은 1540년 예수회의 설립으로 나타났고, 이를 중심으로 가톨릭교회의 교리 확정(성례, 연옥, 교회 권위 등) 및 신학 교육이 강화되었다. 트렌트 공의회에서 주요 개신교 교리(오직 성경, 오직 믿음 등)에 대한 공식 반박 입장을 내놓았다.

IV. 17-18세기

종교개혁에 이어 17세기와 18세기는 변증의 전환기였다. 계몽주의는 기독교 변증학자들에게 완전히 새로운 문제를 제기했다.

계몽주의(The Enlightenment)

계몽주의는 다음의 세 가지 주요 용어로 정의된다.

- **경험주의**(Empiricism): 사람들이 초자연적이거나 기적적인 사건을 주장

하기보다는 오감을 통해 발견할 수 있는 입증 가능한 데이터에서 진리를 찾아야 한다고 주장한다.

- 합리주의(Rationalism): 신의 계시와는 별도로 인간의 논리만으로 진리를 추구한다.
- 개인주의(Individualism): 사람이 교회와 같은 외부 실체보다는 자신의 생각과 감정에 궁극적인 권위를 두어야 한다고 주장한다.

계몽주의는 인간 본성의 선함과 과학을 통한 인간 진보의 가치를 찬양했다.

계몽주의 인물

다음 목록은 가장 주목할 만한 계몽주의 인물과 그들의 사상이다.

- 르네 데카르트(René Descartes, 1596-1650): 인간은 자신의 합리적 사고와 개인의 자유에 의해서 인도되는 한 발전할 수 있다.
- 베네딕트 드 스피노자(Benedict de Spinoza, 1632-1677): 기적은 불가침의 자연법칙을 위반하고 이성과 모순되기 때문에 불가능하다.
- 존 로크(John Locke, 1632-1704): 진정한 지식은 외부 권위나 다수의 압력, 또는 선천적인 생각의 축적이 아니라, 개인적인 경험과 합리적인 사고를 통해 얻어진다.
- 프랑수아 마리 아루에 드 볼테르(François-Marie Arouet de Voltaire, 1694-1778): 하나님은 존재하지만 교회와 성경은 독재적인 미신, 불의, 부도

덕으로 가득 차 있다.

- **데이비드 흄**(David Hume, 1711-1776): 기적은 경험적으로 검증할 수 없다. 그러므로 어떠한 간증도 기적을 검증하기에 충분하지 않다.
- **임마누엘 칸트**(Immanuel Kant, 1724-1804): 합리주의와 경험주의를 종합한 계몽주의의 핵심 인물은 칸트다. 그는 계몽을 "인간이 스스로 초래한 미성숙에서 벗어나는 것"으로 정의했다. 그러므로 칸트가 깨달은 모토는 다음과 같다. "Sapere Aude!" (사페레 아우데: 감히 지혜롭게 행동하라! 자신의 이해를 고소하는 용기를 가져라!) 칸트는 사물을 실제 있는 그대로가 아니라 우리에게 나타나는 대로만 알 수 있다고 주장했다.

계몽기와 근대기 변증학자들에 대한 도전

17세기부터 20세기 중반까지 서양의 지배적인 문화 환경은 모더니티(근대)였다. 계몽사상이 근대를 탄생시켰다고 볼 수 있다. 알리스터 맥그래스(Alister McGrath)는 그의 책 《알리스터 맥그래스의 기독교 변증》(*Mere Apologetics*)에서 근대 사회에서 이성과 합리적 주장이 설득의 핵심 도구로 부상한 배경을 다음과 같이 설명한다.

> **이성은 삶의 신비를 여는 열쇠였고, 논증은 설득의 도구였다. 합리적 논증은 이 시대의 신뢰받는 도구가 되었다.**[49]

이러한 맥락에서 맥그래스는 계몽주의 이후의 서구 문화가 보편적 이성을 통해 세계의 깊은 구조를 이해할 수 있다고 믿었으며, 그 결과 합리적 논증이 설득의 주요 수단으로 자리 잡았다고 분석했다. 그러나 그는 이러한 접근의 한계를 지적하며, 궁극적인 사안에 대해 논증이 불충분하다고 인정했다. 그는 《기독교 변증학 입문》에서 다음과 같이 언급했다.

합리적 논증은 신앙을 창조하지 못하지만, 신앙이 성장할 수 있는 분위기를 유지한다.[50]

이처럼 맥그래스는 이성과 신앙의 조화를 추구하면서도, 이성의 한계를 인식하고 신앙의 중요성을 강조했다. 그는 "근대 시대에는 모든 사람과 모든 시대에 통하는 보편적인 인간 이성"이 있다고 믿었기 때문에, 사람을 설득할 때 이성적인 논리를 가장 중요하게 여겼다고 설명했다. 근대의 변증학자들은 논증을 만들고 "기독교 신앙을 합리적으로 변호하는 방법"을 배우는 것이 가장 중요하다는 것을 곧 깨달았다.[51]

기독교 사상가들은 계몽주의와 모더니티에 대응하여 다음과 같이 변증적으로 접근했다.

블레즈 파스칼: 마음의 논리

프랑스의 수학자, 과학자, 철학자인 블레즈 파스칼은 그 시대의 이신론, 회의론, 무관심에 감염된 사람들에게 다음과 같은 효과적인 변증 방법론을 제시했다.

마음의 직관

파스칼은 하나님을 증명할 때 경험, 역사, 마음의 직관을 강조했다. 그는 "마음에는 이성이 모르는 이유가 있다"며[52] 마음이 이성으로는 알 수 없는 방식으로 진리를 깨달을 수 있다고 주장했다.

십자가의 어리석음과 믿음

파스칼은 예수 그리스도 없이는 인간이 자신, 삶의 의미, 그리고 하나님을 알 수 없다고 했다. 그는 기적이나 지혜가 아니라, 세상이 보기엔 "어리석어 보이는 십자가"가 사람을 변화시키고 참된 믿음으로 이끈다고 주장했다.[53]

파스칼의 내기

파스칼은 신의 존재 여부를 이성만으로는 결정할 수 없다고 주장하며, 인간은 신이 존재한다고 가정하고 믿음을 선택하는 것이 가장 합리적이라고 설명한다.

> 하나님이 계시든지, 아니면 계시지 않든지 둘 중 하나다. 이성은 이 두 가지 중 어느 쪽도 결정할 수 없다. 우리는 내기를 해야 한다. 선택하지 않을 수 없다. 그러므로 하나님이 계시다고 내기하라. 만약 당신이 이긴다면, 모든 것을 얻을 것이다. 만약 당신이 진다면, 아무것도 잃지 않을 것이다.[54]

하나님이 만들어 놓으신 공허함

파스칼은 인간의 마음속에는 오직 하나님만이 채우실 수 있는 빈자리가 있다고 했다. 그는 《팡세》에서, 사람은 잃어버린 참된 행복의 흔적을 따라 여러 것으로 그 공허함을 채우려 하지만, 결국 하나님만이 그 무한한 빈자리를 채우실 수 있다고 말했다.[55] 이 생각은 아우구스티누스의 "우리 마음은 주 안에서 안식할 때까지 안식이 없다"는 말과 같은 뜻이다.

휴고 그로티우스: 신약성경을 옹호하다

휴고 그로티우스(Hugo Grotius, 1583-1645)는 그의 책 《기독교 종교의 진리에 관하여》(On the Truth of Christian Religion)에서 신약성경의 저자들이 예수 그리스도의 제자들이며, 그들의 기록이 신뢰할 만하다는 점을 강조한다. 그는 또한 신약성경의 내용이 당시의 역사적, 문화적 배경과 일치하며, 그 내용이 전통과 일관성을 유지하고 있다고 주장한다.[56] 이러한 주장은 그로티우스가 기독교 신앙의 진리를 변증하기 위해 신약성경의 신뢰성과 권위를 강조한 것이다.

조셉 버틀러: 확률의 변증

성공회 철학자 조셉 버틀러(Joseph Butler, 1692-1752)는 신의 존재를 증명하기 위해서가 아니라 신을 알기 위해 특별계시가 필요하다는 당시의 자연신론자(Deist)들에 맞서기 위해 《종교의 비유》(The Analogy of Religion)를 썼다. 이러한 자연신론자에 대한 버틀러의 반응은 세 단어, 즉 유추(analogy)와 개연성(probability), 종합(cumulative)으로 요약된다.

유추와 개연성

버틀러는 자연이 완벽하지 않아도 우리가 신뢰하듯, 기독교에 불명확한 부분이 있어도 합리적인 확률에 근거해 믿을 수 있다고 주장했다.[57] 즉 기독교 신앙과 자연 세계는 같은 방식의 불확실성을 공유하고 완전한 확증보다는 합리적인 확률(reasonable probability) 위에 기초하며, 같은 기준을 적용한다면 기독교 신앙도 합리적이라는 주장이다.

종합

버틀러는 기독교가 사실임을 보여 주기 위해 여러 증거를 모아 함께 설명했다. 각각의 증거가 서로 돕고 더 큰 설득력을 만든다는 뜻이다. 이런 방법은 지금도 변증학에서 중요한 '종합 논증' 방식의 시작으로 평가받는다.[58]

윌리엄 페일리: 역사적 변증과 시계공 비유

영국의 신학자이자 철학자인 윌리엄 페일리(William Paley, 1743-1805)는 역사적 변증법과 시계공 비유의 목적론적 변증법을 통해, 사도들의 주장을 두 가지 질문으로 정리할 수 있다고 보았다. 페일리는 이렇게 질문했다. "사도들이 사람들을 속이려고 거짓말을 했을까? 사도들이 거짓말을 하면서까지 고난과 죽음을 자처했을까?" 그는 사도들의 가르침은 매우 도덕적이고 고결해서, 거짓말이라면 모순이라고 했다.[59] 또한 사도들이 큰 고난과 죽음까지 감수한 것은 그들이 진실을 믿었기 때문이라고 보았다.[60] 즉 사도들이 거짓말을 했다기보다는 진실을 말했다는 게 더 합리적이라는 주장이다.[61]

페일리는 시계공 비유를 통해 하나님의 존재를 설명했다. 길을 걷다가 복잡하고 정교한 시계를 발견했다고 상상해 보라. 시계는 여러 부품이 정확히 맞물려 작동하며, 시간을 알려 주는 분명한 목적이 있다. 이런 정교한 설계가 우연히 만들어졌다고 보기는 어렵고, 누군가 의도해서 만든 '시계공'이 있어야 한다고 결론 내린다.[62]

페일리는 이와 같이 세상과 자연계(사람 몸, 동식물, 우주 등)도 매우 복잡하고 질서정연하며 목적을 가지고 있기 때문에 우연이 아니라 '설계자'가 있어야 한다고 주장했다. 그리고 그 설계자가 바로 하나님이라고 말했다.[63]

고트프리트 라이프니츠: 신정론

독일의 철학자이자 수학자 고트프리트 라이프니츠(Gottfried Wilhelm von Leibniz, 1646-1716)는 신정론(Theodicy, 악의 문제에 대한 변증)으로 유명하다. 그의 신정론에는 세 가지 중요한 구성 요소가 포함되어 있다.

1. 하나님은 모든 것을 미리 결정하시되 인간의 자유의지를 강요하지 않으신다. 하나님은 인간의 자유롭고 강요되지 않는 행동을 미리 허락하셨다.[64]
2. 하나님은 어떤 세상이든 창조하기로 선택하실 수 있었지만 완전하시기 때문에 가능한 최고의 세상을 만들기로 결정하셨다. 이 세상의 악조차도 하나님의 큰 선에 기여한다.[65]
3. 죄와 고통은 유한한 인간이기에 피할 수 없는 결과다. 인류는 신이 아니기 때문에 필연적으로 제한을 받으며, 이러한 제한으로

인해 악이 발생한다.[66]

17-18세기 변증의 요약

계몽주의 사조의 확산에 따라 기독교 변증가들은 이성과 계시를 조화시키려는 전략을 모색했다. 이들은 이성과 자연법 이념이 교회·계시 중심 신앙과 충돌하는 문화적 환경 속에서 타협점을 찾으며, 문화의 변화 속에서 기독교가 여전히 관련(relevance)이 있다는 점을 설득했다.

기독교 변증가들은 이 시대에 급증하는 회의주의자·무신론자·이단 비판자들에 대해 공방전을 펼쳤다. 이들은 또한 과학의 발전 과정 가운데서 계시나 기적 등이 과학과 모순되는 것이 아니고, 성경의 역사적 증거가 과학적 추론 방식과 병존할 수 있음을 제시했다. 이 시기에 기독교 변증의 역사학이 발전했다.

V. 19세기

19세기로 넘어가면서 우리는 계몽주의와 모더니티가 변증학에 미친 지속적인 영향을 주목해야 한다. 어느 경우에는 19세기의 변증적인 혁신과 강조가 계몽주의 논리에 대한 반동으로 나타났고, 다른 경우에는 19세기 기독교 변증학이 모더니티의 논리 안에서 사고하고 논증함으로써 그에 대응했다. 일부 변증 방법은 계시와 믿음에서 출발했다. 또 다른 이들은 계시와 신앙을 확립하는 수단으로 이성을 사용했다.

실존주의적 변증학

프리드리히 슐라이어마허

프리드리히 슐라이어마허(Friedrich Schleiermacher, 1768-1834)는 기독교를 이해하기 쉽게 새롭게 설명한 사람이다. 그는 "하나님이나 성경을 논리로 증명하기"보다 사람들이 마음속 깊이 느끼는 하나님에 대한 갈망과 의존을 중요하게 생각했다. 그리고 신앙은 교리적 지식을 아는 것보다 지금 내가 하나님을 느끼고 경험하는 것이 더 중요하다고 보았다. 또 예수님은 하나님과 완전히 하나 된 분으로, 우리 믿음의 본보기라고 했다.[67]

슐라이어마허는 사람들이 믿음을 더 쉽게 받아들이도록 교리나 역사를 이야기하기보다 내 마음속 경험과 느낌을 중심으로 신앙을 설명하려 했다.[68] 결국 그는 그 시대 사람들에게 맞게 기독교를 새롭게 한 인본주의 변증가였다.

쇠렌 키르케고르

19세기 덴마크 철학자 쇠렌 키르케고르(Søren Kierkegaard, 1813-1855)는 실존주의 철학의 선구자로, 기독교 신앙을 이성적 증명보다 개인의 주관적 결단과 믿음의 도약으로 보았다.[69] 그는 신앙이 머리로 이해하는 객관적 진리보다 자신의 삶 속에서 직접 경험하고 실천하는 개인의 진리라고 강조했다.[70]

키르케고르는 특히 '십자가의 역설'을 중요한 개념으로 삼았다. 하나님이 인간이 되어 십자가에서 죽으신다는 사실은 이성으로는 도저히 이해할 수 없는 모순이지만, 그 모순을 받아들이는 것이 진정한 신앙이라고 주장했다.[71]

그는 신의 존재를 논리적으로 증명하려는 시도를 거부했고, 오히려 그런 시도가 신의 신비를 모독하는 것이라고 보았다. 신앙은 합리적 논리보다는 비합리적이지만 인간의 깊은 필요와 절박함을 채우는 개인적 선택이라고 강조했다. 결국 키르케고르에게 신앙은 단순한 지식이나 믿음이 아니라, 삶의 가장 깊은 곳에서 내려야 하는 용기 있는 결단이자, 자신의 존재와 운명을 하나님께 맡기는 '믿음의 도약'인 셈이었다.

아름다움의 변증

프랑수아 르네 드 샤토브리앙

프랑수아 르네 드 샤토브리앙(François-René de Chateaubriand, 1768-1848)은 기독교가 문명에 남긴 혜택과 선물들을 근거로, 기독교의 진리성을 주장했다. 그는《기독교 진리의 정신》서문과 제1권에서 다음과 같은 주장을 반복한다.

기독교가 진리이기 때문에 아름다운 것이 아니라, 아름답기 때문에 진리다.

샤토브리앙은 기독교가 만들어 내는 아름다움(신비, 도덕성, 불멸성, 예술, 음악, 형이상학, 교육 및 명확성)을 보여 줌으로써 하나님이 기독교를 세상에 선물로 주셨다는 것을 다른 사람들이 느끼게 하고 기독교의 가치를 보여 주기를 바랐다. 신앙과 미덕에 대한 가장 효과적인 변증은 그것을 믿게 만들기보다는 그것을 사랑하게 하는 변증이다.[72]

세계관 변증학

아브라함 카이퍼

아브라함 카이퍼(Abraham Kuyper, 1837-1920)는 네덜란드 칼빈주의 신학자이자 정치가로, 개혁주의 변증학과 기독교 세계관에 큰 영향을 끼쳤다. 그는 기독교가 단순한 종교가 아니라 삶의 모든 영역에 적용되는 포괄적인 세계관이라고 주장했다.

카이퍼는 합리적 증거나 철학적 논리에 의존하는 변증학을 거부하고, 성령이 사람들의 마음을 움직여 성경의 권위를 깨닫게 하신다고 믿었다. 그는 "인간 삶의 어느 부분도 그리스도의 주권 밖에 있지 않다"고 말하며, 모든 영역에서 그리스도가 주인이심을 강조했다. 즉 카이퍼는 기독교가 단순한 믿음이 아니라 세상을 바라보는 전체적인 틀이며, 기독교만이 세상을 제대로 이해하는 유일한 방법이라고 보았다.[73]

제임스 오르

제임스 오르(James Orr, 1844-1913)는 스코틀랜드의 개혁파 신학자로, 기독교 신앙과 이성의 조화를 강조하며 기독교 세계관 변증에 큰 역할을 했다. 그는 기독교를 단순한 교리들의 집합이 아니라, 예수 그리스도를 중심으로 한 일관되고 통합된 세계관으로 보아야 한다고 주장했다.[74] 오르는 변증학이 단순히 신의 존재를 주장하는 것이 아니라, 예수 그리스도를 출발점으로 삼아 의미 있고 모든 것을 포괄하는 진리 체계를 제시하는 것이라 믿었다.

그는 기독교 세계관의 핵심이 바로 예수님의 성육신에 있다고 보았으며, 기독교는 가장 깊고 넓은 현실 이해를 제공하는 세계관이며, 그 중심에 하나님의 아들이자 구속자이신 그리스도가 서 계신다고 강조했다.[75] 즉 오르에게 기독교 신앙은 삶과 세상을 통합적으로 이해하는 힘이며, 이성적 정당성과 신앙이 대립하지 않는 일관된 체계였다.

19세기 변증의 요약

19세기 기독교 변증학은 계몽주의와 모더니티가 남긴 이성·경험 중심의 전통 위에서, 이를 수용하거나 반동하며 다양하게 발전했다. 일부는 계몽적 이성·경험 원리에 맞춰 변증 방법을 재구성했고, 일부는 그 자체에 반발하여 '전제적 신앙'이나 '주관적 체험'을 강조했다.

'내적 체험'과 '총체적 세계관'을 강화하려는 시도가 있었는데, 이는 역사·논리 증명보다는 개인의 종교적 경험, 감동, 그리고 일상의 모든 영역에 미치는 그리스도의 주권을 변증의 근간으로 삼았다.

이처럼 19세기 변증학은 계몽주의적 이성·경험 전통과 모더니티의 논리에 대응하며 '내적 체험', '아름다움', '전제적 세계관'이라는 새로운 접근을 통해 기독교 신앙의 정당성을 다각도로 변증한 시기였다.

VI. 20세기 이후

이제 20세기의 변증학이 과거 2천 년의 성경사와 교회사의 접근 방식을 어떻게 활용했는지 살펴보자. 20세기에는 증거적, 전제적, 조합적, 계시적 방법론 등 매우 다양한 방법론이 포함되어 있다.

증거적 변증학(Evidentialism)

벤자민 B. 워필드

20세기 초는 성경의 권위와 영감에 대해 점점 더 반기독교적 공격이 거세졌는데, 이에 대응하여 프린스턴신학교의 신학 교수인 벤자민 B. 워필드(Benjamin B. Warfield, 1851-1921)는 증거적 변증학과 합리적 논증을 사용하여 성경의 무오성(inerrancy)을 옹호했다. 워필드는 논리적 논증과 확실한 증거가 비그리스도인들에게 성경의 무오성을 입증할 수 있다고 주장했다.

워필드는 신학 과정 중에서 변증학을 첫 번째로 두었다. 그는 변증론을 조직신학의 필수 과목으로 정하는 데 영향력을 행사했는데, 특히 개혁신학과 보수적 복음주의 사상의 맥락에서 그러했다. 그의 연구는 변증론을 신학 연구의 더 광범위한 틀에 체계적으로 통합하는

데 도움이 되었다. 워필드가 기여한 핵심 측면은 다음과 같다.

변증론의 체계적 통합

워필드는 변증학을 그의 체계적 신학과 긴밀히 연결했다. 그는 변증학을 단순한 별개 활동이 아니라 신학 전체 안에서 중요한 부분으로 보았으며, 변증학을 다섯 가지로 나누어 체계적으로 정리했다. 철학적 변증(하나님 존재 증명), 심리적 변증(종교적 경험), 계시적 변증(하나님의 계시), 역사적 변증(기독교 역사), 성서적 변증(성경의 신뢰성) 등이다. 이처럼 워필드는 변증학을 철저하고 조직적으로 다뤄 기독교 교리를 잘 방어하는 데 큰 도움을 주었다.[76]

근대주의와 자유주의 신학에 대한 반응

워필드는 전통적인 기독교 교리를 훼손하려는 근대주의와 자유주의 신학 경향을 맹렬히 비판했다. 그는 이러한 도전에 정면으로 대응하여 정통 신앙을 옹호했다. 역사 및 문헌 증거를 사용하여 신약의 신뢰성과 예수의 부활과 같은 기독교 주장을 뒷받침했다. 이 증거 기반 접근 방식은 경험적·역사적 조사를 통해 신학적 주장을 뒷받침함으로써 변증론의 역할을 강조했다.[77]

철학적·합리적 방어

워필드의 변증론은 신의 존재와 악의 문제 같은 철학적 논증을 다루었다. 그의 합리적이고 철학적인 접근 방식은 변증론이 논리적 철저함과 현대적 사고를 아우르는 학문이라는 인식을 강화했다.

전제적 변증학(Presuppositionalism)

코넬리우스 반틸

웨스트민스터 신학교 교수인 코넬리우스 반틸(Cornelius Van Til, 1895-1987)은 개혁신학에 맞는 변증학을 발전시킨 신학자다. 그는 아브라함 카이퍼의 영향을 받아, 타락한 인간은 결코 이성적으로 판단할 수 없다고 보았다.[78] 그는 기독교만이 올바른 생각과 지식의 기반이 되는 유일한 세계관이라고 주장했다. 기독교 신앙은 먼저 성령의 역사로 마음에 받아들여져야 하며, 그 믿음을 바탕으로 모든 것이 시작된다고 했다.

반틸은 기독교와 하나님에 대한 믿음이 떼려야 뗄 수 없는 하나의 통일된 체계임을 강조하며, 기독교 변증은 이 전체를 함께 방어해야 한다고 주장했다.

> **기독교 유신론은 하나의 단위다. 기독교와 유신론은 서로를 내포한다. … 기독교는 결코 하나님의 존재와 본성에 대한 어떤 이론과도 분리될 수 없다.**[79]

조합주의 변증학(Combinationalism)

에드워드 존 카넬

조합주의 변증학은 여러 가지 방법을 함께 사용해 기독교가 현실에 맞는지 확인하는 방식이다. 반틸의 제자 에드워드 존 카넬(Edward

John Carnell, 1919-1967)은 사람이 하나님의 형상대로 만들어져 합리적으로 생각할 수 있다고 믿었고, 기독교를 다음 세 가지 질문으로 검증했다.[80] 첫째, 모순이 없는가, 둘째, 사실과 맞는가, 셋째, 진심으로 믿고 행동할 수 있는가.

카넬은 진리는 경험(직접 느낌), 추론(논리적 판단), 행동(실천)이 모두 어우러져야 한다고 보았다. 즉 기독교는 이 세 가지 기준에서 모두 일관되고 합당한 진리라는 뜻이다. 기독교 세계관이 경험적, 논리적, 실천적 측면에서 모두 일관되고 만족스러워야 함을 의미한다.

프란시스 쉐퍼

라브리(L'Abri)를 설립한 프란시스 쉐퍼(Francis Schaeffer, 1912-1984)는 반틸의 학생이자 조합주의론자였다. 쉐퍼는 그리스도인이 서로 사랑하고 문화에 참여하는 것이 중요하다고 강조했다. 그의 기본적인 변증법은 '전제적 변증학의 축약판'이라고 할 수 있다. 그는 기독교 세계관이 하나의 작업가설임을 주장하고 그것이 현실과 부합하는지 검증했다.

쉐퍼의 변증학은 비기독교적 세계관이 현실과 충돌하면서 발생하는 내적 모순과 긴장을 지적하고, 이러한 긴장 지점을 통해 기독교 세계관의 진실성을 드러내는 데 중점을 둔다. 그는 이러한 긴장 지점을 "지붕 벗겨 내기"(taking the roof off)라는 표현으로 설명하며, 이를 통해 비기독교적 세계관의 한계를 드러내고 기독교적 진리를 제시한다.[81] 이러한 방법은 쉐퍼의 변증학에서 중심적인 역할을 한다.

문학적 변증학(Literary Apologetics)

20세기 영국에는 기묘한 문학적 기교와 심오한 통찰력을 결합하여 기독교에 대한 독특하고 설득력 있는 주장을 만들어 내는 변증학자들이 등장했다. 20세기의 가장 뛰어난 문학 변증가 두 명은 G. K. 체스터턴과 C. S. 루이스다.

G. K. 체스터턴

G. K. 체스터턴(G. K. Chesterton, 1874-1936)은 유머, 풍자, 우아함이 가미된 역설의 문학적 기법으로 현대 문화를 비평했다. 체스터턴은 인간의 타락성과 죄성을 설명하며, 기독교 교리 중 원죄만큼 분명한 현실적 증거가 있는 것은 없다고 주장했다.

어떤 새로운 신학자들은 실제로 입증될 수 있는 기독교 신학의 유일한 부분인 원죄에 대해 이의를 제기한다.[82]

C. S. 루이스

케임브리지대학의 중세 및 르네상스 문학 학과장이었던 C. S. 루이스(C. S. Lewis, 1898-1963)는 인간의 갈망, 상상력, 이성에 호소했다. 그는 다양한 장르의 문학 작품을 남겼다. 우화, 풍자, 꿈의 비전, 신화적인 소설 등은 그의 변증적 접근 방식이 지닌 절충적 성격을 보여 준다. 루이스의 논리적이고 설득력 있는 힘은 《순전한 기독교》(Mere Christianity)의 다음 유명한 인용문에 잘 나타나 있다.

단지 인간이면서 예수께서 말씀하신 것과 같은 말을 하는 사람은 위대한 도덕 선생이 될 수 없다. 그는 자신이 달걀이라고 말하는 사람과 같은 수준의 미치광이이거나 그렇지 않으면 지옥의 악마가 될 것이다. 당신은 선택해야 한다.[83]

이 삼중택일(trilemma)에서 루이스는 예수가 결코 위대한 도덕 선생으로 여겨질 수 없기에 예수는 우리의 구주가 되는 선택만이 남아 있음을 시사했다.

계시적 변증학(Revelational Apologetics)

칼 바르트

칼 바르트(Karl Barth, 1886-1968)는 20세기 가장 영향력 있는 신학자 중 한 명으로, 전통적인 이성 중심의 변증학을 크게 비판했다. 그는 이성이나 논리만으로 하나님을 증명하려는 시도를 "쓸데없는 다리와 목발"에 비유하며, 그런 방법으로는 하나님을 제대로 알 수 없다고 보았다. 바르트에게 하나님은 오직 하나님 자신이 직접 자신을 나타내시는 '자기 계시'를 통해서만 알려지실 수 있다.[84] 즉 하나님을 이해하려면 성경과 성령을 통해 하나님이 우리에게 말씀하셔야 한다는 것이다.

바르트는 교회의 신앙 고백, 즉 교리가 가장 훌륭한 변증이라고 강조했다.[85] 믿음을 통해 예수 그리스도를 만나면, 우리는 그때부터 하나님에 대해 합리적으로 생각할 수 있는 능력과 틀을 갖게 된다는 점도 말했다. 요약하면, 바르트는 이성이나 철학보다 하나님의 특별한 계시와 믿음이 먼저이며, 그 안에서 하나님을 바르게 알고 이해할 수 있다고 주장했다.[86]

그리스도와 문화

레슬리 뉴비긴

레슬리 뉴비긴(Lesslie Newbigin, 1909-1998)은 영국 출신 교수이자 목사, 그리고 인도 선교사로 활동했던 인물로, 20세기 후반 포스트기독교·다원주의 사회 속에서 기독교를 어떻게 변호할지 고민한 중요한 신학자였다. 그는 기독교 복음을 단순히 개인 신앙이나 종교 체험이 아니라, 세계를 이해하고 설명할 수 있는 공적 진리로 보았다. 그래서 기독교는 과학, 정치, 문화 등 모든 영역과 대화하며, 세속 사회에서도 당당히 진리를 주장해야 한다고 강조했다.[87] 그리고 그 진리성은 논쟁이 아니라 그리스도인의 삶 속에서 드러난다고 보았다.

뉴비긴은 포스트모던 사회가 모든 진리 주장을 "그냥 하나의 이야기"로 상대화하는 것을 비판했다. 그는 모든 세계관은 결국 "믿음"에 기초한다고 말하며, 기독교야말로 가장 온전하고 설득력 있는 "이야기"라고 주장했다.[88] 또한 그는 변증이 단순히 이성적 논리에만 의존할 수 없다고 보았다. 왜냐하면 타락한 인간은 올바르게 하나님을 이해할 수 없기 때문이다. 따라서 믿음이 먼저이고, 그 믿음을 통해서만 참된 이해가 가능하다고 했다. 예수님의 십자가는 인간 이성으로는 완전히 이해할 수 없는 사건이며, 그래서 계시와 믿음이 먼저, 논리

와 이해는 그다음이라는 것이 뉴비긴의 핵심 입장이었다.[89]

윌리엄 레인 크레이그

윌리엄 레인 크레이그(William Lane Craig, 1949-)의 변증론은 신의 존재, 예수의 부활, 기독교 유신론의 합리성에 대한 토론에 상당한 영향을 미쳤다. 그의 연구는 학문적 연구와 대중의 참여를 연결하여 복잡한 철학적, 신학적 주장을 대중도 쉽게 이해하도록 돕는다.

크레이그는 우주론적 주장, 특히 칼람 우주론을 옹호한 것으로 잘 알려져 있다. 이 주장은 "존재하기 시작한 모든 것은 원인이 있다. 우주는 존재하기 시작했다. 그러므로 우주는 원인을 가진다"는 것이다.[90] 즉 우주에 시작이 있었고, 따라서 원인이 있었을 것이라고 주장한다. 크레이그의 주장은 우주가 무한할 수 없으며 개인적이고 초월적인 존재에 의해 발생했음을 강조한다.

크레이그는 예수 부활의 역사성을 적극 옹호하며, 이를 역사적 증거와 학술적 분석에 근거한 실제 사건이라고 주장한다. 그는 "빈 무덤, 부활 후 예수의 나타나심, 그리고 제자들의 부활 신앙 기원이라는 사실을 가장 잘 설명하는 것은 하나님이 예수님을 죽은 자 가운데서 다시 살리셨다는 것이다"라고 주장한다.[91]

크레이그는 신의 존재, 예수의 부활 및 기타 철학적·신학적 문제에 관한 저명한 토론자다. 그는 주요 무신론자 및 회의론자와 토론을 했는데, 이는 이 주제에 대한 공개 담론을 형성하는 데 영향을 미쳤다. 크레이그는 변증론을 더 많은 청중이 접할 수 있도록 광범위하게 글을 쓰고 연설을 했다. 그의 저서와 강의 및 토론은 학계와 일반 청중을 모두 대상으로 하여 기독교 신앙을 사려 깊게 변호하는 것을 목표로 한다.

20세기 변증의 발전

20세기 기독교 변증학은 이전 2천 년간의 성경·교회사적 전통을 다양한 방법론으로 계승, 발전시켰으며, 크게 '증거적 변증학', '전제적 변증학', '조합주의 변증학', '문학적 변증학', '계시적 변증학'의 다섯 흐름으로 나눌 수 있다.

증거적 변증학은 역사·문헌적 증거와 논리적 논증을 통해 성경의 무오성, 예수 부활, 신 존재를 입증하려 했고, 전제적 변증학은 인간 이성 자체가 타락했으므로 기독교 전제가 옳음을 선제적으로 믿어야 합리적 논증이 가능하다고 보았다.

조합주의 변증학은 여러 검증 방식을 결합해 체계적 일관성을 점검함으로써 기독교 세계관의 실제성과 진실성을 평가했다. 문학적 변증학은 문학적 수사와 비유·역설을 활용해 독자의 상상력과 감성을 자극하며 변증력을 발휘했다. 계시적 변증학은 자연신학과 이성에 의존하는 대신 오직 하나님의 자기계시(특별계시)만이 참된 하나님에 대한 인식을 가능케 한다고 주장했다.

20세기 변증학은 한 가지 접근에 머무르지 않고, 이성·역사적 증거, 전제적 신앙, 다양한 검증의 결합, 문학·미학적 설득, 계시·교의학 등의 다채로운 방법론을 통해 모더니티와 포스트모더니티 시대의 도전들에 응답하며, 오늘날까지도 변증학적 논의의 풍부한 자원을 제공한다.

변증학의 역사에서 배우는 교훈

기독교 변증론은 다양한 역사적, 지적 맥락 속에서 기독교 신앙을 옹호하고 설명하며, 그 의미를 부여해 온 풍부한 역사를 가지고 있다. 기독교 변증론의 역사적 교훈은 다음과 같다.

- 변증론은 특히 이단과 신학적 논쟁으로 대응하면서 기독교 교리를 명확히 하고 발전시키는 데 중요한 역할을 했다.
- 변증론은 종종 기독교 신앙을 현대의 철학적·지적 사고와 통합하려고 시도하여 신앙과 이성이 공존할 수 있음을 보여 주었다.
- 시대의 다양한 도전에 맞서 기독교 신앙을 방어하기 위해 다양한 변증 방법이 개발되었다. 이러한 방법은 기독교와 문화적 도전에 대한 다양한 반대에 대응하기 위해 사용된다.
- 변증론은 시대의 문화적·지적 맥락에 적응하여 변화하는 사회적 가치와 과제를 반영한다. 효과적인 변증가가 되기 위해서는 문화적 맥락과 경향을 이해하는 것이 중요하다.
- '올바른' 접근 방식의 선택은 대상 청중에 따라 달라지기 때문에 변증에 단 하나의 최선책은 없다.
- 따라서 변증의 다양한 모델을 이해하고 특정 대상 청중에 맞게 변증 모델을 유연하게 사용하는 것이 필수적이다.

이러한 교훈들은 오늘날에도 진리를 수호하는 데 그치지 않고, 다양한 문화적·철학적 도전에 맞서 '증거와 이성, 신학과 사랑의 통합'을 통해 효과적 변증을 실천해야 함을 시사한다.

질문과 묵상

1. 초기 교회가 직면한 주요 이단들(영지주의, 마르키온주의, 마니교, 아리우스주의)의 핵심 주장은 무엇인가? 교부들은 이단에 대해 신학적·변증적으로 어떻게 대응했는가?

2. 로마 제국과 헬레니즘 문화권에서 그리스도인들이 받았던 정치적·문화적 비난(무신론자 비난, 부도덕, 근친상간, 시민 충성 문제 등)에 대해, 교부들과 초기 변증가들은 어떤 합리적이고 법적·윤리적인 변증 전략을 사용해 기독교를 방어했는가?

3. 이레니우스, 테르툴리아누스, 아우구스티누스, 순교자 유스티누스 등 주요 교부들의 변증학적 접근법과 저작들은 무엇이며, 그들이 기독교 신앙을 체계화하고 방어하는 데 어떤 역할을 했는가?

4. 요한 다마스쿠스와 테오도르 아부 쿠라와 같은 중세 변증가들은 이슬람과 유대교의 비판에 대해 어떤 철학적·논증적 전략을 사용하여 기독교 진리를 수호했는가?

5. 중세 변증가들은 '신앙과 이성'의 관계를 어떻게 이해하고 설명하며, 이를 통해 기독교 신앙을 어떻게 합리적으로 정당화했는가?

6. 종교개혁 시대의 주요 인물들(마르틴 루터, 필립 멜란히톤, 존 칼빈, 로베르토 벨라르미노 등)은 인간 이성과 성경 권위 사이의 관계를 어떻게 이해하며, 이를 기초로 기독교 신앙을 어떻게 변증했는가?

7 　계몽주의 시대의 주요 사상들(경험주의, 합리주의, 개인주의)은 기독교의 계시와 기적, 교회 권위에 대해 어떤 비판을 제기했고, 이에 따라 기독교 신앙은 어떤 도전을 받았는가?

8 　블레즈 파스칼, 조셉 버틀러, 윌리엄 페일리 등 17-18세기 기독교 변증가들은 계몽주의 비판에 대해 각각 어떤 논리적 전략과 변증 방식을 통해 기독교의 합리성과 신뢰성을 방어했는가?

9 　19세기 변증학은 어떻게 계몽주의와 모더니티에 대응하며 다양한 방향으로 발전했는가?

10 　20세기 변증학은 어떤 방법론적 다양성을 통해 모더니티와 포스트모더니티에 대응했는가?

11 　세계관 중심의 변증학은 어떻게 기독교의 진리를 단순한 교리에서 삶의 총체로 확장시키며 현대 사회 속에서 신앙의 정당성을 강화했는가?

12 　변증학의 역사로부터 오늘날 우리가 얻을 수 있는 핵심 교훈은 무엇인가?

13 　역사 속 다양한 변증 모델은 오늘날 복잡한 문화·철학적 상황에서 기독교를 어떻게 효과적으로 소통할 수 있게 도와주는가?

Part 2

5	관계적 변증은 무엇인가?
6	하나님의 아들이 인간이 되셨다
7	관계의 영적 전쟁

예수님의 성육신과
관계적 변증

Chapter 5 | 관계적 변증은 무엇인가?

　인생에서 성공하고 싶은가? 관계는 성공의 열쇠다. 만약 인간관계에서 실패한다면 성공한 인생이라고 할 수 있을까? 아니다. 성공한 사람들은 대부분 다른 사람들을 어떻게 대해야 하는지에 대해 깊이 연구하고 배웠다는 공통점이 있다. 나는 성공을 이렇게 정의하고 싶다. "진리를 알고 그 진리를 살아 내는 것." 그렇게 사는 것이 성공한 삶이라고 생각한다.

　예수 그리스도의 진리 중에 '성육신의 진리'가 있다. 성육신의 진리를 간단하게 설명하면, 하나님이 인간의 몸을 입고 이 세상에 오셨다는 것이다. 진리는 관계적 맥락 속에서 실현되며, 성육신의 진리는 이러한 관계적 진리에 대해 설명해 준다.

　예수님의 성육신은 하나님의 구속사에서 예수님의 십자가 사건, 부활 사건과 더불어 가장 중요한 사건 중 하나다. 성육신은 하나님이 사람과 관계를 회복하기 위해서 하신 첫 번째 사역이다. 성육신 없이는 십자가 구속도, 부활도 가능하지 않다. 예수님이 성육신하셨기 때문에 예수님의 구속 사역과 부활이 그 의미와 가치를 갖는 것이다.

관계의 문제

대부분의 사람들에게는 두 가지 관계적 문제가 있다.

첫 번째, 다른 사람을 수용하지 못하는 문제다. 인간은 자기중심적이어서 다른 사람을 수용하는 데 어려움을 겪는다. 다른 사람의 생각을 이해하고 그가 왜 그렇게 행동하는가를 관찰하기 전에, 자기 생각의 테두리에서 단정하여 말하고 행동한다. 다른 사람의 의견을 경청하는 데 익숙하지 않고 자기와 다른 사람을 쉽게 배척한다.

두 번째, 다른 사람을 섬기지 못한다. 우리는 섬김을 받는 것은 좋아하지만 섬기는 것은 꺼린다. 우리 안에는 경쟁심이 있고 다른 사람의 섬김을 받고자 하는 욕구가 크다. 이런 문제의 뿌리에는 거만함 또는 교만함이 숨어 있다.

이 장에서는 기독교의 핵심 진리가 어떻게 인간관계에 긍정적인 영향을 줄 수 있는지를 관계 변증학의 테두리에서 제시하고자 한다. 예수님이 주신 진리는 그것을 믿는 사람에게 자유를 줄 뿐만 아니라, 그 진리대로 살아갈 때 관계를 개선하여 성공적인 삶으로 이끈다. 먼저, 관계적 변증이 무엇인지에 대해 정의하겠다.

관계적 변증(Relational Apologetics)

관계적 변증은 다음의 네 가지 요소로 구성된다.

명제(Proposition of the Truth)

우리가 변증하려는 진리의 명제(Proposition)를 제시한다. 이 부분은 우리가 믿어야 할 진리를 명확히 알고 이해하는 것을 포함한다. 예를 들어, "예수님은 하나님이시다"라는 진술은 기독교 신앙의 핵심적인 명제 진리 중 하나다. 우리는 이러한 본질적인 진리 명제들 각각을 우리의 삶을 걸 수 있는 객관적 실재로 받아들이고 신중히 검토하고 확신해야 한다.

증거(Evidence of the Truth)

기독교 진리에 대한 객관적이고 설득력 있는 증거(Evidence)를 제시한다. 신앙은 단순한 감정이나 전통 위에 세워지는 것이 아니다. 우리는 '무엇을 믿는가?' 뿐만 아니라, '왜 믿는가?'를 함께 이해해야 한다. 여기에서 제시되는 증거들은 믿음을 대체하려는 것이 아니라, 오히려 우리가 믿고 있는 내용이 신뢰할 만하고 이성적으로 정당화될 수 있는 것임을 분명히 보여 준다. 이는 기독교 신앙이 맹목적인 믿음이 아니라, 객관적 근거 위에 세워진 합리적 신앙임을 강조하는 데 그 목적이 있다.

관련성/의미 (Relevance/Significance of the Truth)

진리가 우리에게 어떤 관련성과 의미를 가지는가에 대해 다룬다. 즉 "그래서 무엇인가?", "이 명제가 내 삶에 왜 중요하고 의미 있는가?"와 같은 질문들에 대한 답을 제공한다. 많은 신자들이 기독교 진리에 대한 지식을 머리로 알고 있고, 심지어 왜 그것을 믿는지도 알고 있지만, 그 진리가 자신의 삶에 어떻게 관련되고 적용되는지 이해하지 못하는 경우가 많다.

예를 들어, 어떤 이는 예수님의 부활이라는 사실을 믿을 수는 있지만, 그 진리가 주는 능력과 자유를 자신의 삶 속에서 실제로 누리지 못할 수 있다. 이 단계에서는 각 진리가 우리 삶의 구체적인 필요와 연결될 때, 그것이 얼마나 실제적이며 변화를 일으키는 본질을 가지고 있는지를 발견하게 될 것이다.

적용 (Application of the Truth)

'진리를 어떻게 삶에 적용하며 살 수 있는가'(How to live the truth)라는 적용(Application)을 다루며, 사람들이 진리를 실천하며 살아가는 데 필요한 실제적인 지침을 제공한다. 이는 우리가 믿는 바를 세상에서 실현하고 적용할 수 있도록 힘을 실어 주는 역할을 한다.

진리의 명제를 이해하고 그 증거를 지적으로 받아들인 뒤, 그 진리가 우리 마음을 변화시켰다면 이제는 그것을 행동으로 옮겨 삶 속에서 실천해야 한다. 비록 머리로 진리를 이해하고, 마음으로 그 의미를 깊이 공감한다 해도, 진리를 실천하지 않으면 진리를 참되게 알았다고 할 수 없다.

일반 변증학은 네 가지 요소 중 명제와 증거를 중점적으로 다룬다. 관계 변증학은 일반 변증학의 토대 위에 관련성(의미)과 적용을 더한 것이다. 왜 네 가지 요소가 중요한지를 잠시 살펴보면 이렇다.

우선 우리의 머리(mind)로 진리를 정확하게 이해해야 한다. 진리를 수용하기 위해서는 진리가 무엇인지를 명확하게 알아야 하며, 진리를 지원하는 증거를 알아야 한다. 증거에는 과학적 증거와 역사적 증거가 있는데, 과학으로 증명되지 못하는 영역이 역사적 증거다. 이 영역도 머리로 이해될 수 있는 부분이다. 진리의 명제에 대한 합당한 증거는 우리에게 그 진리를 받아들일 수 있는 합리적 근거와 신뢰할 수 있는 토대를 제공한다.

진리의 중요성과 관련성은 우리의 마음 혹은 가슴(heart)으로 받아들이는 부분이다. 이 요소는 내면에 확신을 주는 단계다.

마지막 요소인 적용(application)은 우리가 머리로 알고 있고 가슴으로 느낀다고 확신하는 진리를 삶에서 살아 내는 부분이다. 진리가 진리 되기 위해서는 행동(action)이 수반되어야 한다. 행동은 다른 사람과의 관계에서 나타난다. 사람들 속에서 내가 믿는 진리대로 살아 내야 하는 것이다. 행동 없는 믿음이 죽은 믿음인 것처럼, 삶에서 실천되지 않는 진리는 진리가 아니다.

다음 그림이 관계 변증의 프로세스를 잘 요약하고 있다. 머리-가슴-발(mind-heart-feet)의 전인격적, 포괄적(wholistic) 변증을 설명한다.

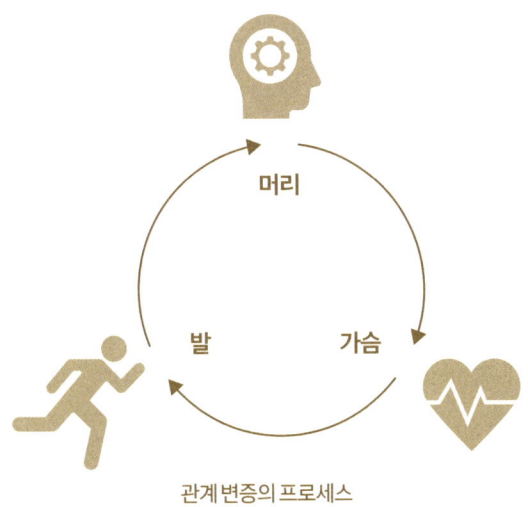

관계 변증의 프로세스

관계 변증에 관련된 여러 변증가들의 진술은 다음과 같다.

- "우리는 행동을 통해서만 진리를 진정으로 알 수 있다." 에드워드 존 카넬
- "변증의 목적은 단순히 논쟁이나 토론에서 승리하는 것이 아니라, 우리가 접촉하는 사람들이 그리스도인이 되어 삶의 전 영역에서 그리스도의 주권 아래 살 수 있도록 하는 것이다." 프란시스 쉐퍼
- "믿지 않는 사람을 그리스도께로 인도하는 것은 당신이 말하는 것보다 당신이 어떤 사람인지에 따라 결정되는 경우가 많다. 그렇다면 이것은 궁극적인 변증학이다. 궁극적인 변증학은 바로 당신의 삶이기 때문이다." 윌리엄 레인 크레이그
- "진리는 삶이다"(Truth has to be lived out). 조쉬 맥도웰

우리가 알고 있다고 믿는 진리는 삶 속에서 실천되고 경험될 때만 진리가 된다. 예수님은 진리를 아셨고 그대로 사셨기 때문에 "내가 진리다"(I am the truth)라고 선포하실 수 있었다.

정리하면, 관계적 변증법은 네 가지 요소(명제-증거-관련성-적용)를 명확히 제시하고 머리-가슴-발의 삼박자가 함께 움직일 때 완성된다. 변증은 총체적인 삶이다. 단순히 복음의 진리를 아는 것만으로는 우리가 예수님의 제자임을 세상에 알리기에 부족하다. 우리의 관계적 삶 속에서 복음의 진리를 실천하며 살아가야 한다.

다음 장에서는 예수님의 성육신의 진리(하나님의 아들이 인간이 되셨다)에 대한 관계적 변증법의 모델을 제시하겠다.

질문과 묵상

1 왜 '관계'가 기독교 변증에서 중요한가?

2 관계적 변증(Relational Apologetics)이란 무엇이며, 일반 변증과 무엇이 다른가?

3 관계 속에서 우리가 자주 겪는 두 가지 핵심 문제는 무엇인가?

4 관계적 변증의 네 가지 구성 요소는 무엇이며, 각각은 왜 중요한가?

5 삶으로 살아 낸 진리가 왜 궁극적인 변증이 되는가?

Chapter 6 | 하나님의 아들이 인간이 되셨다

하나님의 아들이 인간이 되셨다는 진리(성육신의 진리)는 하나님이 그분의 구속 사역에서 관계의 중요성에 대해서 인간에게 보여 주신 너무나 아름답고 소중한 진리다. 이 장에서는 앞서 5장에서 다룬 관계 변증학의 모델을 적용하여, 성육신의 진리를 명제-증거-관련성-적용의 네 가지 요소를 통해 고찰해 보고자 한다.[92]

명제: 하나님의 아들이 인간이 되셨다

아담과 하와가 하나님을 '배척'했을 때, 하나님은 어떻게 느끼셨을까? 하나님은 분노 대신 슬픔과 고통을 느끼셨다. 창세기 6장 6절에서 아담에게서 파생된 인류의 죄를 보신 하나님은 '마음에 근심하셨다'(It broke His heart, NLT).

우리 각자는 아담과 하와의 발자취를 따라 하나님의 거룩한 길

대신에 우리 자신의 죄악 된 길을 반복해서 이기적으로 선택함으로써 하나님을 등지게 되었고, 하나님에게서 분리(disconnection)되었다. 이것을 관계적 분리라고 한다. 이것이 또한 '죄'라는 단어의 정의다. 하나님과 분리되어 있는 상태, 하나님의 원래 의도에 맞지 않게 목표 지점(Target)을 벗어난 상태(Off Target)가 죄라는 단어의 헬라어 '하마르티아'(hamartia)의 의미다.

하나님은 우리를 조건 없이 받아들이시지만, 그분의 거룩하심은 우리의 죄와 이기적인 삶을 그대로 포용할 수 없다. 그래서 하나님은 어떻게 하셨는가? 우리를 지배하는 죄와 죽음의 저주를 없애기 위해 그분의 아들을 이 세상에 보내셨다. 이러한 하나님의 아들의 은혜로운 행위를 '성육신'(incarnation)이라고 한다.

성육신에 관한 두 가지 중요한 성경 구절이 있다.

말씀이 육신이 되어 우리 가운데 거하시매 요 1:14

자녀들은 혈과 육에 속하였으매 그도 또한 같은 모양으로 혈과 육을 함께 지니심은 죽음을 통하여 죽음의 세력을 잡은 자 곧 마귀를 멸하시며 히 2:14

예수님을 신인(神人, God-Man)이라고 하는데 이는 신성과 인성을 동시에 가지고 계심을 의미한다. 신성이 중요한 이유는 오직 하나님만이 죄를 사하실 수 있으며(시 103:3; 막 2:5-7), 그리하여 하나님은 그분의 자녀들과 개인적인 일대일 관계로 다시 연결될 수 있기 때문이다.

인성이 중요한 이유는 예수님이 우리 죄를 대속하기 위해서는 인간의 몸으로 오셔야 했고 죄 없는 삶을 사셔야 했기 때문이다.

하나님은 성육신의 의미를 이렇게 선포하신다.

너는 내게서 돌아섰을지 모르지만, 나는 너를 외면하지 않을 것이다. 너는 나에게 너무나 중요하기 때문에 나는 너와 개인적인 관계를 맺기 위해 나의 최선을 다할 것이다. 나는 너희의 세계에 들어가 너희와 같은 인간이 되어 너희를 죄와 죽음과 나 없는 영원한 외로움에서 구할 것이다.[93]

증거: 하나님의 아들이 인간이 되셨다는 증거

하나님이 우리를 받아들이고 사랑하신다는 사실을 보여 주기 위해 실제로 나타나셨다는 것을 어떻게 알 수 있는가? 예수님이 하나님의 아들로서 인간으로 오셨다는 증거는 두 가지로 요약된다. 첫째는 '예수님이 하나님이신가?'에 대한 증거이고, 둘째는 '예수님의 동정녀 탄생' 증거이다.

인간은 다른 사람의 죄를 구속할 수 없기에 예수님의 신성이 중요하다. 그리고 예수님은 죄 없는 인간으로 오셔야 하기에 그분의 동정녀 탄생이 중요하다.

예수님 자신의 신성 주장과 그 증거

예수님은 자신의 신성을 주장하셨고 그 증거를 보여 주셨다. 다시 말해, 예수님은 자신이 하나님이심을 말씀으로 선포하셨고, 이 선포를 뒷받침하는 실재(reality, fact)를 증명하셨다.

대제사장과 예수님의 대화에서 예수님은 자신이 다니엘 7장 13-14절에 예언된 세상의 최종 심판자로서의 메시아임을 선포하셨다.

네가 찬송 받을 이의 아들 그리스도냐 예수께서 이르시되 내가 그니라 인자가 권능자의 우편에 앉은 것과 하늘 구름을 타고 오는 것을 너희가 보리라 하시니 막 14:61-62

한번은 예수께서 왜 자기를 죽이려 하느냐고 물으셨을 때, 그들은 "선한 일로 말미암아 우리가 너를 돌로 치려는 것이 아니라 신성모독으로 인함이니 네가 사람이 되어 자칭 하나님이라 함이로라"(요 10:33)라고 응수했다. 여기서 우리는 예수님이 자신을 하나님 혹은 하나님의 아들로 선언하신 것을 확실히 알 수 있다.

예수님은 중풍 병자에게 "내 아들아, 네 죄가 용서받았느니라"(막 2:5, ESV)라고 말씀하셨고, 종교 지도자들은 다시 분노해 이렇게 말했다.

이 사람이 어찌 이렇게 말하는가 신성모독이로다 오직 하나님 한 분 외에는 누가 능히 죄를 사하겠느냐 막 2:7

여기서 예수님은 죄를 용서하셨고(참고로, 시편 103편 3절에 의하면 죄 용서는 하나님만이 하실 수 있다) 중풍 병자를 치유하셨는데, 이 기적이 그분이 하나님임을 입증한 것이다. 진리는 실제와 부합한다는 진리의 상응 이론에 의거해서 예수님은 자신이 하나님이라고 주장하셨고, 하나님의 능력을 보여 주심으로 자신이 하나님임을 입증하셨다.

예수님의 초자연적 탄생에 대한 구약의 예언

예수님의 탄생에 대한 구약성경의 첫 언급은 원복음(protoevangelium)으로 알려져 있는 창세기 3장 15절에 기술되어 있다.

> 내가 너로 여자와 원수가 되게 하고 네 후손도 여자의 후손과 원수가 되게 하리니 여자의 후손은 네 머리를 상하게 할 것이요 너는 그의 발꿈치를 상하게 할 것이니라

여기서 "여자의 후손"이라는 용어는 남자의 씨와 상관이 없는 초자연적 탄생을 암시하며, 메시아 예수님이 초자연적인 탄생을 통해 이 땅에 오셔서 악한 세력을 응징하실 것을 예언하고 있다.

창세기 3장 15절과 관련되어 있는 또 하나의 중요한 예언은 이사야의 예언이다. 예수님이 탄생하시기 약 700년 전에 하나님은 선지자 이사야를 통해서 메시아의 동정녀 탄생을 예언하셨다.

> 그러므로 주께서 친히 징조를 너희에게 주실 것이라 보라 처녀가 잉태하여 아들을 낳을 것이요 그의 이름을 임마누엘이라 하리라 사 7:14

메시아가 여자의 후손으로 오실 것이라는 창세기의 계시에서, 좀 더 구체적으로 동정녀 탄생으로 이루어진다는 점진적 계시(progressive revelation)의 일면을 보여 준다.

신약성경의 증언
마태와 누가의 기록은 예수님의 동정녀 탄생을 증언한다.

> **예수 그리스도의 나심은 이러하니라 그의 어머니 마리아가 요셉과 약혼하고 동거하기 전에 성령으로 잉태된 것이 나타났더니 … 이 모든 일이 된 것은 주께서 선지자로 하신 말씀을 이루려 하심이니 이르시되 보라 처녀가 잉태하여 아들을 낳을 것이요 그의 이름은 임마누엘이라 하리라 하셨으니 이를 번역한즉 하나님이 우리와 함께 계시다 함이라** 마 1:18, 22-23

> **마리아가 천사에게 말하되 나는 남자를 알지 못하니 어찌 이 일이 있으리이까 천사가 대답하여 이르되 성령이 네게 임하시고 지극히 높으신 이의 능력이 너를 덮으시리니 이러므로 나실 바 거룩한 이는 하나님의 아들이라 일컬어지리라** 눅 1:34-35

마태와 누가는 모두 예수님의 동정녀 탄생에 대한 증언과 역사적 기록을 남겼다. 그들의 기록이 사실임을 뒷받침하는 또 다른 증거가 있다.

예수님과 동시대인들의 반응
예수님의 고향 사람들 사이에는, 마리아가 요셉과 결혼하기 전에 요셉의 개입 없이 잉태했음을 시사하는 말이 전해진다. 이것은 우리가 동정녀 탄생을 믿는 데 한 발짝 더 나아갈 수 있게 해 준다.

예수님이 회당에서 가르치셨을 때 고향 사람들이 "이 사람이 마리아의 아들 목수가 아니냐 야고보와 요셉과 유다와 시몬의 형제가 아니냐 그 누이들이 우리와 함께 여기 있지 아니하냐"(막 6:3) 하고 예수님을 배척한 적이 있다. "마리아의 아들"이라는 명칭은 자녀를 아버지의 이름으로 부르는 당시 사회에서 명백한 모욕이었다. 물론 친자 관계가 의심되는 아이들의 경우는 예외였다. 여기서 우리는 성경의 증언대로 요셉이 예수님의 아버지가 아니라는 사실을 확인할 수 있다.

마리아의 반응

마리아는 사람들에게 자신이 하나님의 성령으로 잉태했다고 말했다. 사람들이 믿지 못할 걸 알면서도 왜 그런 말을 했을까? 단 한 가지 이유가 있다. 그것은 사실이었기 때문이다.

요셉의 반응

요셉은 마리아의 임신으로 인해 그녀와 자신이 당하게 될 수치와 오명이 어떠할지 충분히 알고 있었다. 요셉이 내릴 수 있는 가장 쉬운 결정은 자신의 명예를 지키기 위해 약혼을 취소하는 일이었다. 그러나 요셉은 성령에 의한 잉태를 확증해 주는 하나님의 천사의 말을 믿고 마리아와 결혼한다(마 1:24). 마리아와 요셉은 성령에 의한 동정녀 잉태가 사실이기 때문에 남은 생애 동안 모든 수치와 오명을 짊어졌다.

요약해 보겠다. 신약성경의 증언에 따르면, 예수님은 구약성경의 예언대로 성령에 의해서 동정녀 마리아에게서 나셨다. 결론적으로 예수님은 자신의 신성(하나님의 아들임)을 선포하셨고, 삶과 부활을 통해서 이를 입증하셨다. 성경은 또한 예수님이 성령에 의해 죄 없는 몸으로 인간 세상에 오셨다고 증언한다. 예수님은 하나님이시며 사람이시다. 하나님의 아들이 인간이 되셨다는 것이 성경의 증언이다.

관련성: 하나님의 아들이 인간이 되셨다는 것의 의미와 중요성

그리스도의 성육신이 우리의 삶과 어떤 관련이 있는지, 어떤 의미를 부여하는지 알아보자.

하나님의 무조건적 용납이다

첫째, 성육신은 우리가 어떤 사람인지와 관계없이 하나님이 베푸신 무조건적 용납이다.

다음 이야기는 하나님의 무조건적인 용납을 잘 설명한다. 한 아버지에게 중학교 축구 선수인 아들이 있었다. 시즌이 시작되기 전에 아버지는 축구팀 감독에게 돈을 건네며 말했다. "팀이 지는 날, 아이들에게 피자를 사 주세요." 며칠 후, 팀은 첫 패배를 당했다. 경기 후 감독은 아이들을 피자 가게로 데리고 갔다. 아이들은 '우리가 졌는데 왜 피자를 먹는 거지?' 하며 의아해했지만, 그 따뜻한 대접은 그들에게 큰 위로가 되었다. 아버지는 이렇게 말했다.

"나는 내 아들이 하나님의 형상대로 창조되었고, 무한한 가치와 존엄성을 지닌 존재임을 믿는다. 그 가치와 존엄성은 축구 실력과 아무 관련이 없다. 평생 한 골도 넣지 못한다 해도, 나는 그를 사랑하고 기뻐하며 받아들일 것이다."

그리스도의 성육신은 이 아버지가 한 일보다 더 이상하다. 하나님이 우리를 받아들이시는 것은 훨씬 더 이상한 일이다. 사도 바울은 "전에 악한 행실로 멀리 떠나 마음으로 원수가 되었던 너희를 이제는 그의 육체의 죽음으로 말미암아 화목하게 하사 너희를 거룩하고 흠 없고 책망할 것이 없는 자로 그 앞에 세우고자 하셨으니"(골 1:21-22)라고 말했다.

우리는 하나님의 길과 사랑을 거부하고 그분의 절대적인 선으로 가득한 완전한 세계에서 죄악을 행했다. 그러나 예수님은 "우리가 원수 되었을 때에"(롬 5:10) 우리를 위해 죽으러 이 세상에 오셨다. 경기에서 진 축구팀원들에게 피자 파티를 베풀어 줄 이유가 없는 것처럼, 우리는 하나님의 구원을 받을 자격이 없다. 그러나 하나님은 자기의 아들을 세상에 보내시고, 그 아들을 믿는 자마다 받아 주시며, 구원의 선물을 주셨다. 이것이 예수님의 성육신의 관계적 의미다.

하나님의 무조건적인 사랑이다

둘째, 성육신의 관계적 의미는 우리가 하나님께 무조건적인 사랑과 수용(받아들여짐)을 받고 있다는 사실이다.

> 우리가 아직 연약할 때에 기약대로 그리스도께서 경건하지 않은 자를 위하여 죽으셨도다 … 우리가 아직 죄인 되었을 때에 그리스

도께서 우리를 위하여 죽으심으로 하나님께서 우리에 대한 자기의 사랑을 확증하셨느니라 롬 5:6, 8**

그런즉 자랑할 데가 어디냐 있을 수가 없느니라 무슨 법으로냐 행위로냐 아니라 오직 믿음의 법으로니라 롬 3:27

누군가가 당신의 모든 결점과 실패를 알고 있음에도 불구하고 당신의 모습 그대로를 사랑하는 것보다 당신의 마음에 더 큰 기쁨을 주는 일은 없을 것이다.

요한복음 4장에 나오는 사마리아 여인과 대화하시는 예수님의 모습을 떠올려 보라. 주님은 우리와 연결되시고, 우리를 있는 그대로 사랑하시며, 실패의 순간에 우리를 받아 주신다. 사마리아 여인이 그랬듯이, 우리는 하나님이 주시는 사랑을 받아들일 때 하나님과 안전한 관계의 기쁨을 경험하게 된다.

하나님과 친밀한 관계를 형성한다

셋째, 성육신의 관계적 의미는 하나님과 우리가 친밀한 관계를 이룬다는 것이다. 히브리서 기자는 그리스도를 이렇게 서술한다.

그가 시험을 받아 고난을 당하셨은즉 시험 받는 자들을 능히 도우실 수 있느니라 … 우리에게 있는 대제사장은 우리의 연약함을 동정하지 못하실 이가 아니요 모든 일에 우리와 똑같이 시험을 받으신 이로되 죄는 없으시니라 그러므로 우리는 긍휼하심을 받고 때

를 따라 돕는 은혜를 얻기 위하여 은혜의 보좌 앞에 담대히 나아갈 것이니라 히 2:18, 4:15-16

예수님은 우리를 있는 그대로 받아들이실 뿐만 아니라 우리가 느끼는 모든 것을 아신다. 예수님은 우리가 겪고 있는 일을 아시며, 다른 누구보다도 이해하신다. 그렇기에 우리는 어느 누구보다 더욱 예수님과 깊은 유대감과 친밀감을 느낀다. 예수님은 십자가상에서 육체의 고통뿐만 아니라 가장 가까운 친구들의 거절, 거부 심지어 배신당하는 고통도 겪으셨다.

예수님은 왜 그 모든 일을 기꺼이 겪으셨을까? 그분이 우리의 고통을 이해한다는 것을 우리가 알기 원하셨기 때문이다. 그분은 우리를 아시고, 우리에게 연민과 동정을 느끼시며, 우리에게 친밀하게 다가오신다.

적용: 하나님의 아들이 인간이 되셨다는 진리의 적용

하나님이 우리를 받아들이시는 것처럼 다른 사람들을 받아들이는 방법에 대해서 나눠 보자. 하나님이 우리에게 하신 것처럼 다른 사람들을 수용하고자 한다면, 무슨 일이 있어도 그들을 있는 그대로 받아들이는 법을 배워야 한다. 그러면 하나님은 영광을 받으실 것이고, 그들은 우리와 관계적으로 연결되는 경험을 하게 될 것이다.

성육신의 진리는 예수님이 행하신 객관적인 진리, 즉 우리에게 오시고, 우리의 죄를 감당하시고, 우리를 받아들이시는 진리를 살아 내야만 우리 삶에서 경험되고 우리의 실재(reality)가 된다. 이것을 변화(transformation)라고 한다. 진리는 우리가 살아 낼 때 비로소 우리 자신의 일부가 된다. 사도 바울은 이렇게 도전한다.

> **그러므로 그리스도께서 우리를 받아 하나님께 영광을 돌리심과 같이 너희도 서로 받으라** 롬 15:7

받아들임은 하나님께 영광이 된다. 한 사람을 받아들이는 것이 작은 일처럼 생각될 수 있지만, 이것은 하늘을 움직이는 큰 파장이요, 보좌에 앉으신 하나님이 지극히 기뻐하시는 일이다. 구체적으로 다른 사람들을 받아들이는 일이 어떻게 실현되는지 생각해 보자.

다른 사람들에게 시간을 내어 줌

받아들인다는 것은 다른 사람들에게 나의 시간을 내어 주는 것을 포함한다. 다른 사람들을 받아들이는 것은 그리스도가 우리를 받아들이신 것처럼, 우리가 그들과 함께하기 위해 시간을 내야 한다는 의미이다. 시간은 가장 귀중한 자원 중 하나이며, 소중한 시간을 다른 사람들과 기꺼이 나누는 것은 그들을 진정으로 받아들이는 것임을 분명히 보여 준다.

다른 사람들에게 삶의 우선(priority)을 허용함

받아들인다는 것은 다른 사람의 세계로 들어가는 것을 포함한다. 예수님은 성육신하셔서 인간 세상에 발을 들여놓으셨다. 그분은 우리에게 그분 안으로 들어오라고 요구하지 않으셨다. 오히려 우리의 문제를 다루기 위해 우리에게 오셔서 우리를 받아들이셨다.

우리가 다른 사람들을 사랑하고 받아들인다는 것을 그들이 느끼려면 우리도 그들의 세계로 들어가 그들의 관심사와 문제에 집중해야 한다. 다른 사람들을 진정으로 알지 않고는 이 일을 할 수 없다. 다른 사람들의 세계에 들어가려면 자신의 이익보다 그들의 이익을 우선하는 겸손이 필요하다. 성육신하신 예수님은 우리의 타락을 구속하기 위해 자신의 신성한 특권을 박탈당하고 인성의 형상을 취하셨다.

너희 안에 이 마음을 품으라 곧 그리스도 예수의 마음이니 그는 근본 하나님의 본체시나 하나님과 동등 됨을 취할 것으로 여기지 아니하시고 오히려 자기를 비워 종의 형체를 가지사 사람들과 같이 되셨고 빌 2:5-7

용서하는 삶을 실천함

받아들임은 다른 사람들의 잘못을 받아들이는 것을 포함한다. 그리스도가 우리의 죄에도 불구하고 우리를 사랑하고 받아들이시는 것처럼, 진정한 수용은 우리에게 상처 준 사람을 그의 행동으로부터 분리시키는 것이다. 누군가가 당신의 뜻과 다르게 행동하거나 큰 실수를 했다고 하자. 받아들인다는 것은 그 차이나 실패가 아니라 그 사람 자체를 바라보는 것이다. 그래야 용서할 수 있다. '저 사람이 그러한 행동을 하는 데는 내가 알지 못하는 다른 이유가 있겠지'라고 생각하면 다른 사람들을 이해하고 용서하는 일에 한 걸음 더 다가갈 수 있다.

질문과 묵상

1 왜 하나님은 인간이 되셔야만 했는가? 하나님이 인간의 모습으로 오시는 것이 왜 유일한 구속의 길이었는가?

2 예수님이 정말 하나님이자 인간이시라는 사실을 어떻게 확신할 수 있는가? 이 믿음은 단지 신앙의 선택일 뿐인가, 아니면 역사적·논리적 근거가 있는가?

3 '하나님이 인간이 되셨다'는 진리가 나의 자존감과 존재 가치에 어떤 의미를 주는가? 나는 진정으로 그분께 귀한 존재라 믿고 있는가?

4 예수님의 성육신은 내 삶의 고통, 외로움, 연약함 가운데 위로와 희망이 되는가? 그분이 나를 이해하신다는 사실을 어떻게 경험했는가?

5 하나님이 나를 있는 그대로 받아들이셨다면, 나는 누구를 어떻게 받아들여야 하는가? 성육신을 본받아 내 삶에서 실천할 사랑은 무엇인가?

Chapter 7 | 관계의 영적 전쟁

앞서 6장에서 우리는 성육신의 관계적 변증에 대해서 살펴보았다. 이 장에서는 우리의 관계에서 진리와 비진리의 대립인 겸손과 교만의 문제를 심층적으로 다루겠다. 이를 "관계의 영적 전쟁"으로 정의한다. 우리가 타인을 대하는 방식을 깊이 돌아볼 때, 자신이 자기중심적인지, 아니면 타인 중심적인지를 알 수 있다. 자기중심의 내면에는 교만이 자리 잡고 있다. 교만은 쉽게 드러나지 않을 뿐 아니라 대부분의 사람들이 자신이 교만하다고 생각하지 않는다. 따라서 교만은 우리를 기만할 수 있다.

예수 그리스도는 교만에 감염되어 있는 이 세상에 오셔서 자신의 삶을 통해 우리가 어떻게 겸손의 정신으로 교만을 이겨 내며 살 수 있는가를 보여 주셨다. 그분의 성육신은 곧 예수 그리스도의 겸손한 삶이 시작된 자리다. 성육신은 기독교 신앙의 핵심 진리인데, 이는 우리의 삶에 겸손으로 나타나야 한다. 우리는 예수님이 가르쳐 주신 이 진리를 삶으로 살아 내야 한다.

성육신의 본질

예수님이 이 땅에 인간으로 오신 것을 신학적 용어로 '성육신'이라고 한다.

말씀이 육신이 되어 우리 가운데 거하시매 요 1:14

그는 근본 하나님의 본체시나 하나님과 동등 됨을 취할 것으로 여기지 아니하시고 오히려 자기를 비워 종의 형체를 가지사 사람들과 같이 되셨고 빌 2:6-7

예수님은 성육신하셔서 겸손으로 사탄의 교만을 꺾으셨다. 하나님과 동등하신 예수님은 이 땅에 사는 동안 모든 일을 혼자서 독립적으로 할 수 있는 능력이 있으시지만 철저하게 하나님 아버지께 의존하시고 그분의 뜻 안에서 모든 일을 하셨다. 말구유에서 탄생하시고 십자가에 자신을 죄의 대속물로 드리기까지 전 인생을 하나님 아버지께 의존하시고 그분의 뜻에 복종하셨다. 예수님이 성육신하셔서 보여 주신 겸손의 두 가지 본질은 다음과 같다.

- 하나님 아버지께 전적으로 의존하심(total dependence on God)
- 하나님 아버지의 뜻에 전적으로 순복하심(total surrender to God)

이 두 가지는 예수님이 성육신하셔서 걸어가신 삶의 철학이고 겸손의 본질이다. 이 본질에는 '자신'이라는 용어도 없으며 자기중심이나 자신의 뜻을 찾을 수도 없다. 예수님은 온전히 하나님 아버지를 의존하셨고 그분의 뜻에 전적으로 순복하셨다.

우리의 삶은 교만과 겸손 사이의 영적 전쟁이다

예수님은 겸손으로 교만을 이기셨다. 우리의 삶도 교만과 겸손 사이의 영적 전쟁 가운데 있음을 인식해야 한다. 일상을 살아갈 때 겸손의 정신보다는 교만의 정신이 우리를 장악하고 기만해서 세상의 원리를 따라가는 경우가 많다.

겸손의 반대는 교만인데, 교만은 비진리이며 기만이다. 따라서 교만과 겸손의 영적 전쟁은 거짓과 진리의 전쟁이라고도 할 수 있다. 우리는 이 전쟁에서 이겨야 한다. 예수님의 성육신은 거짓의 영으로 이 세상을 기만하고 있는 사탄의 세력을 물리치기 위해 하나님이 계획하신 진리 수호 전쟁의 반격이라고 볼 수 있다.

이 장에서는 예수님이 성육신을 통해 교만과 겸손의 전쟁에서 어떻게 승리하셨는가를 심도 있게 고찰하기 원한다. 그래서 우리도 승리의 삶을 이어 감으로써 성육신의 진리 안에 거하기를 바란다.

신학교에 다닐 때 성경 강해 담당 교수님이 학생들에게 왜 신학교에 왔는지 물으셨다. 또래 학생 중 한 명이 담대하게 일어서서 말했다. "저는 성경을 정복하고 싶습니다. 성경을 통달해서 누구보다도 잘 설교하고 싶습니다." 그의 대담한 발언이 있은 후, 강의실에는 한동안 침묵이 흘렀다. 잠시 후 교수님이 학생들에게 부드러운 어조로 말씀했다.

"나는 학생의 야망과 성경에 대한 사랑과 헌신에 감탄하네. 그러나 나는 한 번도 성경을 정복할 수 있다고 생각해 본 적이 없네. 성경은 평생 나를 정복해 왔네. 남들보다 뛰어난 최고의 설교자가 되고자 하는 열망 대신, 하나님의 말씀을 신실하게 전하는 설교자가 되라고 충고하고 싶네."

교만의 죄는 무엇인가?

이제부터 좀 더 심층적으로 교만에 대해서 알아보자. 우리가 다른 사람들보다 더 나은 사람이라고 생각한다면, 어쩌면 교만이 이미 우리를 감염시켰을지도 모른다. 우리는 교만의 뿌리에서 자기중심성을 발견하게 되는데, 이는 극도의 자의식 또는 자만심이다.

인류의 첫 번째 죄는 교만이었다

교만은 어디에서 왔는가? 마귀는 에스겔 28장 14절의 '타락한 기름 부음 받은 그룹' 또는 이사야 14장 12절의 "아침의 아들 계명성"(루시퍼)이다. 그는 교만으로 하나님께 반역하여 천사의 지위에서 떨어졌다. 그 이후로 마귀는 모든 인간을 교만의 죄에 감염시키기 위해 은밀하게 속임수를 써 왔다. 그의 작전은 꽤 성공적이었다.

마귀의 첫 번째 시도는 첫 인간인 아담과 하와에게서 이루어졌다. 아담과 하와는 겉으로 보기에는, "선악과를 먹지 말라"는 하나님의 명령에 불순종한 문제가 있었고, 결과적으로 에덴에서 추방되었다. 이것을 좀 더 심층적으로 들여다볼 필요가 있다.

하와는 사탄의 미혹에 넘어갔는데, 하와를 유혹한 사탄의 속임수는 무엇이었는가? 사탄이 하와를 유혹한 말을 상기해 보자.

너희가 그것을 먹는 날에는 너희 눈이 밝아져 하나님과 같이 되어
창 3:5

이 말이 결정적이었다. 오로지 하나님 한 분만이 모든 것으로부터 독립적이시고 모든 것을 통제할 수 있는 권능의 위치에 계신다. 그러나 사탄은 바로 "하나님같이 된다"는 말로 하와의 욕망을 교활하게 건드렸다. 교만은 자신에게 모든 초점이 맞추어져 있으며 철저히 자기중심적이다. 사탄 자신도 하나님과 같이 되기를 원하던 대로 타락했다. 이사야 14장 13-14절에서 루시퍼가 자신을 위해 무엇을 하려고 했는지 상기해 보자.

네가 네 마음에 이르기를 내가 하늘에 올라 하나님의 뭇별 위에 내 자리를 높이리라 내가 북극 집회의 산 위에 앉으리라 가장 높은 구름에 올라가 지극히 높은 이와 같아지리라 하는도다 사 14:13-14

여기에는 "나"라는 일인칭 대명사가 5회 반복된다(NIV성경 기준). 루시퍼(사탄)의 이 고백은 자신을 만물의 중심에 세우고, 심지어 하나님의 위치에 서기를 원하는 교만의 강렬한 본성을 표현한다. 아담과 하와는 하나님과 같이 될 수 있다고 제안한 사탄의 유혹에 빠졌다. 그들은 하나님처럼 지혜롭고, 하나님처럼 독립적이기를 원했다. 하나님의 자리에서 누구에게도 구속받지 않고 스스로 모든 것을 통제하기 원하는 것이 바로 교만이라는 죄의 속성이다.

교만의 두 가지 속성

교만의 속성은 다음과 같이 정리할 수 있다.

- **하나님으로부터 독립**(Independence from God)
- **모든 것을 통제하고 싶은 욕망**(Desire to Control All Things)

이 두 가지 속성은 자기가 삶의 주인이 된다는 것과 같은 의미이며, 이는 하나님의 자리를 탐하는 죄를 범하는 것과 같다. C. S. 루이스는 이렇게 말했다.

> **본질적인 악덕, 가장 큰 악은 교만이다. 순결하지 못함, 탐욕, 술 취함, 그리고 그 모든 것은 그에 비하면 벼룩에 물린 것에 불과하다. 마귀가 마귀가 된 것은 교만을 통해서였다. 교만은 다른 모든 악덕을 낳는다. 그것은 완전한 반**(反)**하나님적인 마음의 상태다.**[94]

C. S. 루이스가 교만의 죄에 대해서 이토록 심하게 말한 이유가 무엇인가? 교만은 피조물이 창조주의 자리에서, 창조주만 하실 수 있는 두 가지 특권을 넘보는 죄이기 때문이다. 하나님의 자유하심은 그분

의 주권적 영역이며, 그분의 주권을 자유롭게 그분의 뜻대로 행사하시는 것은 하나님만의 권한이다. 그렇기에 아담과 하와가 하나님처럼 되고 싶었던 교만의 죄는 단순히 사람과의 관계에서 짓는 여타 죄와 다르다.

> 여호와께서 미워하시는 것 곧 그의 마음에 싫어하시는 것이 예닐곱 가지이니 곧 교만한 눈과 거짓된 혀와 무죄한 자의 피를 흘리는 손과 악한 계교를 꾀하는 마음과 빨리 악으로 달려가는 발과 거짓을 말하는 망령된 증인과 및 형제 사이를 이간하는 자이니라 잠 6:16-19

하나님이 미워하시는 일곱 가지 죄악 중에 "교만한 눈"이 제일 먼저 기술되어 있다. 또한 잠언은 교만이 패망의 선봉(잠 16:18), 멸망의 선봉(잠 18:12)이라고 경고한다. 릭 조이너(Rick Joyner)는 "교만은 본질적으로 교정하거나 제거하기가 가장 어려운 요새(stronghold)다"라고 말했다.

우리의 삶은 교만과 겸손 사이의 우주적 싸움 속에 있다. 교만의 위협은 어디에나 도사리고 있다. 정치, 국제무대, 정부와 의회, 기업 리더십, 비즈니스, 증권가, 미디어 및 문화, 가정, 대학 캠퍼스 그리고 이웃과 교회 등 우리의 생각과 마음을 포함하여 교만의 손아귀에서 벗어나 있는 영역은 단 한 곳도 없다. 하나님의 일에 헌신하고 경건 생활을 하고 있더라도 교만은 결코 1센티미터 이상 떨어져 있지 않다. 바리새인들을 보라. 그들은 가장 경건하고 하나님의 율법에 헌신적이었지만, 자신과 같지 않은 사람들을 멸시했다.

교만은 세상의 동력이다. 교만은 지상의 모든 사람을 전염병처럼 오염시킨다. 예외는 없다. 앤드류 머리(Andrew Murray)는 "교만은 당신 안에서 죽어야 한다. 그렇지 않으면 하늘의 어떤 것도 당신 안에 살 수 없다"고 말했다.

30대 초반 교회 집사였을 때 교구 장로님이 우리 집에 심방을 와서 "이영 집사님, 교만합니다" 말씀하셨다. 그 말을 듣고는 기분이 굉장히 좋지 않았다. 무슨 근거로 그런 말씀을 하시는 건지 이해되지 않았고, 장로님이 무례하다고 생각되었다. 오랜 시간이 흘러 50대가 되었을 때 과거를 회상하며 이런 생각이 들었다.

'그때 자신만만했고 내 의견이 상당히 강했지. 나와 안 맞는 사람과는 관계를 칼같이 끊어 버렸지. 이게 다 내가 교만해서 그런 거야.'

자신이 교만과는 관계없다고 생각하는 순간, 이미 교만의 손아귀에 사로잡혀 있는지도 모른다. 이미 교만한 사람에게 교만은 잘 보이지 않는다.

교만을 인식하는 방법

교만을 인식하는 몇 가지 방법을 제시하겠다.

1. **들쭉날쭉한 기도 생활은 내가 적극적으로 하나님을 의지하지 않고 하나님이 필요하다는 사실을 깨닫지 못함을 암시한다.**
2. **영적 피곤함은 하나님이 의도하신 것 이상을 감당하려 할 때 생기며, 이는 그분과의 고요한 교제 속에서 안식을 누리도록 자신**

을 맡기지 못했음을 의미한다.

3. 자주 화낸다면 내가 하나님의 주권적인 계획과 타이밍을 신뢰하지 않고 그분으로부터 통제권을 빼앗으려 한다는 의미일 수 있다.

4. 비판적인 정신, 즉 나 자신을 높이기 위해 다른 사람들을 끌어내린다면 내 자아가 부풀려졌을 수 있다.

5. 비판에 대한 방어적인 반응, 실패 후의 낙담, 실수에 대해 웃지 못하는 것은 내가 나 자신을 너무 심각하게 받아들이고 나 자신을 너무 높게 생각한다는 것을 의미한다.

6. 듣고, 기다리고, 섬기고, 익명으로 지내기가 힘들 때 나는 교만의 사슬에 묶여 있을 가능성이 높다.

7. 내가 지나치게 중요하다고 생각하는 것 또한 교만 때문일 수 있다.

8. 다른 사람의 성공을 축하하기가 어렵다면 조심해야 한다. 교만은 내가 매일 씨름해야 하는 죄다.

9. 비교 의식은 내가 다른 사람보다 위에 있어야 만족하는 경향이다. 이것도 내가 중요하다는 데서 비롯되는 교만의 일종이다.

10. 우월감이나 열등감 또한 교만의 한 형태다.

11. 다른 사람이 교만해 보인다면 나 자신의 교만함을 먼저 점검해야 한다.

12. 내가 겸손한 사람이라고 생각할 때 하나님이 생각하시는 나를 하나님의 관점에서 객관적으로 평가해 봐야 한다.

그렇다면 교만이라는 죄를 어떻게 경계해야 하는가?

교만을 극복하는 방법

교만을 어떻게 극복할 수 있는가? 우리는 예수님에게서 답을 찾을 수 있다. 예수님은 겸손만이 교만을 극복할 수 있는 유일한 길임을 삶을 통해 보여 주셨다. 토마스 아퀴나스는 "겸손의 모범을 찾고 있다면 십자가를 보라"고 말했다. 예수님이 자신은 섬김을 받으러 온 것이 아니라 섬기러 왔다고 몇 번이나 말씀하셨는가. 예수님은 겸손으로 교만의 죄를 이기고 물리치셨다.

마귀가 이 세상에 교만을 가져왔다. 예수님은 이 세상에 겸손을 가져오셨다. 오직 겸손만이 교만의 영향을 없앨 수 있고, 그리스도인의 삶에 필요한 승리를 줄 수 있다.

그리스도의 겸손은 교만에 대한 하나님의 해결책이다

오직 겸손만이 교만의 정신을 무너뜨릴 수 있다. 그러나 겸손은 쉽게 오지 않는다. 사실 달성하기가 매우 어렵다. 그 이유가 무엇일까? 마르틴 루터는 "하나님은 무에서 세상을 창조하셨다. 우리가 아무것도 아닌 한, 그분은 우리에게서 뭔가를 만드실 수 있다"라고 말했다. 그렇다면 과연 우리는 어떻게 아무것도 아닌 존재가 될 수 있을까? 이것이 달성 가능한가? 이것이 실용적인가?

예수님은 겸손의 삶을 구현하셨으며, 우리는 그분에게서 배울 수 있다. 우리의 목표는 예수님을 닮는 것이다.

예수님이 보여 주신 겸손의 방법

그러므로 예수께서 그들에게 이르시되 내가 진실로 진실로 너희에게 이르노니 아들이 아버지께서 하시는 일을 보지 않고는 아무 것도 스스로 할 수 없나니 아버지께서 행하시는 그것을 아들도 그와 같이 행하느니라 요 5:19

이 구절의 배경에 대해 잠시 살펴보자. 예수님이 안식일에 예루살렘에 계셨을 때, 38년 동안 걸을 수 없었던 한 병자를 불쌍히 여겨 고쳐 주셨다. 그는 사람들에게 자기를 고쳐 주신 분이 예수님이라고 말했다. 사람들은 전에 본 적이 없는 기적적인 치유에 매료되었다. 분명히 예수님의 인기가 치솟았을 것이라고 상상할 수 있다. 이 치유 사건으로 사람들의 관심이 난데없이 나타난 예수에게로 빠르게 옮겨가면서 종교 당국은 불안해졌다. 종교 지도자들은 예수님이 안식일에 병을 고치신 일을 두고 비난하려고 했다.

예수님은 그분에게 도전한 유대인들에게 위의 말씀으로 대답하셨다. 여기서 예수님은 이렇게 말씀하실 수도 있었다.

"지금 무슨 일이 일어났는지 알지 못하느냐? 방금 38년 동안 걷지 못하던 사람이 걷게 된 것을 보았지? 이것을 기적이라고 한다. 내가 방금 위대한 기적을 행했다. 살면서 이런 기적을 본 적이 있느냐? 없을 것이다. 너희가 쳐다보고 있는 동안 나는 이 사람을 고쳐 주었다. 이해가 안 되느냐?"

예수님은 이렇게 자신을 칭찬하실 수도 있었다. 자신이 행한 일에 대해 스스로에게 영광을 돌리실 수도 있었다. 그러나 요한복음에 기록된 예수님의 말씀은 우리 모두를 놀라게 한다.

자기 영광의 흔적은 어디에도 없다. 대신 예수님은 자신은 아버지께서 하시는 일 외에는 아무것도 할 수 없다고 말씀하셨다. 자신이 행한 기적을 100퍼센트 하나님 아버지께서 하신 일로 돌리셨다. 가능한 한 가장 높은 수준으로 자신을 찬양할 수 있었던 기회에, 자신은 아버지를 떠나서는 아무것도 아니라고 말씀하신 것이다. 예수님은 이 세상에 겸손의 정신을 가져오셨다. 루시퍼가 하나님의 권좌를 탐하고 위로 올라가려고 했던 것과 정반대의 일을 예수님은 하셨다.

이 구절을 심층 분석하기 전에, 제자들의 삶을 살펴보자. 제자들은 우리에게 훌륭한 실물 교훈이다. 그들의 실패를 통해 우리의 실패를 볼 수 있다. 제자들의 삶을 들여다보면 예수님의 겸손을 진정으로 이해하기가 얼마나 어려운지를 알 수 있다.

예수님은 제자들의 발을 씻김으로써 섬김의 모습을 보여 주셔야 했다. 그분의 모범을 따르게 하기 위한 실물 교훈이었다. 예수님의 모든 가르침은 제자들의 교만의 굴레를 제거하는 데 효과가 없는 것처럼 보였다. 최후의 만찬에서 제자들은 하나님의 왕국에서 누가 가장 큰 자가 되어야 하는지를 놓고 토론했다.

그들이 서로 묻되 우리 중에서 이 일을 행할 자가 누구일까 하더라 또 그들 사이에 그중 누가 크냐 하는 다툼이 난지라 눅 22:23-24

이 다툼이 성찬식 중간에 이루어졌다는 것이 실로 충격적이다.

예수님이 포도주와 떡을 떼어 주셨는데, 이는 그들의 죄를 위해 그분이 흘리실 피와 희생될 몸을 상징한다. 이 일은 주님이 십자가에 달리시기 바로 전날 일어났다.

지난 3년 동안 예수님이 제자들에게 주신 모든 가르침은 헛된 것 같았다. 사탄이 제자들에게 채운 교만의 족쇄는 견고했다. 예수님은 겸손이 무엇인지 이해하도록 제자들을 변화시키는 데 성공하지 못하신 것처럼 보였다. 제자들이 날마다 예수님을 뵙고도 이처럼 겸손을 이해하지 못했다면, 우리가 겸손의 정신으로 사는 것은 고사하고 겸손을 이해하기조차 얼마나 어려운 일이겠는가.

예수님은 제자들의 교만을 보신 후 다음과 같이 말씀하셨다.

너희는 그렇지 않을지니 너희 중에 큰 자는 젊은 자와 같고 다스리는 자는 섬기는 자와 같을지니라 눅 22:26

여기서 "섬기는 자"는 실제로 식당에서 테이블을 정리하는 사람이라는 뜻이다. 웨이터(Waiter), 웨이트리스(Waitress)의 개념이다. 우리가 섬기는 자의 마음을 가졌는지는 종과 같은 대우를 받았을 때 어떻게 반응하는지를 보면 알 수 있다. 자신을 진정 섬기는 자로 생각한다면 다른 사람이 자신을 종처럼 여겼을 때 감정이 상하거나 기분 나쁘게 느끼지 않을 것이다. 하지만 그와 반대로 반응한다면 우리는 최소한 예수님이 말씀하신 "섬기는 자"는 아니다. 그만큼 섬기는 자세, 겸손은 결코 쉬운 일이 아니다.

이제 요한복음 5장 19절을 다시 보자. 예수님이 겸손에 대해 무엇이라고 말씀하시는가? 예수님보다 겸손에 대해 많은 말씀을 하신 분은 없다.

겸손에 관한 세 가지 핵심 원칙

예수님의 말씀에서 겸손에 관한 세 가지 핵심 원칙을 발견할 수 있다.

> **그러므로 예수께서 그들에게 이르시되 내가 진실로 진실로 너희에게 이르노니 아들이 아버지께서 하시는 일을 보지 않고는 아무것도 스스로 할 수 없나니 아버지께서 행하시는 그것을 아들도 그와 같이 행하느니라** 요 5:19

이 구절에는 감추인 보화가 많이 있다. 주님은 "아들이 아버지께서 하시는 일을 보지 않고는 아무것도 스스로 할 수 없나니"라고, 아버지와 자신의 관계를 말씀하시며, 자신에 대해 '할 수 없다'와 '아무것도 아니다'라는 표현을 일관되게 사용하셨다.

이 말씀은 예수님의 삶과 사역의 가장 깊은 동기를 드러낸다. 그분은 하나님이 모든 것이 되시기 위해 자신은 아무것도 아닌 것이 되셨다. 그분은 아버지의 뜻에 자신을 전적으로 맡기셨다. 그렇다고 아들이 자신의 뜻으로 아무것도 할 수 없다는 말은 아니다. 아버지가 원하지 않으시는 한 아들은 자신의 뜻으로 어떤 일도 하지 않을 것이라는 의미다.

겸손에 관한 세 가지 원칙은 다음과 같다. 이것은 겸손의 관계적 측면이다.

원칙 1: 겸손한 사람은 하나님의 임재 안에 비추어 자신을 본다

겸손한 사람은 하나님 앞에서 자신을 본다. 그는 거룩하신 하나님께 자신을 맡기고 하나님의 말씀을 듣는다. 겸손은 창조주 앞에서 피조물이 마땅히 가져야 할 유일한 태도다. 겸손한 사람은 하나님을 두려워한다. 전능하신 하나님의 임재에 비추어 자기 자신을 바라보지 않는다면, 우리는 결코 겸손을 이해할 수 없을 것이다.

겸손은 다른 사람과의 관계에서 상대적으로 우리가 가져야 하는 덕목 이전에, 절대자 앞에서 우리가 누구인지를 인식하는 것이다. 그분으로 인해 우리는 존재하며, 그분은 모든 것 안에 우리를 두셨다. 그래서 겸손을 향한 첫걸음은 우리를 만드신 창조주 하나님 앞에서 우리 자신을 바라보는 것이다. 그분이 우리를 태어나게 하지 않으셨다면 우리는 존재하지 않았다. 존재하지 않는 것에는 의견이 있을 수 없다. 생명체가 아닌 존재는 아무 말도 할 수 없다. 우리는 하나님을 떠나서는 아무것도 아니다.

영어권의 많은 사람이 'IMHO'(In My Humble Opinion)라는 용어를 쓰는데, 여기서 'My'와 'Humble'은 서로 모순적인 어법이다. 두 단어는 함께 어울릴 수 없다. 어떤 사람이 "나의 겸손한 의견(IMHO)으로는, 나는 당신의 제안에 절대로 반대한다"고 말한다면 어떤 생각이 드는가? 겸손하다면 자신의 의견을 표현하기 전에 다른 사람의 의견을 경청할 것이다. 어니스트 헤밍웨이(Ernest Hemingway)는 이런 말을 남겼다.

동료 인간보다 우월한 것은 고귀한 것이 아니다. 진정한 고귀함은 예전의 자신보다 더 나아지는 것이다.

하나님 앞에서 자기 의견을 가질 수 있는 이는 아무도 없다! 예수님은 평생 겸손을 실천하셨기에 겸손하실 수 있었다. 그분은 항상 하늘에 계신 아버지에 비추어 자신을 바라보셨다. 자신이 신성 하나님이라는 인식을 완전히 버리고 지상에서 가장 겸손한 사람으로 항상 무릎을 꿇고 기도하셨다. 그분의 가장 큰 기쁨은 하늘에 계신 아버지와 함께 있으면서 그분의 말씀을 듣는 것이었다.

너희 안에 이 마음을 품으라 곧 그리스도 예수의 마음이니 그는 근본 하나님의 본체시나 하나님과 동등 됨을 취할 것으로 여기지 아니하시고 오히려 자기를 비워 종의 형체를 가지사 사람들과 같이 되셨고 빌 2:5-7

예수님은 권세와 권능 면에서 아버지와 동등하셨다. 진정한 겸손은 다른 사람을 섬기기 위해 자신의 권위와 지위를 의도적으로 제쳐둘 때 나타난다.

1980년대 중반 벨 연구소의 엔지니어로서 첫 출근을 했을 때다. 매니저가 나를 사무실로 안내했다. 그때 사무실에는 덩치 큰 흑인 남자가 내 책상 위에 데스크톱을 올려놓고 있었다. 그는 소매를 걷어붙이고 땀을 뻘뻘 흘리며 열심히 일했으며, 출근 첫날부터 나의 필요를 채워 주었다. 그는 아무 말 없이 자신의 일에 집중했다. 나는 그가 IT

부서의 짐꾼인 줄 알았다.

컴퓨터 셋업을 하고 자리를 잡았는데, 매니저가 와서 부서장을 소개해 주었다. 그런데 부서장의 사무실 의자에 앉아 있는 사람이 다름 아닌 좀 전에 내가 짐꾼으로 생각했던 덩치 큰 흑인 남자였다. 정말 깜짝 놀랐다. 그는 에롤 하인즈 박사다. 수학 교수 경력이 있고 아주 인자한 기풍의 겸손한 사람이다. 나는 그의 얼굴과 이름을 결코 잊지 못할 것이다.

이 일은 내 인생에 큰 교훈이 되었다. 부서장은 부하 직원을 섬기기 위해 짐꾼이 되었다. 하나님의 아들 예수님은 종이 되셨다. 겸손한 사람들은 다른 사람들을 섬기기 위해 자기의 특권, 심지어 권위와 지위까지도 기꺼이 포기한다. 하나님 앞에서 겸손한 사람은 다른 사람들에게도 겸손하다.

아무 일에든지 다툼이나 허영으로 하지 말고 오직 겸손한 마음으로 각각 자기보다 남을 낫게 여기고 각각 자기 일을 돌볼뿐더러 또한 각각 다른 사람들의 일을 돌보아 나의 기쁨을 충만하게 하라

빌 2:3-4

하나님에 대한 우리의 겸손은 서로의 관계에서 드러나야 한다. 다른 사람들을 자신보다 더 중요하게 여기지 않는다면, 우리는 분명히 겸손을 받아들이지 못하는 것이다. 다툼이나 허영으로 다른 사람들을 대하는 것이 세상의 패러다임이다. 이것이 사탄이 우리에게 주입시킨 교만에서 파생된 육적인 생각이다. 우리가 다른 사람들에게 관심이 없고 우선순위를 두지 못한다면, 아직도 자기중심적이며 분명히 겸손하지 않음을 증명하는 것이다. 겸손은 관계 속에서 드러난다. 우리가 타인을 대하는 방식에서 겸손한지 아닌지를 알 수 있다.

겸손한 사람은 하나님의 임재 안에서 자신을 바라본다.

아버지께서 행하시는 그것을 아들도 그와 같이 행하느니라 요 5:19

이 말씀은 아들이신 예수님이 아버지가 하시는 일을 본다면, 하나님이 하시는 모든 일을 아들도 행하신다는 뜻이다. 이 구절을 잘 해부해 보면 다음의 두 가지 핵심을 발견할 수 있다.

친밀감(Intimacy)

하나님이 움직이실 때에만 예수님도 움직이신다. 예수님은 항상 아버지를 관찰하시고 그분의 때를 기다리신다. 이것은 예수님의 기도 생활에서 볼 수 있는데, 그분이 아버지의 뜻을 끊임없이 추구하시고 아버지와 깊고 친밀한 교제를 나누심으로써 이루어진다.

순종(Obedience)

예수님은 하나님이 하시는 일을 순종하여 행하신다. 아들은 온전히 아버지의 뜻을 구하고 순종하신다.

원칙 2: 겸손한 자는 하나님의 뜻에 순종한다

겸손에 관한 두 번째 원칙은 겸손의 행동적 측면이다. 겸손한 자는 순종하는 자다.

오히려 자기를 비워 종의 형체를 가지사 사람들과 같이 되셨고 사람의 모양으로 나타나사 자기를 낮추시고 죽기까지 복종하셨으니 곧 십자가에 죽으심이라 빌 2:7-8

예수님은 겸손하시기 때문에 하나님으로서의 모든 특권을 자발적으로 반납하시고, 하늘에서 땅으로 내려와 자신을 낮추어 죽기까지 순종하셨다. 아마 하나님이 인간이 되신 것 자체가 가장 힘든 순종이 아니었을까? 그리고 예수님은 당신이 친히 창조한 땅에 오셔서 모든 사람을 위해 자신을 대속물로 드리셨다. 이 또한 우리가 상상하기 힘든 순종의 모습이다. 예수님은 겸손하시기 때문에 이처럼 순종의 능력을 보이신 것이다.

여기에서 우리는 겸손이 순종이라고 불리는 행동과 떼려야 뗄 수 없는 관계라는 사실을 알 수 있다. 예수님은 분명히 아버지의 뜻에 온전히 순종하신 겸손한 분이셨다. 그분은 놀라운 행동가였다.

영국 출신 에릭 리델(Eric Liddell)은 겸손하게 하나님의 뜻을 행한 사람이다. 그는 영화 〈불의 전차〉(Chariots of Fire)의 주인공으로도 잘 알려져 있는데, 1920년대 영국을 대표하는 육상 선수였다.

1924년 파리올림픽 100미터 경주가 주일에 열리자 리델은 인생 최대의 무대였음에도 출전을 포기했다. 대신 400미터 경기에 출전했다. 주종목이 아니었지만, 그는 달렸고, 금메달을 땄다. 리델은 영광을 자신이 아니라 하나님께 돌렸다.

그러나 그의 순종은 트랙에서 멈추지 않았다. 그는 하나님의 부르심에 순종하여 자기가 태어난 중국으로 돌아가 선교사로 섬겼고, 그곳에서 40대 초반의 나이에 일본 포로수용소에서 생을 마칠 때까지 신실하게 주님을 섬겼다. 그는 그리스도의 겸손한 종으로서 끝까지 하나님의 뜻에 순종했다.

이렇듯 하나님께 순종할 때 불이익이나 고통이 따라올 수 있다. "자기를 낮추시고 죽기까지 복종하셨으니 곧 십자가에 죽으심이라"(빌 2:8)라는 말씀대로, 겸손하신 예수님은 십자가의 고통을 감내하셨다. 히브리서 기자는 이렇게 말한다.

> **그러므로 예수도 자기 피로써 백성을 거룩하게 하려고 성문 밖에서 고난을 받으셨느니라 그런즉 우리도 그의 치욕을 짊어지고 영문 밖으로 그에게 나아가자** 히 13:12-13

하나님은 우리에게도 그리스도의 십자가의 치욕을 짊어지고 예수님을 따르라고 명령하신다. 그분의 뜻에 순종하지 않겠는가?

원칙 3: 하나님은 겸손한 자에게 능력을 주신다

겸손에 관한 세 번째 원칙은 겸손의 초자연적(supernatural) 측면이다. 요한복음 5장 19절 하반 절을 보자.

> **아버지께서 행하시는 그것을 아들도 그와 같이 행하느니라**

"아버지께서 행하시는 그것"은 인간의 힘으로는 불가능한 일이다. 그러나 예수님은 아버지께서 행하시는 일을 하실 수 있었다. 아버지는 아들의 겸손한 빈 그릇을 보시고 그분만이 하실 수 있는 능력을 아들에게 부어 주셨다. 아들은 아버지의 능력이 자신을 통해서 나타날 수 있도록 겸손한 자세로 모든 것을 행하셨다.

아들은 아버지의 축복의 통로가 되었다. 아들이 아버지의 뜻에 자신을 맡기셨을 때, 아버지의 강력한 능력이 아들을 통해 역사했다. 이것은 우리가 겸손할수록 더 강해진다는 의미이다. 그 이유가 무엇인가? 겸손할수록 우리의 그릇이 더 비워질 것이기 때문이다. 우리의 그릇이 비워질수록 하나님의 능력을 더 많이 담을 수 있다.

하나님의 능력, 그분의 뜻, 그분의 영광, 그분의 모든 사명과 그분의 일과 가르침에 대해 예수님은 이렇게 말씀하셨다.

"나는 아무것도 아니다. 나는 나 자신을 아버지께 드렸다. 그분이 모든 것 위에 계신다."

그런 다음 예수님은 인류를 죄에서 구속하는 불가능한 일, 즉 하나님만이 하실 수 있는 일을 하셨다.

교만한 자들은 자신의 힘을 의존하기 때문에 불가능한 일을 결코 성취하지 못한다. 그들의 힘은 제한적이고 이기적이며 하나님의 영광과 거리가 멀기 때문이다. 하나님은 교만한 자에게 복을 주지 않으시고, 복을 주실 수도 없다. 교만한 자의 그릇에는 하나님의 능력을 담을 수 있는 공간이 없기 때문이다.

하나님은 우리의 그릇이 비어 있는 것을 볼 때 하나님의 능력으로 채워 주신다. 그러면 우리가 하나님의 초자연적 능력으로 일을 할 수 있게 되는 것이다. 예수님은 일생 동안 이 패턴을 모범으로 삼으셨다. 메시아가 왜 끊임없이 아버지 앞에 무릎을 꿇고 기도하셨겠는가.

모세가 자신을 애굽의 왕자라고 생각했을 때, 하나님은 그를 사용하실 수 없었다. 그러나 40년 후, 모세가 미디안 광야에서 자신이 아무것도 아니라고 느꼈을 때, 하나님은 그에게 나타나셨고 그를 강하게 사용하셔서 약 200만 명의 이스라엘 백성을 애굽의 노예 생활에서 해방시키는 위대한 일을 이루셨다.

사울이 하나님의 일을 하고 있다고 생각했던 교만한 바리새인이었을 때, 그는 하나님의 원수의 편에 섰다. 그가 예수님을 만나고 그리스도의 은혜 안에서 자신을 아무것도 아닌 것으로 여겼을 때, 하나님은 그에게 그 시대의 또 다른 불가능해 보이는 일, 즉 세상을 복음화하는 일을 하도록 능력을 주셨다. 사도 바울은 그의 인생 후반부에 이렇게 고백했다.

> **또한 모든 것을 해로 여김은 내 주 그리스도 예수를 아는 지식이 가장 고상하기 때문이라 내가 그를 위하여 모든 것을 잃어버리고 배설물로 여김은 그리스도를 얻고 그 안에서 발견되려 함이니**
>
> 빌 3:8-9

이는 겸손한 자의 고백이다. 사도 바울은 자기와 자기의 모든 과거의 업적을 비웠다. 그는 빈 그릇이 되었다.

> **내게 능력 주시는 자 안에서 내가 모든 것을 할 수 있느니라** 빌 4:13

사도 바울은 자신이 빈 그릇이 되었으므로 하나님의 능력으로 모든 것을 할 수 있다고 고백했다. C. S. 루이스는 "겸손은 자신을 자신보다 더 낮게 보라는 뜻이 아니다. 겸손은 당신 자신에 대해 덜 생각하는 것이다"라고 말했다.[95] 겸손한 사람은 자신에 대해 덜 생각하고, 하나님을 의지하며, 하나님이 주시는 힘으로 산다. '내가 할 수 있을까'라고 생각하기보다는 '하나님은 하실 수 있다'는 생각을 더 하라는 것이다. 하나님은 겸손한 자에게 불가능해 보이는 일을 할 수 있는 능력을 주신다.

요약하면, 예수님은 우리에게 겸손에 관한 세 가지 핵심 원칙을 가르쳐 주셨다.

1. **겸손한 사람은 하나님의 임재 안에 비추어 자신을 본다.** 겸손의 관계적 측면
2. **겸손한 자는 하나님의 뜻에 순종한다.** 겸손의 행동적 측면
3. **하나님은 겸손한 자에게 능력을 주신다.** 겸손의 초자연적 측면

하나님이 보시는 위대함은 우리가 다른 사람들보다 상대적으로 더 뛰어난 데 있지 않다. 하나님이 보시는 위대함은 하나님 앞에서 자신을 바로 알고, 하나님의 영광을 위해 겸손과 순종으로 하나님이 하라고 하신 일을 행하는 데 있다. F. B. 마이어(F. B. Meyer)의 다음 말을 기억하라.

겸손은 피조물이 하나님이 모든 것이 되시도록 하는 단순한 동의

이며, 오직 하나님의 일하심에 자신을 내맡기는 것이다.

오직 겸손을 통해서만 교만을 극복할 수 있다. 영적 전쟁은 인격 전쟁이다. 겸손은 계발해야 할 가장 기본적인 성품이다. 겸손하지 않고는 다른 어떤 경건한 인격도 얻을 수 없다. 겸손한 자는 거룩하다. 겸손한 자는 온화하다. 겸손한 자는 사랑이 많다. 겸손한 자는 섬긴다. 예수님은 "나는 마음이 온유하고 겸손하니 나의 멍에를 메고 내게 배우라"(마 11:29)라고 말씀하셨다. 겸손할 때 우리는 예수님을 닮아 그분의 제자가 될 수 있다.

앞서 언급했지만, 예수님이 최후의 만찬을 베푸실 때 제자들 사이에 "누가 크냐?" 하는 다툼이 일어났다. 예수님은 그들에게 조용히 말씀하셨다.

앉아서 먹는 자가 크냐 섬기는 자가 크냐 앉아서 먹는 자가 아니냐 그러나 나는 섬기는 자로 너희 중에 있노라 눅 22:27

겸손은 섬김의 자세로 나타난다. 섬김 없는 겸손은 없다.

적용

겸손의 세 가지 구체적인 적용 원리를 제시하면 다음과 같다.

자신의 정체성을 섬기는 자로 확립하자 : 자신을 섬기는 자로 여기자

예수님은 섬김을 받으러 온 것이 아니라 섬기러 왔다고 반복해서 말씀하셨다. 예수님은 자신을 참된 종으로 밝히셨고, 우리가 그분과 같이 되기를 원하신다. 우리는 자신을 섬기는 자로 여겨야 한다. 이것이 예수님을 진실로 따르는 사람들의 정체성이다. 이 정체성을 매일 상기하고, 매일 섬기는 자로 살아가자. 이것이 첫 번째 단계다.

자신의 우선순위를 알자 : 자신보다 다른 사람의 이익을 우선시하자

"내가 다른 사람을 위해 무엇을 할 수 있는가?" 우리는 다른 사람들의 필요와 관심사를 구함으로써 새로운 우선순위를 정해야 한다. 이것은 쉬운 일이 아니다. 우리의 마음을 거듭거듭 새롭게 함으로써만 다른 사람의 필요와 관심사를 구할 수 있다.

자신보다 다른 사람들의 필요를 먼저 보기 위해서는 매우 의도적이고 전략적이어야 한다. "당신이 나를 위해 무엇을 할 수 있는가?"라고 묻지 말고, "내가 당신을 위해 무엇을 할 수 있는가?"라고 물어야 한다. 이 우선순위를 매일 상기하고, 자신보다 다른 사람들의 이익을 추구하는 사람으로 살아가자. 이것이 두 번째 단계다.

축복의 통로로 살자 : 다른 사람에게 베풀 은혜를 생각하자

"나는 다른 사람을 축복하기 위해 무엇을 줄 수 있는가?" 시간, 자원, 아이디어, 사랑, 진정한 관심 등 우리의 삶은 거래의 연속이다. "나는 내 시간과 자원과 돈과 사랑으로 다른 사람을 얼마나 축복하고 있는가?" 예수님은 우리의 유익을 위해 자기의 생명을 주러 오셨다. 우리는 주는 것을 기뻐하는 사람이 되어 예수님처럼 축복의 통로로 살아가야 한다.

성공하기 원한다면 관계에서 성공해야 한다. 하나님과 사람 앞에서 겸손한 사람이 된다면 우리의 삶은 성공이다. 이것이 예수님이 살아가신 방식이기 때문이다.

질문과 묵상

1 하루를 시작할 때 하나님께 나의 연약함을 고백하며 하나님을 의지하는 기도를 드리는가?

2 누군가의 조언이나 비판을 들을 때 방어하지 않고 기꺼이 수용하는가?

3 다른 사람의 성공이나 칭찬을 기쁘게 축하해 줄 수 있는가?

4 누군가 나를 종처럼 대했을 때 기꺼이 섬기는 자세로 반응할 수 있는가?

5 중요한 결정이나 사역을 앞두고 하나님의 뜻을 구하고 기다리는가, 아니면 내 뜻대로 밀어붙이는가?

6 대화 중 다른 사람의 의견을 끝까지 경청하는가, 아니면 내 주장을 강하게 고수하는가?

7 나보다 약하거나 지위가 낮은 사람들을 진심으로 존중하고 섬기는가?

Part 3

8	신(神)은 존재하는가?
9	성경은 신뢰할 수 있는 하나님의 말씀인가?
10	예수님이 구원의 유일한 길인가?
11	포스트모더니즘을 어떻게 대응할 것인가?
12	자연주의를 신뢰할 수 있는가?

왜 기독교는 진짜인가

Chapter 8 | 신(神)은 존재하는가?

세상을 자세히 관찰하다 보면 이런 질문들이 생긴다. "아무것도 없는 데서 아무 이유 없이 무언가가 생겨나는가, 아니면 모든 것을 존재하게 한 존재가 있는가?" 결국 이 질문은 "신은 존재하는가?"로 함축되며, 변증에서 가장 고전적인(classical) 주제다. 여기서 '신'은 창조주 하나님을 일컫는다. 인간이라면 다음의 질문을 하게 된다.

"우리는 모두 어디에서, 무슨 목적으로 왔는가? 사물은 왜 존재하는가? 우주는 어디에서 왔는가? 저 광활한 곳 어딘가에 신이 있을까?"

"하나님이 존재하는가?"는 가장 보편적인 질문이며 우리가 합리적으로, 또한 깊이 있게 생각해야 하는 주제다. 이 장에서는 먼저, "성경이 말하는 하나님은 누구신가?"라는 질문으로 시작해 보겠다.

성경의 하나님은 누구신가?

우리는 하나님의 속성을 탐구함으로써 하나님이 누구신지를 가장 잘 이해할 수 있다. 하나님은 전능하시고, 편재하시며, 창조주이시다. 우리가 간과할 수 없는 또 다른 속성은 하나님이 인격적(personal)이시고 관계적(relational)이시라는 것이다. 성경의 하나님은 삼위일체(Trinity)의 하나님이시다. 하나님은 성부, 성자, 성령 세 위격으로 존재하시며, 하나이시다. 'Trinity'는 'Tri+Unity'의 합성어인데, '하나님은 세 분의 위격으로 존재하시며 동시에 하나이시다'라는 뜻이다.

하나님은 선하시다

너희는 여호와의 선하심을 맛보아 알지어다 그에게 피하는 자는 복이 있도다 시 34:8

하나님의 선하심은 그분의 사랑의 본성에서 비롯된다. 하나님의 선하심을 이해하고 받아들이는 것은 하나님에 대한 우리 믿음의 근간이 된다. 하나님이 선하시다면, 그분이 전지전능하시며 인격적이시고 관계적이시라는 사실이 의미가 있다. 이는 우리의 삶에 안정감을 준다. 성경에서 선포하는 하나님의 선하심은 다음과 같다.

- 하나님은 환난 때에 견고한 요새이시다(나 1:7).
- 하나님은 오래 참으시고, 친절하시고, 자비로우시고, 은혜로우시다(벧

후 3:9; 시 103:8).

- 하나님은 우리를 향한 사랑으로 동기를 부여하신다(요 3:16).
- 하나님은 모든 좋은 것을 주시는 분이다(약 1:17).
- 하나님의 선하심은 항상 우리와 함께하며 풍성하다(출 34:6; 시 107:8-9).
- 선하신 분은 오직 하나님뿐이시다(막 10:18).
- 하나님은 모든 이에게 선하시며 그 모든 지으신 것 위에 자비를 베푸신다(시 145편).

예수 그리스도는 하나님의 아들이신데, 그분의 사역을 통해 나타난 하나님의 선하심은 다음과 같이 요약할 수 있다.

- **창조:** 지구의 설계와 질서, 그리고 그분의 형상으로 창조된 인류는 하나님의 선하신 사랑의 표현이다.
- **성육신:** 하나님이신 예수님이 인간의 모습으로 이 땅에 오셨다는 것은 우리의 수준으로 자신을 제한시키신 것이다.
- **십자가 대속:** 예수님이 인간을 구원하기 위해 십자가에서 죽으셨다는 사실이 하나님의 선하심을 분명하게 드러낸다.
- **부활:** 예수님의 부활을 통해 하나님은 우리에게 부활의 능력과 소망을 주신다.
- **승천:** 예수님은 부활 후 승천하셔서 하나님의 오른편에 앉아 우리를 감찰하시고 보호하시며 중보하고 계신다.
- **재림:** 하나님은 예수 그리스도의 재림을 준비하심으로 하나님이 이 세상을 의롭게 통치하시고 완전하게 회복시키신다는 궁극의 소망을 주신다.

그리스도의 모든 사역은 하나님의 선하심을 증거한다.

하나님은 관계적 존재이시다

하나님은 인격적이셔서 당신과 개인적인 관계를 맺기 원하신다. 그분은 활동적이시고 우리 삶에 관여하신다.

너는 다른 신에게 절하지 말라 여호와는 질투라 이름하는 질투의 하나님임이니라 출 34:14

하나님의 질투는 인간의 질투와는 다르다. 하나님의 질투는 관계적 열정(zeal)이다. 피조물은 하나님의 형상대로 지어졌으므로 당연히 하나님과 인격적인 관계를 맺어야 한다. 그러므로 이를 무시하고 하나님을 떠나서 우상을 섬기며 독립적인 존재가 되려고 하는 인간을 향한 하나님의 질투는 의롭고 정당한 감정이다.

하나님의 질투는 그분의 사랑과 거룩의 성품에서 나온 것이다. 이를 통해 그분이 관계적 존재이심을 우리에게 알리신다. 하나님의 관계적 열정은 그분의 아들을 이 땅에 보내셔서 죄에 빠진 우리를 구원하시고 우리와의 관계를 회복하시는 구속 사역으로 나타난다.

하나님의 존재에 대한 네 가지 논증

하나님의 존재를 뒷받침하는 네 가지 논증을 살펴보겠다.

1. 칼람 우주론적 논증(The Kalam Cosmological Argument)
2. 목적론적 논증(Teleological Argument)
3. 도덕법적 논증(The Moral Law Argument)
4. 개인적 경험 논증(The Personal Experience Argument)

칼람 우주론적 논증

칼람 우주론적 논증은 '인과론적 논증'으로도 알려져 있다. 이 논증은 윌리엄 레인 크레이그에 의해 발전되었다.[96] 기본 개념은 다음과 같다.

- 존재하기 시작한 모든 것에는 원인이 있다.
- 우주가 존재하기 시작했다.
- 그러므로 우주가 존재하는 데는 원인이 있다.

앞의 두 전제가 참이라면, 결론은 필연적으로 도출된다.

인과 원리(Causal Principle)

인과 원리는 사물이 이유나 원인 없이 존재하지 않는다고 주장한다. 무엇인가가 존재한다면, 존재하기 시작한 바로 그 순간에 대해 원인이나 설명이 있어야 한다. 그 존재가 왜 다른 시간에 시작되지 않았는지, 혹은 그 순간 외에 다른 시간에 존재할 수 없었는지에 대한 설명이 있어야 한다. 이 원리는 결과에 대한 원인을 찾는 철학과 과학의 많은 분야에서 기본이 된다.

시간적 시작 원리

어떤 사물이 시간 속에서 존재하기 시작했다는 것은 곧 시작이 있는 존재임을 의미하며, 이는 영원하거나 시간을 초월하는 것과는 대조된다. 하지만 이 원리는 원인이 없고 영원한 것, 즉 추상적인 실재나 고전적 유신론에서의 신과 같이 전형적으로 영원하고 창조되지 않은 존재에는 해당되지 않는다.

우주가 존재하기 시작했다

우주가 존재하기 시작했다는 주장은 우주가 과거에 영원했던 것이 아니라, 존재하기 시작한 특정한 시점이 있었음을 의미한다. 유한한 시작을 가진 우주의 개념은 우주론에서 빅뱅 이론과 가장 밀접하게 연관되어 있다.

우주에 시작이 있다는 과학적 증거 1: 우주의 확장

1929년 에드윈 허블(Edwin Hubble)은 은하가 서로 멀어지고 있다는 사실을 발견했는데, 이는 우주가 확장되고 있음을 나타낸다. 이 확장은 시간의 역행(time reversibility)을 가정해 보면 우주가 과거에 더 작고 밀도가 높았음을 의미하며, 이는 우주가 모든 물질과 에너지가 무한히 작은 한 점, 즉 특이점(singularity)에서 시작되었다는 결론으로 이어진다.

우주에 시작이 있다는 과학적 증거 2: 우주 마이크로파 배경 복사[97]

CMBR은 우주 마이크로파 배경 복사(Cosmic Microwave Background Radiation)인데, 이는 1965년 아노 펜지아스(Arno Penzias)와 로버트 윌슨(Robert Wilson)이 우연히 발견했다. CMBR은 우주 전체에 균일하게 퍼져 있는 최초의 빛의 흔적으로, 빅뱅의 메아리로 여겨진다.

우주에 시작이 있다는 과학적 증거 3: 열역학 제2법칙[98]

우주에 시작이 있었다는 또 하나의 과학적 증거는 열역학 제2법칙(The Second Law of Thermodynamics)이다. 열역학 제2법칙은 다음과 같이 요약된다.

- 시스템 내에서 사용 가능한 에너지는 결국 고갈될 것이다.
- 우주 전체는 유용한 에너지가 고갈되고 있으며, 돌아갈 수 없다.
- 만약 우주가 무한히 존재했다면, 이미 에너지는 고갈되었을 것이다.
- 하지만 우주는 아직 모든 에너지를 소모하지 않았으므로, 유한한 과거를 가져야 한다.
- 따라서 우주는 시작점을 가지고 있다.

무한은 불가능하다

실제로 무한대를 넘는 것은 불가능하다. 양의 무한대까지 세는 것은 불가능하다. 왜냐하면 항상 세어야 할 숫자가 적어도 하나 더 있기 때문이다. 사실, 세어 볼 때마다 여전히 갈 길이 무한히 더 많기 때문에 목표에 더 가까이 다가갈 수 없다.

지금 이 순간부터 양의 무한대까지 세는 것이 불가능한 것처럼, 음의 무한대에서 현재 순간까지 세는 것도 불가능하다.[99] 만약 우리가 과거의 무한한 순간을 횡단해야 한다면, 결코 현재에 도달하지 못할 것이다. 즉 만약 우주에 시작이 없었다면 이 순간은 결코 오지 않았을 것이다. 시작이 없는 우주에서 현재에 도달하는 것은 마치 무한히 깊고 바닥이 없는 구덩이에 뛰어드는 것과 같을 것이다. 하지만 우리는 지금 현재라는 순간에 도달해 있다. 따라서 우주에는 시작이 있었다.

만약 우주에 시작이 있었고 존재하게 된 모든 것에 원인이 있었다면, 우주의 창조에는 반드시 원인이 있었을 것이라고 결론 내릴 수 있다.

"신을 존재하게 한 것은 무엇인가?": 잘못된 질문

존재하는 모든 것에 원인이 있어야 한다면, "신을 존재하게 한 것은 무엇인가?"라는 질문이 있을 수 있다. 그러나 이것은 잘못된 질문이다. 신은 처음부터 원인이 있는 존재가 아니다. 그는 존재의 시작이 없다. 성경에서 계시하는 하나님의 정의에 따르면, 그는 처음부터 존재하게 하는 원인 없는 영원한 존재다.

성경의 하나님은 자신을 "I AM WHO I AM"으로 선포하신다. 'I AM'이라는 말은 '스스로 존재하는 자'라는 뜻인데, 이는 시간으로 구속할 수 없는 존재, 시간 위에 계시는 존재라는 뜻이다. 하나님의 존재에는 시간 개념이 없다. 그분은 초월적 존재이시다. 항상 계시는 하나님(ever-present God), 곧 영원하신 하나님(eternal God)이다.

신의 존재가 원인 없이 존재한다는 전제는 비합리적이지 않다.

윌리엄 레인 크레이그는 이같이 말한다.

무신론자들은 우주가 영원하기 때문에 원인이 필요하지 않다고 오랫동안 주장해 왔다. 그들은 우주가 영원하고 원인 없이 존재할 수 있다고 주장하면서, 신이 영원하고 원인 없이 존재한다는 개념에 문제가 있다고 주장한다. 그러나 이것은 비합리적이다.[100]

목적론적 논증

목적론(teleology)은 그리스어 'telos'(목적)와 'logos'(이성)의 합성어에서 유래한 것으로, 사물을 목적으로 설명하는 것이다. 신학에서 목적론은 신의 설계에 관한 것이다. 목적론적 논증(teleological argument)은 사물이 존재하는 데는 그 존재의 목적이 있다고 보며, 이를 설계자가 부여한 목적으로 설명한다. 목적론적 논증은 '지적 설계자 논증'(intelligent designer argument)으로도 알려져 있다. 목적론적 논증의 기본 주장은 다음과 같다.

- 생명, 자연의 법칙, 우주 전체는 엄청난 구체적 복잡성을 보이는데, 이것이 바로 설계의 특징이다.
- 그러므로 우주는 지적인 설계자에게서 나왔음이 틀림없다.

인간의 세포 구조[101]

세포는 인간을 포함한 모든 생명체의 기본 단위로, 생명 현상이 일어나는 최소 구조다. 인간의 몸에는 약 37조 개의 세포가 있으며, 이 세포들은 모양과 기능에 따라 다양한 종류로 나뉜다. 모든 세포는 기본적으로 세포막, 세포질, 그리고 핵으로 구성되어 있다. 세포의 종류에는 근육세포, 신경세포, 적혈구, 백혈구, 피부세포 등이 있으며, 각기 다른 구조와 기능을 가지고 인체의 다양한 역할을 수행한다.

세포막은 세포를 감싸 외부 환경과 내부 환경을 구분하고, 물질의 출입을 조절한다. 세포막에는 수백만 개의 기공이 있으며, 이를 통해 세포 안팎으로 물질의 흐름을 조절한다. 세포 내부는 작은 구조물(세포 소기관)과 수백만 개의 단백질 분자가 세포 내부 체액 속을 헤엄치는 수중 도시와 같다. 세포 내에서 일어나는 활동이 우리 몸을 매일 기능하게 유지한다.

세포질은 세포 내 여러 소기관이 존재하는 공간으로, 생화학 반응이 활발히 일어나는 곳이다. 핵은 유전 정보를 담고 있어 세포의 생장, 분열, 단백질 합성 등을 조절한다.

세포 내부 작용의 복잡성과 정교함은 인간의 기술 혁신을 압도한다. 세포는 특이성과 복잡성을 동시에 지닌다. 이 때문에 많은 과학자들이 세포를 가장 잘 설명하는 방식으로 지적 설계를 받아들이게 되었다.

단일 세포가 선언하는 것: 복잡성

세포는 믿을 수 없을 만큼 크고 정교한 나노 공학을 보여 준다. 세포를 10억 배로 확대하면, 세포 안팎으로 물질의 흐름을 조절하는 수백만 개의 구멍이 보인다.

분자 생물학이 밝힌 생명의 실제 모습을 제대로 이해하려면, 우리는 하나의 세포를 약 십억 배 확대해야 한다. 그렇게 되면 세포는 지름이 20킬로미터에 달하는, 런던이나 뉴욕 같은 대도시를 덮을 정도로 거대한 비행선처럼 보일 것이다. 세포 표면에는 거대한 우주선의 창처럼 보이는 수백만 개의 구멍이 열리고 닫히며, 그를 통해 물질이 끊임없이 안팎으로 드나든다. 만약 우리가 그중 하나를 통해 세포 안으로 들어간다면, 우리는 최첨단 기술과 어마어마한 복잡성의 세계에 들어가게 될 것이다.[102]

단백질과 아미노산의 서열수

단백질과 아미노산은 세포 내에 존재하는 중요 구성 요소인데, 다음의 특징을 가지고 있다.

- 단백질은 아미노산의 배열로 구성된다.
- 아미노산은 20가지가 있다.
- 대부분의 단백질은 약 100-300개의 아미노산을 포함한다.

단백질은 아미노산의 연결로 구성되는데, 과연 몇 개의 서열이 나올 수 있을까? 아미노산에는 20가지 종류가 있다는 것을 기억하라. 단백질은 일반적으로 약 100-300개의 아미노산을 포함하는데, 일단 150개의 아미노산이 있다고 가정해 보자. 각 아미노산 슬롯에는 특정 유형의 아미노산을 선택할 수 있는 20가지 가능성이 있다. 그러면 길이가 150인 단백질에 대해 가능한 아미노산의 서열수는 20^{150}이 된다.

이 숫자는 10^{195}에 가까운 숫자다. 이는 다음의 수식으로 표현된다.[103]

1,000,0 (0이 195개)

150개의 아미노산으로 구성된 DNA의 특정한 서열이 무작위로 형성될 확률은 $1/10^{195}$이 된다. 이 확률은 너무 낮아서 어떤 설계자(designer)의 안내 과정(Guiding Process) 없이 그러한 특정한 서열이 자발적으로 형성되는 것은 사실상 불가능하다.

인간 DNA 안의 거대한 저장 공간과 길이

생명을 존재하게 하기 위해서는 엄청난 양의 정보가 필요하다. 한 세포의 핵에 있는 DNA 안에 저장되어 있는 정보의 양을 도출해 보겠다. 인체의 한 세포 안에 있는 DNA(세포 정보 저장소)에는 약 8만 권의 책에 해당하는 양이 들어 있다.[104]

일반 성인의 세포 수는 약 30조 개(3×10^{13})다. 이는 성인 한 명이 2.4×10^{18}(240경) 권의 책을 소장할 수 있을 정도로 방대하다는 의미다. 이는 미국 국회도서관(약 1.75억 권 소장)이 137억 개 있다고 할 때 수용 가능한 숫자다. 성인 한 사람의 DNA가 수용할 수 있는 공간이 이처럼 방대하다는 의미는 과연 무엇인가?

또한 각 세포에는 약 2미터 길이의 DNA 가닥이 들어 있다. 한 성인의 DNA를 모두 연결하면 지구에서 태양까지 거리의 약 200배에 달할 것이다.[105]

세포조직의 시사점

앞에서 우리는 세포 조직 속에 내재된 엄청난 양의 데이터와 하나의 단백질이 구성할 수 있는 아미노산의 서열 숫자, 그리고 한 DNA 가닥의 길이에 대해서 자세히 알아보았다. 이 방대한 숫자는 인체가 상상을 초월하는 복잡성과 정교함, 그리고 섬세한 디자인으로 만들어졌음을 의미한다. 디자이너 없이 이토록 복잡하고 정교한 구조가 자연발생적으로 생성될 수 있는 가능성은 과연 얼마나 될까?

미세 조정(Fine Tuning)

미세 조정은 우주의 상수와 물리 법칙이 생명의 존재를 허용하도록 정확하게 설정되어 있는 것처럼 보이는 관찰을 말한다. 이러한 상수가 아주 미세하게라도 변화한다면 우주가 존재할 수 없거나 생명을 유지할 수 없게 된다. 이 아이디어는 다양한 과학, 철학 및 신학적 토론에 영향을 미쳤으며, 특히 지적 설계 개념과 관련하여 영향을 미쳤다.

중력상수(G)[106]

중력상수($G, 10^{-11}$)는 두 질량 사이의 중력의 세기를 결정한다. 중력이 조금이라도 더 강하거나 약하다면 별, 행성, 은하가 제대로 형성될 수 없고, 물질이 즉각 붕괴되거나 서로 뭉칠 수 없게 되어 은하와 행성이 형성되지 못했을 것이다.

우주상수(Λ)[107]

우주상수(Λ, 10^{-122})는 우주의 팽창 속도에 영향을 미치는 공허한 공간의 에너지 밀도 또는 '암흑 에너지'를 말한다. 우주상수가 조금 더 컸다면, 우주는 너무나 빨리 확장되어 은하와 별이 결코 형성될 수 없었을 것이다. 만약 더 작았다면, 우주는 생성 직후에 다시 붕괴되었을 것이다.

전자기력(Electromagnetic Force)과 중력의 비율(Gravitational Force)[108]

전자기력은 중력보다 훨씬 강하지만, 두 힘의 정확한 비율(10^{-40}) 덕분에 화학과 생물학에 필수적인 안정적인 원자와 분자가 존재할 수 있다. 이 비율에 약간의 변화가 생기면 원자는 복잡한 구조를 형성하는 데 너무 불안정해지거나 화학 반응이 일어날 수 없을 만큼 너무 단단히 결합된다.

전자 대 양성자 질량 비율[109]

전자 대 양성자 질량 비율은 전자의 질량을 양성자의 질량과 비교한 것이다. 전자 대 양성자 질량 비율(약 1:1836)은 원자의 안정성에 매우 중요하다. 비율이 조금이라도 다르면 원자의 전자기력과 핵력의 균형이 깨져서 생명 화학이 불가능해질 것이다.

미세 조정의 의미

지금까지 알려진 상수는 34개이다. 이 상수들은 변하지 않는 속성으로 창조의 디자인 과정에서 디자이너가 완벽한 설계로 우주와 생명의 시스템을 구축한 사례다. 그중 1조분의 1퍼센트만큼 변경된다면 생명은 물론, 물질의 존재가 불가능했을 것이다.

우주의 정밀한 조정은 목적 있는 창조를 뒷받침하는 매우 강력한 증거가 된다. 우주의 상수는 너무나 정확하게 설정되어 있어서 우연히 생겨났다는 가설은 불가능에 가깝다. 시계의 복잡한 디자인이 시계 제작자가 있음을 암시하듯이, 우주의 미세 조정은 창조주 하나님으로 해석되는 설계자가 있음을 가리킨다.

제임스 웹 우주 망원경(James Web Space Telescope)

제임스 웹 우주 망원경(JWST)은 우주의 근원을 밝히기 위해 극저온에서 적외선을 관측하도록 설계된 최첨단 우주 망원경으로, 2021년부터 관찰 임무를 시작했다.[110] JWST는 우주 역사 초기에 이미 태양 질량의 수십억 배에 달하는 별들을 포함하는 거대하고 잘 발달된 은하들이 형성되어 있었다는 사실을 밝혀냈다.

이러한 급속한 초기 은하 형성 속도는 우주가 점진적으로 진화한다는 빅뱅 모델 예측과 부합하지 않는다. 이 발견은 우주 창조 초기에 이미 모든 것이 완벽하게 만들어져 있었으며, 무거운 원소 역시 초기에 존재했다는 점을 시사한다.[111] 이 발견은 설계자(하나님)가 우주를 즉시 말씀으로 창조했다는 성경적 사실에 대한 강력한 증거를 제시한다.

도덕법적 논증

도덕적 진실에 대한 객관적이고 보편적이며 불변의 기준이 존재한다는 것은 도덕적 입법자가 있음을 가리킨다. 도덕론의 주장은 다음과 같다.[112]

- **객관적인 도덕적 가치와 의무가 있다면, 신은 존재해야 한다.**
- **객관적인 도덕적 가치가 존재한다.**
- **그러므로 신은 존재해야 한다.**

신이 없다면 도덕적 선은 주관적이게 되어, 객관적인 선의 개념은 사라진다. 러시아의 기독교 작가인 표도르 도스토옙스키(Fyodor Dostoevskii)는 "신이 없다면 모든 것이 허용된다"는 말을 남겼다. 이 말은 인간을 초월하는 신적 도덕 기반이 부재할 경우 무엇이 옳고 그른지를 규정할 절대적 기준이 사라져 도덕적 선의 개념이 무의미해진다는 뜻이다. 신이 없다면 누구나 주어진 순간에 자신이 원하는 것을 할 수 있다는 말이 된다.

그러나 모든 문화에는 보편적인 도덕적 가치가 존재한다. 예를 들어, 아동 학대는 모든 문화가 거부하는 보편적, 도덕적 가치다. 살인이나 도적질도 어느 문화에서나 나쁜 행동으로 규정하고 처벌한다. 또한 많은 사람들은 특정 행동이 객관적으로 잘못된 일이라는 직관적인 감각을 가지고 있다(예를 들어, 무고한 사람을 고문하는 것, 노예 제도, 집단 학살 등). 이런 감각은 단순히 사회나 개인의 의견이 아니라, 시간, 장소, 문화적 맥락에 관계없이 보편적으로 구속력이 있는 것으로 인식된다.

모든 문화에는 법이 존재하는데, 이는 모든 사회가 도덕적 가치를 중요하게 여긴다는 증거다. 따라서 보편적으로 받아들여지는 객관적인 도덕적 가치가 존재한다는 것은 신의 존재를 믿을 수 있는 강력한 근거가 된다.

사회나 개인이 시간이 지남에 따라 도덕적으로 향상된다는 도덕적 진보라는 개념은 객관적인 도덕적 기준이 존재한다는 전제 하에 가능하다. 예를 들어, 노예 제도의 폐지나 인권의 진보는 특정 행동이나 체계를 '그른' 것으로, 다른 행동이나 체계를 '옳은' 것으로 판단할 수 있는 객관적인 기준이 있기 때문에 도덕적으로 진보해 왔다.

객관적 도덕성과 신의 존재

도덕법적 논증의 핵심은, 모든 문화에서 발견되는 객관적인 도덕적 가치와 의무는 초월적인 존재, 즉 신의 존재를 전제로 할 때에만 설명될 수 있다는 것이다. 신이 없다면 다음과 같이 된다.

도덕성은 주관적이 됨

더 높은 힘이 없다면 도덕적 가치는 단지 인간의 구성물에 불과하게 된다. 선악의 판단은 문화나 사람에 따라 완전히 다르게 된다. 이러한 주관성은 어떠한 도덕적 주장도 보편적으로 구속력이 없다는 것을 의미한다.

도덕적 입법자가 없음

도덕적 의무는 인간이 자신의 행동에 책임을 져야 한다는 생각과 연결되어 있다. 신이 없다면, 포괄적인 도덕적 질서를 시행하거나 제공할 궁극적인 입법자가 없음을 의미한다. 그러나 객관적 도덕성의 보편성은 신이 있다는 반증이다.

직선 유추

막대기가 구부러졌다고 불평하는 것은 직선이 있다는 개념에 비추어 볼 때만 의미가 있다(C. S. 루이스). 악은 선에 비추어서만 존재할 수 있다. 악에 대한 인식이 있다는 것은 절대적 선이 존재함을 증명한다.

개인적 경험 논증

개인적 경험 논증은 사람들의 신앙적 체험이 신이 실제로 존재한다는 근거가 될 수 있음을 강조한다. 어떤 사람들은 이것이 환상이거나 감정 또는 심리적 망상일 수 있다며 이의를 제기하기도 하지만, 예수 그리스도를 통해 창조주 하나님을 개인적으로 만났다면 그분이 실재하심을 알 수 있다.

하나님과의 개인적 경험에 대한 증거는 신자가 아닌 사람들에게는 충분한 증거가 되지 않을 수도 있지만, 하나님을 개인적으로 아는 사람들에게는 설득력 있는 증거가 될 수 있다.

영적 변화: 신과의 대면

개종 순간, 기도 응답, 영적 통찰력, 또는 기적적인 사건과 같은 개인적 경험은 신의 존재에 대한 증거로 작용한다. 이러한 경험은 종종 성격, 라이프스타일, 세계관에 대한 심오한 변화로 이어지며, 개인은 이를 신성한 원인으로 여긴다.

역사적으로, 사도 바울, 어거스틴, C. S. 루이스 등 예수님의 많은 제자들이 하나님을 만나 급진적으로 변화되었다. 이는 지적, 도덕적, 영적 변화로 이어졌다.

하나님과의 지속적인 관계

신은 종종 지적으로만이 아니라 관계적으로 알 수 있는 인격적 존재로 이해된다. 이러한 직접적이고 경험적인 지식은 추상적 주장이나 역사적 증거보다 더 친밀하고 심오하다고 여겨진다.

하나님과의 지속적이고 역동적인 관계는 그들의 일상생활에 영향을 미치며, 인도와 위로와 목적을 제공함으로써 하나님이 존재하시고 그리스도인의 삶에 관여하신다는 사실을 확실히 보여 준다.

경험의 보편성

신에 대한 개인적 경험은 다양한 문화, 사회 계층, 역사적 시기를 아우르며 보고된다. 이러한 경험의 광범위함은 그것이 단순한 심리적·문화적 현상 이상임을 시사한다. 대신 그것은 객관적 현실, 즉 신의 현존을 반영한다. 평화나 용서, 사랑, 초월 같은 인간의 공통된 경험들은 모두 같은 신적인 근원을 가리킨다.

성령의 역할

성령은 개인에게 하나님을 계시하는 데 중심적인 역할을 하신다. 성령에 대한 경험은 다양하지만, 성령이 각 신자와 교회를 포함한 그리스도의 공동체를 깨닫게 하고, 가르치고, 변화시키는 데 지속적으로 영향을 미친다는 사실은 분명하다.

증언과 사명

개인의 간증은 하나님이 세상과 개인의 삶에 적극적으로 관여하신다는 강력한 증거다. 하나님의 현존을 경험한 그리스도인은 자신의 신앙을 다른 사람과 나누는 데 사명감을 느끼며, 자기의 간증이 보편적인 진리를 반영한다고 믿는다.

하나님의 부르심이라는 강력한 힘에 이끌리는 선교사들은 하나님의 현존에 대한 강력한 증거다. 다른 문화권의 사람들에게 복음을 전하고 간증을 나누려는 그들의 헌신은 그들이 믿는 보편적인 진리에 대한 증거다.

신의 존재는 어떤 의미를 가지고 있는가?

만약 신이 존재한다면 그 의미는 매우 심오하며, 인간 삶의 거의 모든 측면, 의미와 이해에 영향을 미친다. 신의 존재는 우주, 도덕성, 인간의 목적, 내세에 관한 가장 근본적인 질문에 답을 준다. 신의 존재가 중요한 의미를 갖는 몇 가지 주요 영역은 다음과 같다.

삶의 목적과 의미

하나님이 존재하신다면, 하나님은 우리의 가장 높은 찬양과 경배를 받으실 만하다. 우리는 창조, 구원, 섭리의 하나님을 경배하기 위해 존재한다. 삶은 우연과 무작위한 일의 연속이 아니라 신성한 계획의 일부다. 하나님은 인간 존재에 포괄적인 목적을 부여하시는데, 이를 통해 삶이 생존이나 개인의 만족 이상의 본질적인 의미를 지님을 알 수 있다.

윤리적 가치와 책임감

하나님의 존재는 객관적 도덕성의 근거가 된다. 옳고 그름은 주관적인 인간의 판단에 근거하지 않고 하나님의 변함없는 성품과 도덕적 의지에 근거한다. 도덕적 의무는 하나님의 성품에 뿌리를 둔 구속력 있고 보편적인 진리가 된다. 하나님이 존재하신다는 사실은 우리가 사회적·도덕적 책임을 다해야 함을 명확히 제시한다. 우리는 이 생을 넘어 정의를 바라는 마음으로 거룩을 추구해야 한다.

인간의 정체성과 존엄성

하나님이 '하나님의 형상대로' 사람을 만드셨다면, 이는 인간의 삶이 생물학적 생존보다 더 높은 존엄성이 있음을 의미한다. 각 사람은 하나님의 형상을 반영하기 때문에 본질적인 가치와 존엄성을 가지고 있다. 이러한 관점은 각 사람의 존엄과 생명의 가치를 존중하며, 윤리적 토대를 확립하는 데 공헌한다. 그렇다면 우리는 예수께서 가르쳐 주신 대로 "네 이웃을 네 자신과 같이 사랑하라"(막 12:31)는 방식으로 인류를 사랑해야 한다.

용서와 구원

만약 하나님이 존재하신다면, 그리스도가 십자가에서 이루신 구속 사역을 통해 우리 죄가 용서받을 수 있다는 것은 실제적 현실이 된다. 그러면 우리는 하나님과 그분의 아들에 대한 믿음을 행사하여 용서와 구원의 선물을 받아야 한다. 이것은 또한 하나님이 예수 그리스도 안에서 우리를 용서하신 것처럼 우리도 다른 사람을 용서해야 함을 의미한다. 만일 하나님의 구원을 회피하고 죄 가운데 산다면 영원한 심판의 대가가 있음 또한 인지해야 한다.

경외감에 사로잡혀 경배함

하나님의 존재는 우리가 그분의 초월성을 경험할 수 있는 길을 열어 준다. 초월성은 물질세계를 넘어 더 위대한 무언가를 가리키는 경외감과 놀라움의 경험이다. 신성에 대한 이런 경험은 종종 우주의 광대함과 신비 앞에서 겸손, 경건, 기쁨을 느끼게 한다. 하나님의 존재는 우리가 예배할 대상이 그분임을 가리킨다.

적용

- 당신의 정체성에 대해 확신이 없다면, 당신은 하나님의 형상으로 창조되었으며, 하나님이 당신을 사랑하신다는 사실을 알게 되기를 바란다.
- 만약 당신이 예수님을 당신의 구세주이자 주님으로 받아들이지 않았

다면, 그분을 믿고 구원을 얻기 바란다.
- 당신이 죄 속에 살고 있다면, 회개하고 하나님께로 돌아가야 한다.
- 당신이 당신의 삶을 기독교 사역과 선교에 헌신하겠다고 생각한다면 하나님의 인도 아래 소명을 확인하고 그분의 종이 되기로 다짐하라.

질문과 묵상

1 사람들이나 내가 '복'이라고 생각하는 몇 가지를 말해 보라. 내가 영원에 초점을 맞추면 지상에서 누리는 복에 대한 관점이 어떻게 바뀌는가?

2 하나님은 어떤 분이신가? 하나님에 대한 경이로움을 생각해 보라. 하나님은 초월적 존재이시지만, 나의 친구가 되고자 하시는 분이다. 이에 대해 어떤 생각이 드는가?

3 세상의 시작에 목적과 원인이 있었다는 생각은 나의 세상, 나의 삶에 대해 어떤 느낌을 갖게 하는가?

4 진화론이 분자 수준에서도 진화적 형성을 증명할 수 없다는 점을 감안할 때, 왜 진화론자들은 여전히 창조의 개념을 거부한다고 생각하는가?

5 "신이 존재한다는 것을 어떻게 알 수 있는가?"라고 묻는 사람에게 어떻게 대답하겠는가?

6 모든 문화가 '옳고 그름'을 인식하는 도덕 기준은 어디서 왔을까? 도덕이 단순히 진화의 부산물이라면, 절대적인 선이나 정의는 존재할 수 있을까?

7   왜 수많은 사람이 하나님과 인격적으로 만나 삶이 변화되었다고 고백할까? 시대와 문화를 초월한 동일한 인격적 체험을 착각이라고 할 수 있을까?

8   하나님과 인격적인 관계를 가질 수 있다면, 나는 그분을 진지하게 추구하고 있는가?

9   하나님이 계신다면, 나는 왜 존재하며 무엇을 위해 살아야 하는가?

Chapter 9 | 성경은 신뢰할 수 있는 하나님의 말씀인가?

계시와 영감

계시(revelation)는 계시 이외의 다른 방법으로는 알려질 수 없는 진리를 전달하는 것이다. 계시는 성령이 하나님의 신성한 진리를 드러내시는 것이다. 성경은 하나님 계시의 가장 중요한 실체다.

성경의 영감(Inspiration of the Bible)은 하나님이 성령을 통해서 계시하신 정보가 정확하게(무오하게) 기록된 언어로 제시되는 과정이다. 디모데후서 3장 16-17절 말씀은 성경의 영감에 대해서 말하고 있는 핵심 구절이다.

모든 성경은 하나님의 감동으로 된 것으로 교훈과 책망과 바르게 함과 의로 교육하기에 유익하니 이는 하나님의 사람으로 온전하게 하며 모든 선한 일을 행할 능력을 갖추게 하려 함이라

All Scripture is **inspired by God** and profitable for teaching, for reproof, for correction, for training in righteousness; so that the man of God may be adequate, equipped for every good work NASB

이것은 성령이 하나님의 계시를 기록하는 과정을 주관하심(superintend)으로 이루어진다. "하나님의 감동으로"는 그리스어로 "θεόπνευστος"(테오프뉴스토스)인데 영어로 "God-breathed" 또는 "inspired by God"으로 번역된다. 이는 하나님으로부터 온 지혜를 말한다. 성경은 하나님의 영감을 받은 것이므로 진실하고(truthful) 권위가 있어야(authoritative) 한다.[113]

성경의 진실성

예수님은 성경 말씀이 전적으로 신뢰할 수 있고 진리의 궁극적인 표준이라고 선포하셨다.

> 천지는 없어질지언정 내 말은 없어지지 아니하리라 마 24:35

> 그들을 진리로 거룩하게 하옵소서 아버지의 말씀은 진리니이다 요 17:17

성경의 모든 말씀은 하나님의 말씀이므로 전적으로 진실하며 어느 부분에도 오류가 있을 수 없다. 성경의 진리가 중요한 이유는, 성경은 하나님의 진실성이 담긴 책이기 때문이다. 성경이 전적으로 진실하지 않다면 하나님도 전적으로 진실하시지 않을 것이다. 기독교 신앙의 기초가 성경의 진실성에 달려 있다. 기독교 신앙의 진실성에 대한 유일한 근거는 성경이다.

정경(Canon)

정경은 성경에 속하는 모든 책(66권)의 목록이다. '정경'의 뜻은 '표준' 또는 '규칙'이다. 이것은 매우 중요하다. 하나님의 말씀인지 아닌지 알아야 하기 때문이다. 교회 역사적으로 정경이 무엇인가에 관한 여러 가지 의견이 있는데, 대표적으로 다음의 이단적 시도가 있었다.

초기 기독교의 이단 신학자인 마르키온(Marcion, 85-160)은 정경을 누가복음과 바울의 서신서로 축소했다. 로마가톨릭 교회는 트렌트 공의회(Council of Trent, 1545-1563)에서 외경을 추가하려고 했다. 현대 자유주의 신학자들은 도마복음서와 같은 영지주의 복음서를 추가하려고 한다.

구약성경

구약성경은 하나님이 이스라엘과 맺으신 조약 언약 문서다. 구약성경은 율법서(5권), 역사서(12권), 시가서(5권), 예언서(17권)로 구성되어 있다.

율법서는 창세기, 출애굽기, 레위기, 민수기, 신명기를 포함하며 하나님과 이스라엘의 언약과 율법을 기록했다. 역사서는 여호수아서, 사사기, 룻기, 사무엘상·하, 열왕기상·하, 역대상·하, 에스라서, 느헤미야서, 에스더서를 포함하며, 이스라엘 민족의 역사를 기록했다. 시가서는 욥기, 시편, 잠언, 전도서, 아가서를 포함하며, 찬양, 지혜, 인생에 대한 묵상을 기록했다.

예언서는 이사야서, 예레미야서, 예레미야애가, 에스겔서, 다니엘서(이상 대예언서)와 호세아서, 요엘서, 아모스서, 오바댜서, 요나서, 미가서, 나훔서, 하박국서, 스바냐서, 학개서, 스가랴서, 말라기서(이상 소예언서)를 포함하며, 하나님의 경고와 위로, 메시아 예언 등을 기록했다.

예수님 당시 사람들은 하나님의 영감으로 기록된 마지막 성경이 주전 435년 말라기서로 끝났다고 보았다. 요세푸스(Flavius Josephus)에 의하면, 유대인들은 예수님 시대에 이미 현재의 목록(구약성경 39권)을 정경으로 동의했으며, 주후 100년경에는 정경으로 확정했다. 마소라 필사자들(Masoretic Scribes)은 매우 신중하게 구약성경을 필사하여 후대에 전했다.

신약성경

신약성경은 예수 그리스도의 생애, 가르침, 초기 교회의 형성과 사도들의 활동을 담고 있으며, 총 27권으로 구성되어 있다.

복음서는 마태복음, 마가복음, 누가복음, 요한복음을 포함하며, 예수 그리스도의 생애, 죽음, 부활을 기록한 증언의 책이다. 역사서는 사도행전인데, 성령 강림 이후 사도들의 선교 활동과 초대 교회의 역사를 기록했다. 서신서는 바울서신(13권)과 일반서신(8권)으로 구성되었고, 바울이 교회와 사람들에게 보낸 교리적·목회적 편지와 다른 저자들이 여러 교회에 보낸 편지들로, 다양한 신앙의 교훈을 포함하고 있다. 예언서는 요한계시록이며, 상징과 환상으로 종말과 새 하늘·새 땅을 예언하고 있다.

신약성경은 초기 교회가 공유했던 믿음을 토대로 형성되었다. 초기 교회의 그리스도인들은 구약성경의 메시아 예언들이 예수 그리스도를 통해 성취되었음을 입증하는 기록이 필요하다고 인식했다. 그들은 하나님이 새로운 언약을 주실 것이라고 생각했고, 사도들이 그리스도의 권위를 가지고 있다고 믿었다. 신약성경은 사도들이나 사도들과 가까운 사람들이 썼다.

신약성경은 로마교회(Western Church)와 동방교회(Eastern Church)에서 널리 사용되었고, 하나님의 영감으로 쓰였기 때문에 하나님의 말씀으로 받아들여졌으며, 그리스도의 삶과 가르침과 일치한다.

정경 분별의 다섯 가지 원리

성경과 교회 역사 속 기록을 통해, 우리는 최소한 다섯 가지 원리를 적용하여 어떤 책이 진정으로 하나님의 영감으로 쓰였는지, 그리고 정경으로 인정되어 수집되었는지를 분별할 수 있다. 노먼 가이슬러(Norman Geisler)와 윌리엄 닉스(William Nix)는 다음과 같이 정경 분별의 원리를 제시한다.[114]

- 이 책은 하나님의 선지자가 썼는가?
- 이 책이 하나님의 일하심으로 확증되었는가?
- 이 책의 메시지가 하나님의 진리를 말하는가?

- 이 책이 하나님의 능력으로 왔는가?
- 이 책이 하나님의 사람들(교회)에게 받아들여졌는가?

외경(The Apocrypha)

구약성경이나 신약성경 정경에 포함되지 않은 책들을 '외경'이라고 부른다. 외경의 주요한 책으로는 에스라 상·하, 토빗기, 유딧기, 에스더기 나머지 부분, 솔로몬의 지혜서, 집회서(전도서와는 다름), 바룩서(예레미야서 포함), 세 거룩한 자녀의 노래, 수산나, 벨과 용, 므낫세의 기도서, 마카베오기 상·하가 있다. 이 책들은 주로 주전 400-주전 100년 사이에 쓰였다.

외경은 역사적으로 흥미롭고 어느 정도 가치가 있지만 분명히 성경은 아니다. 외경의 저자들은 그 책들이 구약성경과 같은 권위를 가지고 있다고 주장하지 않는다. 유대인들은 원래 외경을 하나님의 말씀으로 여기지 않았고, 예수님이나 신약성경의 저자 중 누구도 이것을 성경으로 여기지 않았다. 외경에는 신약성경의 나머지 부분과 일치하지 않는 가르침이 담겨 있다.

위경(The Pseudepigrapha)

'위경'은 '거짓된 글'이라는 뜻이다. 위경 중에는 예수님의 제자나 성경 속 유명인이 썼다고 전해지는 글이 있지만, 실제로는 다른 사람이 작성한 것이다. 위경은 주로 주전 200년-주후 200년 사이에 쓰였고 에녹서, 솔로몬의 시편, 유벨서, 베드로행전, 도마복음, 아담과 이브의 생애, 욥의 유언 등이 있다. 위경은 질적으로 수준이 낮다. 예를 들어, 도마복음은 여성이 구원받기 위해서는 남성이 되어야 한다는 진술로 끝난다.

일부(에녹서와 헤르마스의 목자 등) 위경은 약간의 신뢰를 얻었지만 율법적인(legalistic) 교리 문제로 받아들여지지 않았다. 위경은 점성술, 꿈, 환상, 영지주의와 유대 우화의 영향을 크게 받았다. 골로새서 2장과 디모데전·후서는 이러한 위경들의 위험성과 이단성을 경고한다.

정경의 최종 권위

성경이 권위를 유지하는 마지막 형태는 기록된 형태인 정경이다. 우리가 읽는 성경(구약성경 39권, 신약성경 27권)에는 하나님의 최종 권위가 있다. 그러므로 우리는 성경의 모든 말씀을 믿고 순종해야 한다.

성경의 영감성·진실성을 뒷받침하는 증거는 무엇인가?

우리는 성경이 하나님의 영감을 받아 쓰였으며 신뢰할 만하고, 따라서 그 전체가 권위가 있다고 믿지만, 맹목적으로 추종하지는 않는다. 성경의 진실성을 뒷받침하는 중요한 증거들이 있다.

여기서 성경의 영감성·진실성을 뒷받침하는 일련의 증거를 살펴보겠다. 몇 가지 내부적 증거와 외부적 증거가 있다.

내적 일관성

다양한 배경을 가진 40명 이상의 저자가 1,600년이 넘는 세월에 걸쳐 쓴 성경은 놀라울 정도로 내적 일관성을 보여 준다. 성령의 기적적인 영감으로 인해 성경 66권 전체가 통일된 일관성을 유지할 수 있었으며, 이를 통해 하나님의 메시지를 기록할 수 있었다.

그리스도 중심

성경은 그리스도가 중심(Centrality of Christ)이 되신다. 예수님은 성경 전체가 자신을 가리킨다고 선포하셨다.

너희가 성경에서 영생을 얻는 줄 생각하고 성경을 연구하거니와 이 성경이 곧 내게 대하여 증언하는 것이니라 요 5:39

또 이르시되 내가 너희와 함께 있을 때에 너희에게 말한 바 곧 모세의 율법과 선지자의 글과 시편에 나를 가리켜 기록된 모든 것이 이루어져야 하리라 한 말이 이것이라 하시고 눅 24:44

전반적인 메시지는 예수님이 성경 전체의 중심 주제이자 초점이시라는 것이다. 이것은 성경이 하나님의 영감으로 쓰였다는 강력한 증거다.

그리스도의 예표

성경이 하나님의 영감을 받았음을 보여 주는 또 하나의 증거는 그리스도의 예표다. 예수님의 예표는 창세기부터 요한계시록까지 성경의 모든 책에 묘사되어 있다. 예수님은 여자의 씨, 유월절 양, 광야에서 들려 올려진 뱀, 율법의 저주에서 구원하심, 교회의 머리, 승천하신 주님, 그리고 궁극적으로 만왕의 왕, 만주의 주 등 다양한 방식으로 언급된다.

주요 성경에 그리스도에 대한 예표가 잘 암시되어 있다.

유형(Type)		대형(Anti-Type)	해당 성경 구절
인물	아담	그리스도-새로운 창조	로마서 5:14
	멜기세덱	그리스도의 영원한 제사장직	히브리서 7:3, 15-17
	아론	그리스도의 사제직 사역	히브리서 5:4-5
사건	유월절	그리스도의 죽음	고린도전서 5:7
사물	성막	그리스도를 통해 하나님께 나아가는 길	히브리서 8:5, 9:23-24
	휘장	그리스도 안에서 하나님께 나아가는 것	히브리서 10:20
	희생	그리스도-희생	히브리서 9:28
	안식	그리스도가 완성하신 일에서 안식하라	골로새서 2:17; 히브리서 4:3, 9, 11

성경의 영감에 대한 증거는 예수 그리스도가 성경의 여러 유형(type)의 예표(foreshadow)임을 가리킨다. 이러한 유형들은 신약 시대에 오신 예수 그리스도의 대형(anti-type)이다.

성경 전체에서 그리스도와 관련된 개념을 발견할 수 있다.[115]

성경	그리스도와 관련된 개념
창세기	하늘과 땅을 창조한 하나님의 말씀
출애굽기	유월절 어린양의 피
레위기	성전, 하나님을 만나는 거룩한 곳
민수기	낮에는 구름 기둥, 밤에는 불 기둥이 되시는 안내자
신명기	모세보다 더 큰 선지자
여호수아	우리를 약속의 땅으로 인도하는 정복자
사사기	우리를 구출하시는 구주
룻기	우리의 친척-구속자
사무엘상·하	순수한 마음을 가진 목자
열왕기상·하	의로운 통치자
역대상·하	왕국의 회복자
에스라	충실한 서기관
느헤미야	성벽을 재건하는 자
에스더	우리의 옹호자
욥기	살아 계신 구원자
시편	부르짖음을 듣는 자
잠언	인격화된 지혜
전도서	삶의 진정한 의미
아가서	당신의 연인과 당신의 신랑
이사야	놀라운 모사, 전능하신 하나님, 영원하신 아버지, 평화의 왕자
예레미야	하나님의 법을 우리 마음에 기록하시는 영
예레미야애가	울부짖는 선지자
에스겔	만국에 치유를 주는 생명의 강
다니엘	불 속의 네 번째 남자

호세아	불충실한 신부를 사랑하는 늘 충실한 남편
요엘	메뚜기가 먹은 모든 것을 회복하시는 분
마태복음	유대인의 왕
마가복음	하나님의 아들
누가복음	다윗의 성에서 나신 구주, 곧 주 그리스도
요한복음	말씀이 육신 되어 우리 가운데 거하시는 분
사도행전	이방인들에게 구원을 선포하시는 그리스도
로마서	의롭게 하시는 자
고린도전서 1-2장	교회 안에서 역사하시는 성령
갈라디아서	믿음으로 우리에게 부여된 의
에베소서	우리의 의로운 갑옷
빌립보서	우리의 모든 필요를 채워 주시는 하나님
골로새서	모든 창조물의 맏아들
데살로니가전서 1-2장	하늘로부터 큰 소리로 내려오시어 구름 속에서 우리를 만나러 오시는 분
디모데전서 1-2장	하나님과 사람 사이의 유일한 중보자
디도서	우리의 충실한 목자
빌레몬서	우리의 구속주
히브리서	우리의 위대한 대제사장
야고보서	우리 믿음 가운데 일하시는 생명
베드로전서 1,2장	우리의 살아 계신 초석
요한1,2,3서	우리의 대변자
유다서	구원자 하나님
요한계시록	알파와 오메가, 시작과 끝, 세상 창조 전에 죽임을 당하신 어린양, 만왕의 왕, 만주의 주

성경의 언약들

성경의 영감성과 진실성에 대한 또 하나의 증거는 하나님이 인류와 맺으신 중요한 언약들에 잘 나타나 있다. 성경에는 여러 가지 언약이 있다.

1. 아담과의 언약
2. 아브라함과의 언약
3. 다윗과의 언약
4. 새 언약

이 모든 하나님 언약의 궁극적인 성취는 바로 그리스도임을 가리킨다.

1. 아담과의 언약

내가 너로 여자와 원수가 되게 하고 네 후손도 여자의 후손과 원수가 되게 하리니 여자의 후손은 네 머리를 상하게 할 것이요 너는 그의 발꿈치를 상하게 할 것이니라 하시고 창 3:15

창세기 3장 15절은 종종 원복음(최초의 복음)으로 불린다. 하나님은 여자의 후손이 뱀의 머리를 상하게 할 것이라고 약속하시는데, 이것을 구원과 메시아의 오심에 대한 첫 번째 암시로 해석한다. 아담과 맺으신 언약은 후속 언약들의 토대가 되며, 성경 전반에 걸쳐 반복되는 죄, 심판, 구원의 필요성이라는 주제를 강조한다.

2. 아브라함과의 언약

내가 너로 큰 민족을 이루고 네게 복을 주어 네 이름을 창대하게 하리니 너는 복이 될지라 너를 축복하는 자에게는 내가 복을 내리고 너를 저주하는 자에게는 내가 저주하리니 땅의 모든 족속이 너로 말미암아 복을 얻을 것이라 하신지라 창 12:2-3

내가 네게 큰 복을 주고 네 씨가 크게 번성하여 하늘의 별과 같고 바닷가의 모래와 같게 하리니 네 씨가 그 대적의 성문을 차지하리라 창 22:17

아브라함 언약은 하나님의 구원 계획을 이해하는 데 기초가 된다. 온 세상에 복을 주겠다는 하나님의 씨 약속은 아브라함의 씨인 예수 그리스도 안에서 성취되었다. 이 성취는 구약과 신약의 연속성을 강조하고, 하나님의 구원 계획에서 믿음의 중심성을 강조한다. 갈라디아서 3장 16절에서 사도 바울은 아브라함과 그의 "씨"에게 주어진 약속이 그리스도 안에서 성취되었다고 강조한다. 바울은 단수형 "씨"가 아브라함에게 주어진 약속의 궁극적 상속자이신 그리스도를 가리킨다고 해석한다.

3. 다윗과의 언약

그는 내 이름을 위하여 집을 건축할 것이요 나는 그의 나라 왕위를 영원히 견고하게 하리라 나는 그에게 아버지가 되고 그는 내게 아들이 되리니 그가 만일 죄를 범하면 내가 사람의 매와 인생의 채찍으로 징계하려니와 삼하 7:13-14

다윗과 맺으신 언약은 성경에 나오는 메시아적 소망을 이해하는 데 기초가 된다. 이 언약은 약속된 '다윗의 아들'이신 예수 그리스도 안에서 궁극적으로 성취된다. 그분은 영원한 왕국을 세우시고, 영원히 통치하시며, 영적 성전인 교회를 세우신다. 이러한 이해는 구약과 신약의 연속성을 강조하고, 다윗과 이스라엘에게 주신 하나님의 약속이 예수님을 통해 이루어졌음을 강조한다.

4. 새 언약

그러나 그날 후에 내가 이스라엘 집과 맺을 언약은 이러하니 곧 내가 나의 법을 그들의 속에 두며 그들의 마음에 기록하여 나는 그들의 하나님이 되고 그들은 내 백성이 될 것이라 여호와의 말씀이니라 렘 31:33

또 새 영을 너희 속에 두고 새 마음을 너희에게 주되 너희 육신에서 굳은 마음을 제거하고 부드러운 마음을 줄 것이며 또 내 영을 너희 속에 두어 너희로 내 율례를 행하게 하리니 너희가 내 규례를

지켜 행할지라 겔 36:26-27

예레미야서와 에스겔서에서 예언된 새 언약은 하나님과 인간 관계에 근본적 변화가 있음을 보여 준다. 이 언약은 예수 그리스도 안에서 실현되고 성취되었으며, 그분은 죽음과 부활을 통해 사람들이 하나님과 관계를 맺을 수 있는 새로운 길을 확립하셨다. 마음속의 법, 새 영은 예수님이 이 땅에 오셔서 신자에게 약속하신 성령의 내주하심으로 실현된다. 성령은 오늘날에도 신자의 내면을 주관하시고 능력을 주심으로 대계명(Great Commandments)과 대명령(Great Commission)을 따르도록 인도하신다.

새 언약은 하나님의 법을 마음에 새기게 하고, 모든 신자가 하나님을 직접 경험하며 성령의 능력으로 하나님의 율례에 순종하도록 한다. 예수님을 통해 새 언약의 약속을 믿는 모든 사람에게 확장되어 교회에서 새롭고 세계적인 언약 공동체를 형성한다.

새 언약: 그리스도를 통한 모든 언약의 성취

누가복음에서 예수님은 새 언약을 세우신다.

또 떡을 가져 감사 기도 하시고 떼어 그들에게 주시며 이르시되 이것은 너희를 위하여 주는 내 몸이라 너희가 이를 행하여 나를 기념하라 하시고 저녁 먹은 후에 잔도 그와 같이 하여 이르시되 이 잔은 내 피로 세우는 새 언약이니 곧 너희를 위하여 붓는 것이라

눅 22:19-20

새 언약은 아담과의 언약(여인의 후손), 아브라함과의 언약(네 씨), 다윗과의 언약(내 아들)에서 언급된 인물이 예수 그리스도이시며, 그분을 통해서 이 언약들이 성취되는 것을 보여 준다. 또한 예레미야서와 에스겔서에서 언급된 성령이 역사는 새로운 시대의 도래도 예수 그리스도의 오심으로 이루어졌다.

성경의 중대한 언약의 중심에 예수 그리스도가 계신다. 이것은 성경이 하나님의 영감으로 쓰였기 때문에 몇천 년을 통해서 계시된 하나님의 언약이 예수 그리스도를 통해서 실현되는 놀라운 역사다. 예수 그리스도는 하나님의 모든 언약의 성취이시다.

아담과의 언약	아브라함과의 언약	다윗과의 언약	새 언약
여자의 후손이 악의 세력을 이김	아브라함의 후손이 세상의 축복	다윗의 후손이 하나님의 영원한 나라 건설	성령의 역사로 새롭게 되는 하나님의 백성

그리스도가 새 언약을 수립하시고 모든 언약을 성취하심
또 떡을 가져 감사 기도 하시고 떼어 그들에게 주시며 이르시되 이것은 너희를 위하여 주는 내 몸이라 너희가 이를 행하여 나를 기념하라 하시고 저녁 먹은 후에 잔도 그와 같이 하여 이르시되 이 잔은 내 피로 세우는 새 언약이니 곧 너희를 위하여 붓는 것이라 눅 22:19-20

성경 예언의 정확성에 대한 증거

성경의 진실성을 증명하는 또 하나의 증거는 예언이 성취됨을 통해서다. 바톤 페인(J. Barton Payne)의 《성경 예언 백과사전》에 따르면 성경에는 1,817개의 예언이 있다. 이 중 일부는 종말 사건을 가리키기 때문에 아직 성취되지 않았지만 메시아와 관련된 예언은 191개다.[116]

이 예언은 하나님의 아들 예수 그리스도 안에서 성취된 메시아에 관한 예언을 말한다.

선지자들의 메시아 예언

선지자들의 예언은 역사의 여러 시기에 성취된다. 즉 선지자의 생애 동안, 포로 생활과 귀환 동안, 그리스도의 첫 번째 오심, 교회 시대, 그리스도의 두 번째 오심이다. 선지자들의 예언 중에서 메시아 예수님에 관한 예언의 메시지는 더욱 중요하다. 성경의 예언이 성취된다는 것은 다시 한 번 성경의 진실성을 확증해 주기 때문이다. 여기에서 중요한 몇 가지 메시아 예언과 성취에 대해 살펴보겠다.

1. 메시아의 혈통

예언: 메시아는 아브라함, 이삭, 야곱의 후손이 될 것이며, 특히 유다 지파에서 나올 것이다. 그는 또한 다윗왕의 혈통에서 나올 것이다.

- 창세기 12:3(아브라함)
- 창세기 17:19(이삭)
- 민수기 24:17(야곱)
- 창세기 49:10(유다)
- 사무엘하 7:12-13(다윗)

성취: 마태복음 1장과 누가복음 3장에 나오는 예수님의 족보는 이 족장들과 다윗왕을 통해 메시아가 출현했음을 보여 준다.

2. 메시아의 동정녀 탄생

예언: 메시아는 처녀에게서 태어날 것이다.

이사야 7:14: "그러므로 주께서 친히 징조를 너희에게 주실 것이라 보라 처녀가 잉태하여 아들을 낳을 것이요 그의 이름을 임마누엘이라 하리라"

성취: 마태복음 1장 22-23절과 누가복음 1장 26-35절은 예수님의 동정녀 탄생을 묘사하며, 이 예언의 성취를 보여 준다.

3. 베들레헴에서 탄생

예언: 메시아는 베들레헴에서 태어날 것이다.

미가 5:2: "베들레헴 에브라다야 너는 유다 족속 중에 작을지라도 이스라엘을 다스릴 자가 네게서 내게로 나올 것이라"

성취: 예수님은 마태복음 2장 1절과 누가복음 2장 4-7절에 기록된 대로 베들레헴에서 태어나셨다.

4. 헤롯의 무고한 영아 학살

예언: 메시아가 태어난 후, 이스라엘에는 큰 슬픔이 있을 것이다.

예레미야 31:15: "라마에서 슬퍼하며 통곡하는 소리가 들리니 라헬이 그 자식 때문에 애곡하는 것이라 그가 자식이 없어져서 위로 받기를 거절하는도다"

성취: 마태복음 2장 16-18절은 헤롯이 베들레헴에서 남자 영아를 학살한 사건을 기록하면서 이 예언의 성취를 알린다.

5. 이집트로 피신

예언: 메시아는 이집트에서 시간을 보낼 것이다.

호세아 11:1: "이스라엘이 어렸을 때에 내가 사랑하여 내 아들을 애굽에서 불러냈거늘"

성취: 예수님이 태어나신 후, 그 가족은 마태복음 2장 14-15절에 기록된 대로 헤롯의 박해를 피해 이집트로 도피했다.

6. 갈릴리에서의 사역

예언: 메시아는 갈릴리에서 사역할 것이다.

이사야 9:1-2: "후에는 해변 길과 요단 저쪽 이방의 갈릴리를 영화롭게 하셨느니라 흑암에 행하던 백성이 큰 빛을 보고 사망의 그늘진 땅에 거주하던 자에게 빛이 비치도다"

성취: 마태복음 4장 12-16절에 기록된 대로, 예수님은 갈릴리에서 사역을 시작하셨다.

7. 모세와 같은 선지자

예언: 모세와 같은 선지자가 일어날 것이다.

신명기 18:15: "네 하나님 여호와께서 너희 가운데 네 형제 중에서 너를 위하여 나와 같은 선지자 하나를 일으키시리니"

성취: 이 예언은 예수님이 성취하신 것으로, 베드로는 이 사실을 확증한다(참고 행 3:20-22).

8. 나귀를 타고 예루살렘에 입성

예언: 메시아는 나귀를 타고 예루살렘에 입성하실 것이다.

스가랴 9:9: "시온의 딸아 크게 기뻐할지어다 예루살렘의 딸아 즐거이 부를지어다 보라 네 왕이 네게 임하시나니 그는 공의로우시며 구원을 베푸시며 겸손하여서 나귀를 타시나니 나귀의 작은 것 곧 나귀 새끼니라"

성취: 예수님이 나귀를 타고 예루살렘에 승리의 입성을 하신 일은 마태복음 21장 1-7절에 기록되어 있으며, 이는 이 예언의 성취다.

9. 은화 30개에 배신당함

예언: 메시아는 은화 30개에 배신당할 것이다.

스가랴 11:12-13: "내가 그들에게 이르되 너희가 좋게 여기거든 내 품삯을 내게 주고 그렇지 아니하거든 그만두라 그들이 곧 은 삼십 개를 달아서 내 품삯을 삼은지라 여호와께서 내게 이르시되 그들이 나를 헤아린 바 그 삯을 토기장이에게 던지라 하시기로 내가 곧 그 은 삼십 개를 여호와의 전에서 토기장이에게 던지고"

성취: 마태복음 26장 14-16절에 기록된 것처럼, 가룟 유다는 은 삼십 개에 예수님을 배신했고, 그 돈은 나중에 토기장이의 밭을 사는 데 사용되었다(참고 마 27:3-10).

10. 고발자들 앞에서 침묵

예언: 메시아는 그를 고발하는 자들 앞에서 침묵할 것이다.

이사야 53:7: "그가 곤욕을 당하여 괴로울 때에도 그의 입을 열지 아니하였음이여"

성취: 예수님은 마태복음 26장 63절과 27장 12-14절에 기록된 대로 재판을 받는 동안 고발자들 앞에서 아무 말도 하지 않으셨다.

11. 십자가형

예언: 메시아는 십자가에 못 박혀 고통을 겪고 죽을 것인데, 그의 손과 발이 찔리고 그의 옷이 나뉘게 될 것이라는 구체적인 내용이 있다.

시편 22:16-18: "개들이 나를 에워쌌으며 악한 무리가 나를 둘러 내 수족을 찔렀나이다 … 내 겉옷을 나누며 속옷을 제비 뽑나이다"

이사야 53:5: "그가 찔림은 우리의 허물 때문이요"

성취: 예수님의 십자가 처형, 그분의 손과 발에 구멍이 뚫린 일, 그리고 그분의 옷을 놓고 제비를 뽑은 일은 사복음서에 모두 기록되어 있다 (참고 마 27:35; 요 19:23-24).

12. 고난받는 종

예언: 메시아는 다른 사람들의 죄를 위해 고통을 겪을 것이다.

이사야 53:3-12: 많은 사람의 죄를 지고 멸시받고 버림받으며 도살장으로 끌려가는 어린양처럼 고통받는 종에 대해 설명한다.

성취: 예수님의 고난과 죽음을 이 예언의 성취로 본다. 특히, 세상 죄를 없애는 하나님의 어린양으로서의 그분의 역할에서 그렇다 (참고 요 1:29; 벧전 2:24).

메시아에 대한 예언과 그 성취 표

예언	사건	성취
이사야 7:14	동정녀 탄생	누가복음 1:26-35
미가 5:2	베들레헴에서 탄생	마태복음 2:1
호세아 11:1	이집트로 피신	마태복음 2:14-15
예레미야 31:15	영아 학살에서 탈출	마태복음 2:16
창세기 49:10	유다 지파	누가복음 3:33
이사야 7:14	임마누엘	마태복음 1:23
이사야 9:1-2	갈릴리 사역	마태복음 4:12-16
스가랴 9:9	예루살렘으로 승리의 입성	요한복음 12:14-15
시편 41:9	친구에게 배신당하심	마태복음 26:20-25
스가랴 11:12-13	은화 30개에 팔리심	마태복음 26:14-16
스가랴 11:13	도공의 밭을 사는 데 쓰인 돈	마태복음 27:6-7
이사야 53:3	유대인들에게 거부당하심	요한복음 1:11
시편 35:11	거짓으로 고발당하심	마태복음 26:59-68
이사야 53:7	고발자들 앞에서 침묵하심	마태복음 27:12-14
이사야 50:6	맞고 침 뱉음 당하심	마가복음 14:65
이사야 53:4-5	우리의 연약함을 대신 담당하심	마태복음 8:16-17
이사야 53:12	강도들과 함께 십자가에 못 박히심	마태복음 27:38
시편 22:16	손과 발에 못자국이 있음	요한복음 20:25
시편 34:20	뼈가 꺾이지 않았음	요한복음 19:33
시편 22:18	속옷을 제비뽑기로 빼앗기심	요한복음 19:23-24
시편 22:7-8	십자가의 목격자들	마태복음 27:39-43
시편 69:21	포도 식초를 마심	요한복음 19:29

시편 22:1	하나님께 버림받으심	마태복음 27:46
이사야 53:9	부자의 무덤에 묻히심	마태복음 27:57-60
시편 16:10	부활하심	마태복음 28:9
시편 68:18	하늘로 올라가심	누가복음 24:50-51

요약: 성경 예언의 정확성에 대한 증거

구약성경의 예언이 예수 그리스도를 통해 성취된 것은 기독교 신학에서 가장 중심되는 주제다. 구약성경 전체에 걸쳐 발견되는 메시아의 오심에 대한 많은 예언은 예수님의 삶, 죽음, 부활을 통해 성취되었다. 예수 그리스도를 통해 성취된 수많은 예언의 정확성은 성경의 신뢰성을 확실하게 입증한다.

구약성경 전래 과정의 신뢰성(Reliable Transmission)

구약성경이 수천 년 전에 쓰였기 때문에 다음과 같은 의문이 생긴다. 첫째, "우리가 읽는 성경이 실제로 하나님이 말씀하신 내용임을 어떻게 확신할 수 있는가?" 둘째, "오늘날 우리가 접할 수 있는 사본이 원본을 정확하게 표현한 것임을 어떻게 확신할 수 있는가?" 이러한 의문들에 대한 답을 제시해 보겠다.

구약성경의 역사

구약성경 원본은 오래전에 소실되었고, 오늘날 우리가 가지고 있는 성경은 손으로 쓴 사본이다. 바빌로니아 유수 이전의 사본에 대해서는 알려진 바가 없으며, 우리는 '율법책'을 언약궤 옆에 두고 7년마다 초막절에 소리 내어 읽어야 한다는 명령(신 31:9-13)과 요시야 통치 기간인 주전 621년에 여호와의 성전에서 율법책이 발견되었다는 기록(왕하 22:8)을 통해서만 그전에 사본이 존재했음을 추론할 수 있다.

구약성경의 전래: 주전 5세기

구약성경 사본이 본격적으로 전파된 시기는 주전 5세기 에스라 시대에 서기관들의 활동을 통해서다. 하나님의 계명을 보존하는 일이 유대인에게 필수적이었으므로, 일부 서기관들은 하나님의 말씀을 지키고 전하는 단일 목적을 가지고 사역에 임했다. 이들을 '서기관 학파'(School of Scribes)라 불렀으며, 그들의 사명은 성경 사본을 만들고 본문의 가장 정확한 해석을 결정하여 이를 미래 세대에 전수하는 것이었다. 마소라 학파는 이를 따라 오늘날의 구약성경을 완성했다.

서기관 학파

서기관 학파는 수년 동안 구약성경 사본을 보존해 온 관리자 집단으로, 필요한 경우 정확한 새로운 사본을 제작해 왔다.[117] 그들은 약 1400년에서 1500년간 여러 모습으로 헌신했다.

- 소페림(주전 5-주전 3세기)은 '서기관'을 뜻하는 히브리어에서 유래되었다.

- 주고트(주전 200년-주전 100년)는 문서 학자들이었다.
- 탄나임은 주후 200년까지 활약한 서기관 그룹이었다.
- 탈무드(100-500년) 서기관들은 성스러운 문서를 보호하고, 해석하고, 주석을 달았다.
- 마소라 서기관(500-950년)들이 적용한 엄격한 규칙은 사본의 정확성이 신뢰할 만하다는 사실을 입증한다.

구약성경의 엄격한 복사 과정[118]

서기관들은 매일 필사를 하기 전에, 먼저 "아말렉"이라는 이름을 적고 지워 보며 갈대 솔을 점검했다. 그 후 필사할 사본을 소리 내어 읽고 그 부분을 필사했다.

그들은 하나님의 이름인 "여호와"를 마주치면 즉시 필사를 멈추고 "나는 여호와의 이름을 그분의 거룩함을 위해 씁니다"라고 말했다. 그런 다음 목욕을 하고 "여호와"라는 이름을 쓰기 전에 붓을 깨끗이 씻었으며, 마음을 새롭게 했다. 쓰는 동안 실수를 하면, 모든 파피루스 종이를 태웠다. 이처럼 필사하는 동안 사본이 표준에 맞지 않을 경우 해당 사본은 '게니자'라고 불리는 회당 내 특별한 장소에 보관했다가 정기적으로 소각하거나 독실한 사람의 무덤에 함께 매장했다. 사용 후 남은 사본도 마찬가지였다.

마소라 구약성경[119]

마소라 구약성경은 10세기 이후 완성되었다. 히브리어 단어 '마소라'는 '전통'을 의미한다. 500년-950년 사이에 히브리어 성경 본문의 전통을 올바르게 전수하려는 학자들을 '마소라 학파'라고 한다. 이 학파는 거의 500년에 걸친 연구 활동을 통해 서기관 학파로부터 전해 받은 모든 구약성경 사본을 토대로 히브리어 성경 본문의 전통을 확립했다.

그러나 10세기에 완성된 마소라 구약본이 에스라 이후 구약성경의 정확한 필사본인지에 대해서는 의문이 제기되어 왔다. 이 의문은 사해에서 두루마리가 발견됨으로써 해소되었다.

사해 두루마리(The Dead Sea Scrolls)

1947년 사해 서쪽의 쿰란 동굴에서 구약성경 사본 223개의 두루마리가 발견되었다. 고고학자들은 이것들이 제작된 연도를 주전 125년경으로 추정했다. 사해 두루마리를 번역하고 현대 번역본과 비교한 결과, 히브리어 성경의 이사야서(마소라 본문)는 본문의 95퍼센트 이상 단어 하나하나가 동일한 것으로 입증되었다.[120]

다시 말해, 역사상 가장 위대한 사본의 발견은 구약성경이 천 년간 필사되면서도 사소한 변형만 있었을 뿐 본문의 명확한 의미를 바꾸거나 사본의 핵심적 무결성에 의문을 일으키는 변화는 없었음을 보여 주었다.[121]

구약성경 사본의 정확성

이 같은 사실은 오늘날 우리가 사용하는 구약성경이 바빌로니아 포로에서 돌아온 에스라 시대에 작성된 본문과 주전 2세기에 사용된 본문이 동일하다는 것을 보여 주기 때문에 중요하다.[122] 또한 성경 각

장의 교차 인용의 정확성과 구약성경에 나오는 인물과 지명이 고대 문헌에 나오는 인물이나 지명과 일치한다는 사실은 우리가 가지고 있는 구약성경이 적어도 지난 2200년 이상의 시간 동안 정확하게 전달되어 왔음을 증명한다.

구약성경 원본의 구성

사해 두루마리 대부분은 현재 히브리어 성경인 마소라 본문(MT)의 초기 형태와 매우 유사하다. 나머지는 칠십인역(그리스어 구약성경)이나 사마리아 오경 등 당시에 존재했던 다른 성경 전통을 반영한다. 학자들은 이러한 여러 유형의 고대 사본들을 '본문 비평'(Textual Criticism)을 통해 면밀히 비교한다. 이 과정을 통해 각 사본 간의 차이를 검토하고, 가장 신뢰할 수 있으며 오래된 구절을 선별하여 구약성경의 원본에 가까운 텍스트를 재구성한다. 따라서 오늘날 우리가 읽는 구약성경은 사해 두루마리를 비롯한 고대 사본들을 과학적으로 분석하고 비교한 결과, 원본에 가장 가까운 형태의 텍스트다.

예를 들어, 영어 성경 NIV 구약 본문은 95퍼센트 이상이 마소라 본문 전통에서 직접 유래한다. 나머지 차이점들은 주로 철자법과 같은 사소한 변형이거나, 고대 역본(Ancient Versions)이 마소라 본문보다 더 원본에 가까운 읽기를 제공한다고 판단되는 경우에 해당한다.[123]

신약의 신뢰성에 대한 증거

히브리 서기관들은 신약성경 사본을 필사하지 않았기 때문에 신약성경 전통의 신뢰성은 다른 방법론을 따른다. 고대 문헌의 신뢰성을 평가하는 하나의 방법은 다음 세 가지 기준을 고려하는 것이다.[124]

1. 사건 발생과 사건 기록 시간 사이의 시간 간격
2. 사건 기록 원본과 현존하는 가장 오래된 사본 사이의 시간 간격
3. 사본의 수

고대 문서의 신뢰성

《알렉산더 대왕의 역사》[125]는 1세기에 퀸투스 쿠르티우스 루푸스(Quintus Curtius Rufus)가 쓴 것으로 알려져 있지만, 가장 오래된 현존 사본은 10세기(주후 920년)로 추정되는 사본이다. '사건'과 '기록' 시간 사이의 간격은 480년이고, '기록' 시간과 '현존하는 가장 오래된 사본' 사이의 간격은 770년이다.

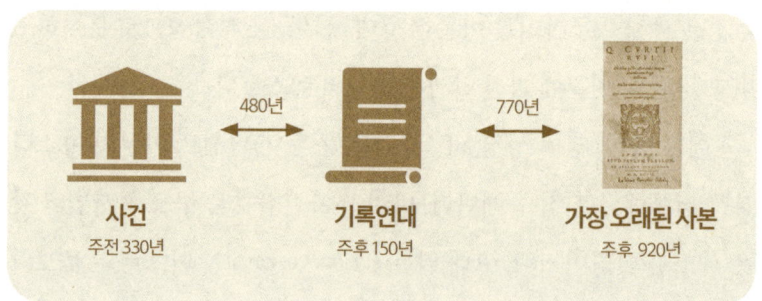

그럼에도 이 문서는 여전히 알렉산더 대왕(Alexander the Great)의 역사성을 신뢰할 수 있는 역사적 문서로 여겨진다. 이 문서에 기록되어 있는 알렉산더 대왕의 역사적 사실을 부인하는 학자는 없다. 루푸스가 기록한 《알렉산더 대왕의 역사》를 토대로 역사학자들은 주전 4세

기에 알렉산더 대왕의 페르시아 전쟁 승리, 마케도니아 제국의 영토 확장, 헬레니즘 문화의 형성 등을 역사적 사실로 받아들인다.

복음서의 신뢰성 (마태복음)[126]

복음서는 예수님을 직접 목격한 사람들의 생애 동안 쓰였다. 공관복음서(마태복음, 마가복음, 누가복음)는 예수님의 공생애 기간 이후 약 30년 이내에 기록되었다. 마태복음의 가장 오래된 사본은 2세기 후반이나 3세기 초반이다. '사건'과 '집필' 시점 사이의 간격은 약 30년이고, '집필' 시점과 '현존하는 가장 오래된 사본' 사이의 간격은 약 140년이다.

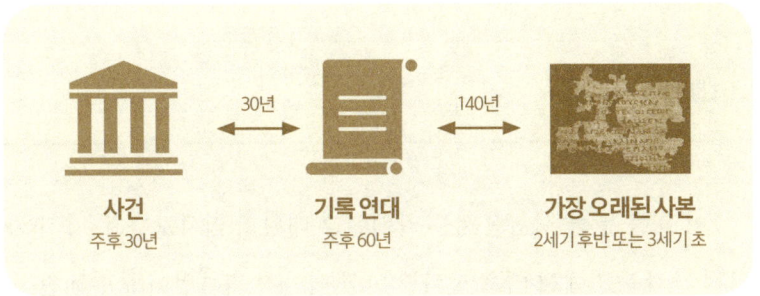

알렉산더 대왕의 역사와 비교해도 신약성경의 복음서는 시간 간격의 기준(첫째, 사건 발생과 사건 기록 사이의 시간 간격, 둘째, 원본과 가장 오래된 사본 사이의 시간 간격)에서 상대 신뢰성이 월등히 더 우수하다고 볼 수 있다.

고대 문서의 역사적 신뢰성 비교

앞에서 우리는 시간적 간격을 기준으로 볼 때, 신약성경의 마태복음이 《알렉산더 대왕의 역사》보다 더 신뢰할 만하다는 결론에 이르렀다. 다음의 표를 통해 사복음서 전체와 더 폭넓게 비교해 보자.

문서	사건	기록 연대	가장 오래된 사본	사건과 기록 연대 간격	기록 연대와 가장 오래된 사본 사이의 간격
알렉산더 대왕의 역사	주전 330년 (알렉산더 대왕)	주후 150년 (루푸스)	주후 920년	480년	770년
마태복음	주후 30년 (그리스도)	주후 60년 (마태)	주후 200년	30년	140년
마가복음	주후 30년 (그리스도)	주후 55년 (마가)	주후 200년	25년	145년
누가복음	주후 30년 (그리스도)	주후 60년 (누가)	주후 200년	30년	140년
요한복음	주후 30년 (그리스도)	주후 90년 (요한)	주후 125-150년	60년	35-60년

이 표를 통해, 사복음서는 알렉산더 대왕의 역사보다 두 가지 시간적 간격 측면에서 더욱 신뢰할 만한 역사적 기록임이 분명해진다. 특히 요한복음의 경우는 원본과 가장 오래된 사본[127] 사이의 시간 간격이 35-60년으로 추정되어 이 측면에서 우리가 역사적으로 신뢰할 수 있다.

기타 고대 문서

다음 표는 역사적으로 신뢰받는 주요 고대 문서들이 작성된 시기와 현존하는 가장 오래된 사본 간의 시간적 차이를 보여 준다. 이 시간 간격에서 두 문서(투키디데스의 '역사서'와 플라톤의 '사분법'[Tetralogies])는 최소 100년의 간격을 보이며, 나머지 문서들은 200년에서 최대 1,000년에 이르는 간격을 가진다. 이 기준으로 볼 때, 신약성경의 복음서는 역사적으로 신뢰할 수 있는 대부분의 고대 문서와 비슷하거나, 그보다 더 신뢰할 만하다.[128]

작가	문서	기록일	가장 오래된 사본	시간 간격
호머	일리아드	주전 800년	주전 c. 415년	약 400년
헤로도투스	역사	주전 480~425년	주전 c. 150~50년	약 350년
투키디데스	역사	주전 460~400년	주전 c. 300~200년	약 100년
플라톤	4부작	주전 400년	주전 c. 300~200년	약 100년
데모스테네스	연설	주전 300년	주전 100년	약 200년
시저	갈리아전쟁	주전 100-44년	주후 900년	약 1,000년
타키투스	연대기	주후 100년	주후 850년	약 750년
플리니세쿤두스	박물학	주후 61-113년	주후 c. 400-500년	약 350년

사본 수의 기준[129]

호머(Homer)의 《일리아드》는 현존하는 사본 수가 1,900개 이상이라는 점에서 가장 신뢰할 수 있는 고대 서적 중 하나로 여겨진다. 다음의 표는 호머의 《일리아드》와 신약성경의 사본 수를 비교한 것이다. 이와 비교해 보면, 그리스어 신약성경 사본은 5,800개가 넘는다. 라틴어 사본은 10,000개, 기타 언어 사본은 9,300개가 지금까지 발견되었다. 사본 수의 기준에서도 신약성경은 가장 큰 역사적 신뢰를 받고 있는 호머의 《일리아드》보다 더 신뢰할 수 있다.

작가	문서	작성 날짜	가장 오래된 사본	시간 간격	사본 수
호머	일리아드	주전 800년	주전 c. 415년	약 400년	1,900개 이상
신약성경 저자	신약성경	주후 60-100년	주후 c. 125년	약 50년	5,800개 이상

요약

앞에서 우리는 고대 문헌의 신뢰성을 평가하는 다음의 세 가지 기준을 고려해서, 신약성경과 가장 신뢰할 수 있다고 평가되는 많은 고대의 역사 문헌을 비교했다.

1. 사건 발생과 사건 기록 시간 사이의 시간 간격
2. 사건 기록 원본과 현존하는 가장 오래된 사본 사이의 시간 간격
3. 사본의 수

결론적으로, 이 세 가지 기준에서 신약성경은 고대의 역사 문헌과 동등하거나 우월한 신뢰성을 보이고 있다. 여기서 말하려는 것은, 신약성경은 예수 그리스도의 행적과 증인들의 기록, 그리고 초대 교회의 역사를 담고 있는 역사서로 인정되어야 함이 당연하고, 따라서 그 내용이 사실과 진실의 기록이라는 것이다.

고고학에 나타난 성경 기록의 증거

역사를 통틀어, 하나님 말씀의 놀라운 정확성은 외부 자료들을 통해서도 입증되었다. 성경 기록을 일관되게 뒷받침하는 고고학적 증거 역시 존재한다. 근동 전역에서 고대 유적이 발견되면서 성경에 언급된 사람들과 사건에 대한 새로운 정보가 밝혀졌다.

성경에 기록된 인물과 사건의 역사성을 확립하는 과정에서, 고고학은 성경과 직간접적으로 연관된 25,000개 이상의 유물을 발견했다. 신약에 나오는 약 30명과 구약에 나오는 약 60명의 역사적 존재는 고고학 및 역사 연구를 통해 확인되었다.[130]

함무라비 석비

이 석비의 높이는 약 2.3미터이며, 주전 18세기 함무라비 법전의 법률이 새겨져 있다. 함무라비 법전은 노예의 가격을 20세겔로 기록했는데, 이는 성경의 기록(창 37:28)과 일치한다.

파피루스 브루클린

주전 17세기경의 하인 명단이 포함된 이집트 파피루스로, 히브리인들이 이집트에 정착하고 노예로 지냈던 시기의 기록이다.

골리앗 오스트라콘

오스트라콘(Ostracon)은 점토 조각이나 깨진 도기 조각에 글씨를 새긴 것을 말한다. 골리앗 오스트라콘은 주전 10세기 또는 9세기로 거슬러 올라가는 고대 블레셋 도시 갓에서 발견되었다. 이 도자기에 새겨져 있는 이름은 '골리앗'이라는 이름의 한 형태(נלית vs אלות)이며, 이는 골리앗이 성경에 등장하는 인물과 동일한 실존 인물임을 밝히는 귀중한 자료다.

텔 댄 스텔

1993년 고대 단(이스라엘 북부)에서 "다윗의 집"을 언급하는 비문이 발견되었다. 주전 9세기로 거슬러 올라가는 이 비문은 다윗왕에 관한 가장 오래된 참고 자료다.

나보니두스의 원통

주전 6세기에 바빌로니아 왕 나보니두스는 우르에 기초 퇴적물로 4개의 원통을 배치했다. 이 원통들은 벨사살을 나보니두스왕의 장남으로 기록하고 있어, 다니엘서에 나오는 시대와 장소에 벨사살이 실제로 있었음을 뒷받침한다.

실로암 연못

예루살렘에서 발굴된 이 유적은 요한복음에서 예수님이 맹인을 고치신 장소로 언급되어 있다(참고 요 9:1-11).

세속 역사에 나타난 성경 기록의 증거

성경의 신뢰성은 외부 자료, 즉 세속의 역사(secular history)를 통해서도 증명된다. 역사를 통틀어 성경은 가장 널리 참고되고 인용된 책이다. 예를 들어, 신약성경만 해도 많은 세속 저자들의 기록에서 매우 광범위하게 인용되어서 27권 전체를 거의 그대로 재구성할 수도 있다.

에우세비우스(Eusebius)는 그의 저서《교회사》III.24, III.25에서, 이레네우스(Irenaeus)는 그의 저서《이단에 대하여》III.11.1, III.11.5, III.16, III.3.4 등에서 성경의 요한복음과 요한의 서신서 등을 인용하고 있어 사도 요한의 글이 신뢰할 만한 성경의 일부라는 것을 증명한다.

로마의 클레멘트(Clement), 이그나티우스(Ignatius), 폴리카르포스(Polycarp), 타티안(Tatian)과 같은 교부들의 기록은 공관복음과 바울서신서를 비롯한 신약성경 저술의 존재와 권위를 증언함으로써, 이들 문헌의 신뢰성을 뒷받침한다. 1세기 로마 역사가 타키투스와 유대인 역사가 요세푸스는 기독교 신자가 아님에도 불구하고 예수와 초기 교회의 존재, 그리고 그 시대 사건들을 기록함으로써, 성경 기록의 역사적 신뢰성을 뒷받침한다.

타키투스가 언급한 그리스도

《연대기》15권 44장에서 타키투스는 네로 황제 통치 기간인 주후 64년에 발생한 로마 대화재에 대해 언급한다.《연대기》에서 타키투스가 간략하게 언급한 그리스도는 예수에 관한 가장 중요한 초기 언급 중 하나다. 그 책은 예수의 삶과 초기 기독교 운동의 주요 사건들을 독립적으로 뒷받침함으로써, 초기 기독교의 역사적 맥락을 이해하는 데 귀중한 역사적 증거가 된다.

네로는 대중이 그리스도인이라고 부르는 혐오스러운 계층에 죄를 뒤집어씌우고 가장 극악한 고문을 가했다. 그 이름의 유래인 크리스투스는 티베리우스 통치 기간 동안 우리의 총독 중 한 명인 폰티우스 필라투스(본디오 빌라도)의 손에 극심한 처벌을 받았고, 이렇게 잠시 억제된 가장 해로운 미신은 악의 첫 번째 근원인 유대에서뿐만 아니라 전 세계의 모든 흉측하고 부끄러운 모든 것이 중심이 되어 인기를 얻는 로마에서도 다시 일어났다.

요세푸스가 언급한 그리스도

1세기 유대인 역사가 요세푸스는 《유대 전쟁사》(The Jewish War)와 《유대 고대사》(Antiquities of the Jews)의 저자로 가장 잘 알려져 있는데, 이 작품들은 1세기 유대인의 역사, 문화, 로마 제국에 관한 귀중한 역사적 통찰을 제공한다.

그리스도에 대한 언급은 《유대 고대사》, 특히 18권 3장 3절에 나와 있다. 이 구절은 일반적으로 '요세푸스의 증언'(Testimonium Flavianum)으로 불린다. 여기에서 요세푸스는 예수의 존재를 인정하며, 그를 본디오 빌라도 치하에서 십자가에 못 박힌 지혜로운 사람이자 놀라운 일을 행한 자로 묘사한다.

예수라는 지혜로운 사람이 있었다. 그를 사람이라고 부르는 것이 합당하다면 말이다. 그는 놀라운 일을 행하는 사람이었고, 진리를 기쁨으로 받아들이는 사람들의 스승이었다. 그는 많은 유대인과 이방인을 끌어들였다. 그는 그리스도였다. 그리고 빌라도가 우리

가운데 유력한 사람들의 제안에 따라 그를 십자가에 못 박았을 때 처음에 그를 사랑했던 사람들은 그를 버리지 않았다. 그는 사흘 만에 다시 살아나 그들에게 나타났기 때문이다. 신성한 예언자들이 그에 관해 이것과 다른 수많은 놀라운 일을 예언한 것과 같다. 그리고 그에게서 그렇게 명명된 그리스도인 집단은 오늘날에도 멸종되지 않았다.

《유대 고대사》 20권 9장 1절에서 요세푸스는 대제사장 아나누스의 선동으로 예수의 형제 야고보가 죽은 사건에 대해 다음과 같이 기록한다.

이에 그가 산헤드린 재판관들을 모으고 그리스도라 하는 예수의 형제 곧 야고보와 다른 몇 사람을 끌어다가 돌로 치라고 넘겼습니다.

탈루스가 언급한 십자가 사건과 관련된 자연현상

탈루스(Thallus, 주후 50년경의 1세기 역사가)와 그리스도 사이의 가장 유명한 연결점은 기독교 역사가 섹스투스 율리우스 아프리카누스(Sextus Julius Africanus)가 221년경에 쓴 글에서 인용한 구절에서 나온다. 아프리카누스는 그의 저서인 《세계사》에서 예수의 십자가 처형 중에 발생한 어둠을 논의하면서 탈루스를 인용했다.

전 세계에 무서운 어둠이 덮쳤고, 바위들은 지진으로 터졌으며, 유대와 다른 지역의 많은 곳이 무너졌다.

복음서(특히 마 27:45; 막 15:33; 눅 23:44)에 따르면, 예수님의 십자가 처형 동안 정오부터 오후 3시까지 어둠의 시간이 있었다. 아프리카누스의 기록은 예수님의 역사성을 입증해 줄 뿐 아니라 복음서의 신뢰성을 비기독교적 관점에서 검증해 주는 증거로, 그 의의가 크다.

《탈무드》에서 언급한 그리스도

랍비 유대교의 핵심 텍스트인 《탈무드》에는 '예슈아'(나사렛 예수의 유대 이름)라는 인물에 대한 언급이 여러 번 나온다. 가장 자주 인용되는 구절 중 하나는 '산헤드린 43a'에서 발견되는데, 여기에는 예슈아라는 인물이 유월절 전날 교수형에 처해졌다고 언급되어 있다. 이 글은 예슈아가 이스라엘을 배교로 이끈 혐의를 받았다고 말한다.

> 유월절 전날 예슈아가 교수형에 처해졌다. 처형이 이루어지기 전에 한 전령이 "그는 주술을 행하고 이스라엘을 배교로 유혹했기 때문에 처형을 당할 것이다"라고 외쳤다.

물론 예수님을 배척한 유대교의 기록은 그분을 배교자로 지칭하지만 예수님이 처형되었다는 사실 자체는 복음서의 기술과 일치한다. 이는 성경의 증언이 역사적으로 정확한 사실임을 입증한다.

성경의 신뢰성이 갖는 의미

성경의 권위
성경의 신뢰성은 그리스도인의 삶에서 성경의 권위를 뒷받침한다. 성경을 신뢰한다는 것은 신앙과 실천의 확실한 지침이 됨을 의미하며, 이는 교리, 도덕성, 그리스도인의 삶 전반에 흔들리지 않는 토대를 마련한다.

신앙에 대한 확신
성경의 신뢰성에 대한 믿음은 그리스도인에게 신앙에 대한 확신을 심어 준다. 그들의 믿음이 신화나 추측이 아닌 사실이라는 견고한 기초에 뿌리를 두고 있음을 확신시킨다.

전도와 변증
성경의 신뢰성은 전도와 변증에서 매우 중요하다. 그리스도인이 성경을 비그리스도인에게 믿을 수 있는 진리의 근원으로 제시하고 회의주의에 맞서 자신의 신앙을 방어할 수 있게 해 준다.

개인적 변화
성경이 신성한 지혜와 진리의 확실한 근원이라는 믿음은 그리스도인이 성경의 가르침을 신뢰하여 개인의 삶을 변화시키고, 하나님의 뜻을 따르는 결정을 내리고, 거룩한 성품을 형성하고, 영적인 성장을 촉진하도록 이끈다.

질문과 묵상

1. 나는 성경을 단순한 종교 문서로 보는가, 아니면 '하나님의 말씀'으로 신뢰하고 있는가? 성경이 하나님의 영감으로 쓰였다는 사실이 내 신앙의 기초와 일상의 결정에 어떤 영향을 주고 있는가?

2. 예수 그리스도가 성경 전체의 중심이자 하나님의 언약의 성취라는 사실을 나는 어떻게 이해하고, 삶에 적용하고 있는가?

3. 하나님이 성경을 통해 보여 주신 언약의 흐름-아담, 아브라함, 다윗, 새 언약-은 나의 구원과 어떤 관계가 있는가? 나는 이 언약의 성취 안에 살아가고 있는가, 아니면 여전히 언약 바깥에 머물고 있는가?

4. 구약성경에는 수백 개의 메시아 관련 예언이 기록되어 있는데, 예수 그리스도의 삶 속에서 그 예언들이 어떻게 구체적으로 성취되었으며, 이것이 성경의 신적 영감을 뒷받침하는 증거가 될 수 있는가? 예언의 성취는 단순한 우연의 일치인가, 아니면 하나님의 계획된 개입의 결과인가?

5. 오늘날 우리가 읽는 구약성경이 본래 하나님이 계시하신 말씀 그대로임을 어떻게 확신할 수 있으며, 사해 두루마리는 이에 대해 어떤 결정적인 증거를 제공하는가?

6 《알렉산더 대왕의 역사》와 같은 고대 문헌은 시간 간격과 사본 수가 적음에도 불구하고 역사적으로 신뢰를 받는데, 왜 신약성경은 그것보다 훨씬 우월한 조건을 가지고도 종종 회의적으로 평가되는가?

7 신약성경은 현존하는 고대 문헌 중 가장 많은 사본을 보유하고 있는데(5,800개 이상의 그리스어 사본), 이런 압도적인 문서적 증거는 성경의 역사성과 정확성에 어떤 영향을 미치는가?

8 25,000개 이상의 고고학적 유물이 성경과 직·간접적으로 일치한다면, 왜 여전히 일부 학자나 일반인은 성경의 역사성을 부정하거나 회의적으로 보는가? 우리는 이 일치가 단순한 우연인지, 하나님의 섭리 아래 보존된 역사 기록인지를 어떻게 분별할 수 있는가?

9 《탈무드》, 《탈루스》 등의 고대 문헌과 타키투스, 요세푸스의 저서에도 예수의 실존, 십자가형, 초기 기독교의 확산이 기록되어 있다. 이런 세속적 기록들은 복음서의 내용을 어떻게 뒷받침하며, 기독교 신앙이 신화가 아니라 역사적 사실임을 어떻게 입증할 수 있는가?

Chapter 10 | 예수님이 구원의 유일한 길인가?

'예수님만이 구원의 유일한 길'이라는 진리는 많은 사람들에게 '기독교는 왜 이렇게 배타적인가?' 하는 의구심과 함께 기독교를 받아들이는 데 커다란 걸림돌이 되어 왔다. 심지어 교회 안에 있는 성도 중에서도 예수님만이 구원에 이르는 유일한 길이라는 확신이 부족한 경우도 있다. 자유주의(Liberalism)를 추구하는 교단의 신학교에서는 이 진리를 버린 지 오래되었다. 에큐메니칼 운동을 하는 세계의 몇몇 선교단체도 타협하여 타 종교와 함께 구원의 다원성을 추구하고 있다.

"예수님만이 구원의 유일한 길인가?"라는 질문에 대한 답은 분명하다. 예수님이 그렇게 선포하셨기 때문에 그분만이 구원의 유일한 길이다. 요한복음 14장 6절에서 예수님은 "내가 곧 길이요 진리요 생명이니 나로 말미암지 않고는 아버지께로 올 자가 없느니라"라고 선포하셨다. 예수님을 믿는다는 것은 그분이 선포하신 말씀을 받아들이고 순종하는 데서 시작한다.

이 장에서 우리는 성경적·역사적인 관점에서 예수님이 구원의 유일한 길임을 보여 주는 증거들을 살펴보는 데 많은 부분을 할애할 것이다. 그러나 그에 앞서 기독교 진리의 논리적·철학적 논증의 관점에서 배타성과 그와 관련된 논점을 정리해 보겠다.

진리의 논리적, 철학적 논증

배타성

누군가가 어떤 관점에 대해서 배타성을 주장하거나 배타적인 성향을 보인다면 대부분의 사람들은 그것을 긍정적으로 이해하기보다는 부정적으로 이해한다. 따라서 우리가 배타성을 주장할 때 그 역시 부정적인 인상을 주며 마음의 문이 닫히는 현상을 보기도 한다. 그러나 배타성을 논리의 관점에서 이해한다면 사실상 수용하기가 어렵지 않다.

두 점 사이에 직선은 단 하나뿐이다. 직선이 아닌 다른 모든 선은 곡선(曲線)이다. 직선은 수많은 곡선들 사이에서 배타적으로 존재하며 이 배타성은 독점성과 유일성의 속성을 가지고 있다.

세상에 많은 길이 있지만 가장 빠른 길은 한 길이다. 비슷한 비유를 들자면, 지하철을 타고 출발 지점에서 목표 지점까지 가기 위해서 내비게이션 앱을 사용해 두 지점을 연결하는 많은 가능성을 조사하고 그중 가장 빠른 시간에 갈 수 있는 노선을 선택한다.

예를 들어, 다음의 명제를 생각해 보자. "진리에 이르는 길은 하나이며 독점적이다." 이 명제의 반대 명제는 "진리에 이르는 길은 독점적이 아니고 모든 길은 진리에 이른다"이다. 두 가지를 비교해 보면 이들이 서로 배타적이며 두 명제가 동시에 참일 수는 없다는 사실을 알수 있다. 후자의 명제가 전자의 명제보다 수용하기에 용이할 수 있다. 그러나 후자의 명제 또한 전자의 명제와 같이 상호 배타적인 명제다. 모든 종교는 이런 관점에서 상호 배타적이다. 영국 옥스포드대학의 수학 교수이며 변증가인 존 레녹스(John Lennox)는 다음과 같이 말했다.

> 사람들은 기독교가 이슬람교나 유대교와 같은 신을 믿는지 묻는다. 이슬람은 예수의 죽음과 부활을 모두 부인한다. 유대교는 예수의 죽음을 인정하지만 예수의 부활을 부정한다. 기독교는 예수의 죽음과 부활을 모두 인정한다. 이 세 종교가 동시에 참일 수는 없다.

미국의 저명한 변증가이며 목사인 팀 켈러는 배타성과 관련해 다음과 같이 주장한다.

배타성은 피할 수 없다

켈러는 모든 세계관은 본질적으로 배타적인 진리를 주장한다고 말한다.

> "모든 종교는 똑같이 유효하다"는 주장조차도 배타적인 주장이다. 왜냐하면 그것은 특정한 진리를 주장함으로써, 오직 자신들의 종교만이 참되다고 믿는 사람들을 배제하기 때문이다. 어느 누구도 진리를 주장해서는 안 된다고 주장하는 것 자체가 하나의 진리 주장이다.[131]

중립성은 환상이다

그리스도인들은 종종 편협하다는 비난을 받는다. 사회는 모든 믿음을 동등하게 받아들여야 한다고 말한다. 그런데 이 진술 자체가 매우 배타적이며 기독교에 대해 매우 편협하다.

세속주의나 상대주의는 종종 '중립적'이거나 '포용적'인 태도를 취하는 것처럼 보인다. 그러나 켈러는 이러한 태도가 오히려 오해를 불러일으킨다고 지적한다. 이러한 관점 또한 절대적 진리나 종교적 권위를 믿는 사람들을 배제하기 때문이다.

회의론자들은 영적 실재에 대한 탁월한 지식을 주장하는 배타적인 주장은 모두 거짓이라고 믿는다. 그러나 이 반론 자체가 하나의 종교적 신념이다.[132]

관용성

종교다원주의 문화에서 살아가는 그리스도인들은 종종 기독교의 진리가 배타적이라는 사회의 편견 속에서 진리에 대해서 말하는 것을 꺼리는 경향을 보이기도 한다. 기독교적 관용의 적절한 정의는 다음과 같다.

- 관용은 다른 사람을 존엄성과 존중심을 가지고 대하는 것이다.
- 관용은 내가 다른 것을 믿을 권리를 포기하는 것을 의미하지 않는다.
- 관용은 내가 존중하는 대화나 토론에서 내 신앙을 표현할 권리가 없다는 것을 의미하지 않는다.

보편성

진리의 배타성이 진리의 문으로 들어오려는 사람들을 배제하는 것은 아니다. 모든 사람에게 진리의 문은 열려 있다. 이것이 진리의 보편성이다. 그러나 진리의 문은 하나다. 예수 그리스도 복음의 진리는 누구에게나 선택할 수 있는 길을 제시한다. 진리의 배타성은 진리의 보편성을 거부하지 않는다.

진리의 시험

이 장에서 우리는 왜 예수님이 유일한 구원의 길인가에 대한 합리적이고 논리적인 확신을 갖기 위해 예수 그리스도와 관련된 여러 가지 진리와 이 진리에 대한 설득력 있는 증거를 다룰 것이다. 진리에 대한 주장이 해당 현실 혹은 사실과 일치할 때, 진리는 참이 된다. 예수님만이 구원에 이르는 유일한 길이라는 진리는 예수님에 관한 다음의 진리가 참이어야 한다.

1. 그리스도의 신성
2. 그리스도의 인성과 성육신
3. 그리스도의 죽음
4. 그리스도의 부활

그리스도의 신성에 대한 증거

예수님 자신의 신성에 대한 주장과 행적

1. 요한복음 10장 30절

요한복음 10장 30절에서 예수님은 "나와 아버지는 하나이니라"라고 선포하셨다. 이 선포는 예수님 자신이 하나님과 동격의 본질과 능력을 가지신 분이라는 신성 선포다. 이 선포를 들은 유대인들은 예수님을 참람하다는 이유로 돌로 쳐 죽이려고 했다.

이러한 유대인들을 향해서 예수님은 자신의 선포와 사역이 일치하는지를 평가해 보고, 자신을 하나님으로 믿으라고 도전하신다. 실제로 예수님은 죄를 사하시며, 병든 자를 고치시고, 많은 기적을 보여주셨다. 이를 보고 많은 사람들이 예수님을 하나님의 아들로 믿게 되었다. 예수님의 신성은 그분의 사역을 통해 증명된다.

2. 마가복음 14장 61-64절

대제사장이 다시 물어 이르되 네가 찬송 받을 이의 아들 그리스도냐 예수께서 이르시되 내가 그니라 인자가 권능자의 우편에 앉은 것과 하늘 구름을 타고 오는 것을 너희가 보리라 하시니 … 그 신성모독 하는[참람한, 개역한글] 말을 너희가 들었도다 너희는 어떻게 생각하느냐 하니 그들이 다 예수를 사형에 해당한 자로 정죄하고

자신의 정체를 묻는 대제사장의 질문에 예수님은 자신이 참으로 하나님의 아들 그리스도라고 주장하셨다. 유대 종교 당국은 이 주장을 신성모독으로 간주했다.

3. 요한복음 5장 17-18절

예수께서 그들에게 이르시되 내 아버지께서 이제까지 일하시니 나도 일한다 하시매 유대인들이 이로 말미암아 더욱 예수를 죽이고자 하니 이는 안식일을 범할 뿐만 아니라 하나님을 자기의 친아버지라 하여 자기를 하나님과 동등으로 삼으심이러라

예수님은 아버지께서 이제까지 일하시는 것처럼 자신도 일한다고 주장하셨다. 유대 지도자들은 이것을 예수님이 하나님과 동등하다고 선언한 것으로 해석했고, 예수님을 참람죄, 신성모독죄로 정죄하고 죽이려고 했다.

4. 요한복음 8장 57-58절

유대인들이 이르되 네가 아직 오십 세도 못 되었는데 아브라함을 보았느냐 예수께서 이르시되 진실로 진실로 너희에게 이르노니 아브라함이 나기 전부터 내가 있느니라 하시니

"내가 있느니라"는 영어로 "I AM"인데, 이 문장은 구약의 하나님,

항상 계시는 하나님, 스스로 존재하시는 하나님을 가리키는 것으로 이해되며, 유대인 청중도 그렇게 이해했다. 여기서 예수님은 자신을 시간을 초월하시는 하나님으로 선포하셨다. 예수님이 이러한 주장을 하시자 유대인들은 이를 신성모독, 즉 예수님이 신성을 선포하신 것으로 이해하여 예수님을 돌로 치려고 했다.

5. 마가복음 2:5-7

예수께서 그들의 믿음을 보시고 중풍병자에게 이르시되 작은 자야 네 죄 사함을 받았느니라 하시니 어떤 서기관들이 거기 앉아서 마음에 생각하기를 이 사람이 어찌 이렇게 말하는가 신성모독이로다 오직 하나님 한 분 외에는 누가 능히 죄를 사하겠느냐

용서는 오직 하나님만이 하실 수 있는 일이다. 그것은 신적 특권이다. 예수님이 중풍병자에게 "네 죄 사함을 받았느니라" 하신 것은 그분의 신적 능력을 입증하신 것이다.

제자들은 예수님의 신성을 고백했다

- 도마는 고백했다. "나의 주님이시요 나의 하나님이시니이다"(요 20:28).
- 시몬 베드로는 고백했다. "주는 그리스도시요 살아 계신 하나님의 아들이시니이다"(마 16:16).

예수님은 하나님으로 경배를 받으셨다

- "배에 있는 사람들이 예수께 절하며 이르되 진실로 하나님의 아들이로소이다 하더라"(마 14:33).
- "이르되 주여 내가 믿나이다 하고 절하는지라"(요 9:38).
- "예수께서 그들을 만나 이르시되 평안하냐 하시거늘 여자들이 나아가 그 발을 붙잡고 경배하니"(마 28:9).
- "또 그가 맏아들을 이끌어 세상에 다시 들어오게 하실 때에 하나님의 모든 천사들은 그에게 경배할지어다 말씀하시며"(히 1:6).
- "네 생물이 이르되 아멘 하고 장로들은 엎드려 경배하더라"(계 5:14).

예수님은 자신의 신성을 선포하고 인정하셨으며 사람들은 예수님을 하나님으로 여기고 그분께 경배했다.

그리스도의 신성 주장과 일치하는 현실

마가복음에서 예수님은 자신을 찾아온 중풍병자에게 죄 사함을 선포하셨다. 그리고 그를 치유하셨다.

예수께서 그들의 믿음을 보시고 중풍병자에게 이르시되 작은 자야 네 죄 사함을 받았느니라 하시니 어떤 서기관들이 거기 앉아서 마음에 생각하기를 이 사람이 어찌 이렇게 말하는가 신성모독이로다 오직 하나님 한 분 외에는 누가 능히 죄를 사하겠느냐 그들이 속으로 이렇게 생각하는 줄을 예수께서 곧 중심에 아시고 이르시

> **되 어찌하여 이것을 마음에 생각하느냐 중풍병자에게 네 죄 사함을 받았느니라 하는 말과 일어나 네 상을 가지고 걸어가라 하는 말 중에서 어느 것이 쉽겠느냐 그러나 인자가 땅에서 죄를 사하는 권세가 있는 줄을 너희로 알게 하려 하노라 하시고 중풍병자에게 말씀하시되 내가 네게 이르노니 일어나 네 상을 가지고 집으로 가라 하시니 그가 일어나 곧 상을 가지고 모든 사람 앞에서 나가거늘 그들이 다 놀라 하나님께 영광을 돌리며 이르되 우리가 이런 일을 도무지 보지 못하였다 하더라** 막 2:5-12

유대교의 맥락에서 오직 하나님만이 우리의 모든 죄를 용서하시고 모든 병을 고치실 수 있다. 시편 103편 3절에 "그가 네 모든 죄악을 사하시며 네 모든 병을 고치시며"라고 기록되어 있다.

예수님은 죄를 용서할 권한이 있다고 주장하셨는데, 이는 하나님의 특권이다. 오직 하나님만이 사람들의 죄를 용서하실 수 있기 때문에 예수님은 자신의 신성을 드러내신 것이다. 그리고 사람들이 "그는 신성을 모독하고 있다"고 반응한 사실 역시 예수님이 자신의 신성을 주장하셨음을 보여 준다.

예수님은 마비 환자를 고치셨다. 이것은 그리스도의 신성 주장을 증명하는 하나님의 행위다. 여기서 우리는 진리가 사실과 상응하는 원리가 적용됨을 인식해야 한다. 진리는 예수님의 신성이고, 사실은 예수님의 치유하심이다. 치유는 하나님의 능력이고 이 능력을 행하시는 분은 바로 예수님이시다. 따라서 예수님은 자신이 하나님이심을 증명하신 것이다.

그리스도의 신성에 대한 신약의 증언들

성경의 신뢰성에 대해서는 이미 앞 장에서 살펴본 대로, 우리가 신뢰할 수 있는 역사성을 가지고 있는 문헌이다. 특히 예수님의 행적을 기록하고 있는 신약성경은 증인의 책이다. 역사 속에 나타난 실존 인물이신 나사렛 예수에 대한 증언과 그분의 행적을 기록하고 있다. 성경은 사실을 진실하게 전달하는 책이다. 따라서 신약에서 증인들이 남긴 예수님에 대한 고백과 기록은 예수님의 신성을 증거하는 데 매우 중요한 자료다.

1. 요한복음 1장 1-3, 14절

태초에 말씀이 계시니라 이 말씀이 하나님과 함께 계셨으니 이 말씀은 곧 하나님이시니라 그가 태초에 하나님과 함께 계셨고 만물이 그로 말미암아 지은 바 되었으니 지은 것이 하나도 그가 없이는 된 것이 없느니라 … 말씀이 육신이 되어 우리 가운데 거하시매 우리가 그의 영광을 보니 아버지의 독생자의 영광이요 은혜와 진리가 충만하더라

이 구절은 예수님을 말씀(로고스)으로 묘사하며, 그분이 하나님이자 영원한 창조주이심을 증거한다.

2. 골로새서 2장 9절

그 안에는 신성의 모든 충만이 육체로 거하시고

이는 예수님이 하나님의 신성한 본성을 인간의 형태로 온전히 구현하셨음을 강조한다. 즉 성육신의 진리를 선포한다.

3. 히브리서 1장 3절

이는 하나님의 영광의 광채시요 그 본체의 형상이시라 그의 능력의 말씀으로 만물을 붙드시며

예수님은 하나님의 본성을 그대로 소유하고 계시며, 신성한 영광과 권능을 충만히 소유하신 분으로 묘사된다.

4. 빌립보서 2장 5-6절

너희 안에 이 마음을 품으라 곧 그리스도 예수의 마음이니 그는 근본 하나님의 본체시나 하나님과 동등 됨을 취할 것으로 여기지 아니하시고

이 구절은 예수님이 하나님과 동등하시지만, 성육신하시어 겸손을 선택하셨음을 보여 준다.

5. 디도서 2장 13절

복스러운 소망과 우리의 크신 하나님 구주 예수 그리스도의 영광이 나타나심을 기다리게 하셨으니

바울은 예수님을 하나님이자 구세주로 언급하면서 그분의 신성한 지위를 확언했다.

6. 마태복음 1장 23절

보라 처녀가 잉태하여 아들을 낳을 것이요 그의 이름은 임마누엘이라 하리라 하셨으니 이를 번역한즉 하나님이 우리와 함께 계시다 함이라

이사야 7장 14절의 예언이 예수님의 탄생으로 성취되며, 성육신하신 예수님이 우리와 함께 계시는 임마누엘의 하나님이심을 선포한다.

7. 요한계시록 1:8

주 하나님이 이르시되 나는 알파와 오메가라 이제도 있고 전에도 있었고 장차 올 자요 전능한 자라 하시더라

이 구절은 하나님에 대해 말하고 있지만, 요한계시록 22장 13절에

"나는 알파와 오메가요 처음과 마지막이요 시작과 마침이라"라고 선포됨으로써 하나님과 동일한 칭호(알파와 오메가)가 예수님께 부여되어 있다. 이를 통해 사도 요한은 예수님을 전능하신 하나님과 동일시한다.

예수님의 신성을 입증하는 데 기여하는 몇 가지 요소[133]

예수님의 신성을 입증하는 데 기여하는 몇 가지 중요한 요소는 다음과 같다.

- 동정녀 탄생
- 그리스도의 경이로운 기적
- 부활을 통한 죽음 정복의 궁극적인 승리

동정녀 탄생

예수님의 초자연적 탄생(여자의 후손, 처녀에게서 태어나신 것)을 주장하는 성경 구절이 몇 군데 있다. 그 구절들은 예수님의 신성과 예수님의 메시아 되심을 증거한다.

1. 창세기의 예언

내가 너로 여자와 원수가 되게 하고 네 후손도 여자의 후손과 원수가 되게 하리니 여자의 후손은 네 머리를 상하게 할 것이요 너는 그의 발꿈치를 상하게 할 것이니라 하시고 창 3:15

2. 이사야의 예언

그러므로 주께서 친히 징조를 너희에게 주실 것이라 보라 처녀가 잉태하여 아들을 낳을 것이요 그의 이름을 임마누엘이라 하리라 사 7:14

3. 누가의 기록

마리아가 천사에게 말하되 나는 남자를 알지 못하니 어찌 이 일이 있으리이까 천사가 대답하여 이르되 성령이 네게 임하시고 지극히 높으신 이의 능력이 너를 덮으시리니 이러므로 나실 바 거룩한 이는 하나님의 아들이라 일컬어지리라 눅 1:34-35

4. 마태의 기록

예수 그리스도의 나심은 이러하니라 그의 어머니 마리아가 요셉과 약혼하고 동거하기 전에 성령으로 잉태된 것이 나타났더니 마 1:18

마태와 누가는 모두 예수님의 동정녀 탄생에 대해 증언했다. 그렇다면 그 기록의 진실성을 뒷받침하는 증거는 무엇인가?

5. 예수님 당시 사람들의 반응

예수님의 고향에서는 예수님을 '마리아의 아들'로, 즉 모욕적인 말로 명명했다. 이것은 마리아가 요셉과 상관없이 잉태했음을 증거한다. 성경은 우리에게 동정녀 탄생에 대한 증거를 추가로 제공한다.

- **한번은 회당에서 가르치신 후에 함께 자란 사람들이 "이 사람이 마리아의 아들 목수가 아니냐"**(막 6:3) **하며 예수를 배척했다고 성경은 기록하고 있다.**
- **유대인들은 "우리가 음란한 데서 나지 아니하였고"**(요 8:41)**라고 말하면서 예수님에게 날카롭고 뾰족한 가시를 던졌다.**

6. 마리아와 요셉의 반응

마리아는 하나님의 성령에 의해 임신한 것이라고 사람들에게 말했다. 사람들이 가장 믿을 수 없는 말이었음에도 왜 그녀는 그런 말을 했을까? 이유는 단 하나뿐이다. 그것은 사실이기 때문이다.

요셉은 마리아와 함께한다면 겪게 될 수치심과 낙인을 충분히 알고 있었을 것이다. 요셉이 가장 쉽게 선택할 수 있었던 길은 자신의 평판을 위해 약혼을 취소하는 것이었다. 그러나 요셉은 마태복음 1장 24절에 성령으로 잉태함을 확인해 준 주의 사자의 말을 믿고 약혼을 취소하지 않았다. 마리아와 요셉은 예수님이 성령으로 잉태되셨다는 사실 때문에 남은 생애 동안 그들을 따라다닌 모든 수치와 오명을 감당해야 했다.

예수 그리스도의 경이로운 기적

예수 그리스도의 기적은 그분의 사역은 물론 기독교 신앙의 핵심이다. 기독교에서 기적을 부정하는 것은 불가능하다. C. S. 루이스는 다음과 같이 말했다.

> 내 생각에는 기적적인 것을 빼면 힌두교의 모든 본질은 손상되지 않은 채로 남아 있을 것이며, 이슬람교의 경우에도 거의 마찬가지이다. 그러나 기독교에서는 그렇게 할 수 없다. 그것은 바로 위대한 기적의 이야기이다. 자연주의적 기독교는 구체적으로 기독교적인 모든 것을 배제한다.[134]

복음서에는 예수님이 치유와 축귀 사역을 행하셨다는 복음서 특유의 기적 이야기가 담겨 있다.

- 말 못하는 사람에게서 귀신을 쫓아내심(마 9:32-34)
- 맹인을 두 번 만져 고치심(막 8:22-26)
- 나인성 과부의 아들을 살리심(눅 7:11-17)
- 날 때부터 맹인 된 사람을 고치심(요 9:1-39)

백부장의 하인을 고치신 이야기는 마태복음(8:5-13)과 누가복음(7:1-10)에만 나온다. 이방인 여자의 딸을 고치신 이야기는 마태복음(15:21-28)과 마가복음(7:24-30)에만 나온다. 회당에서 더러운 영을 쫓아내신 이야기는 마가복음(1:21-28)과 누가복음(4:31-37)에만 나온다. 마태, 마가, 누가는 예수님이 회당장의 딸을 살리신 일, 혈루증을 앓던 여인을 고치신 일 등을 전한다(마 9:18-26; 막 5:21-43; 눅 8:40-56). 5천 명을 먹이신 예수님의 기적은 사복음서 모두에 등장한다(마 14:13-21; 막

6:33-44; 눅 9:12-17; 요 6:1-14).

예수님의 생애 동안 제자들과 대적자들 모두는 예수님이 특별한 치유 능력을 갖고 계셨다는 사실을 받아들였다. 문제는 예수님이 누구의 능력으로 특별한 일을 행하셨는가였다. 예수님이 기적을 행하신 독특한 방식에 대한 가장 좋은 설명은 기적이 바로 예수 안에 있는 하나님의 능력의 표현이라고 이해하는 것이다(눅 5:17).

예수님 자신이 하나님이셨기 때문에 하나님의 능력을 드러내신 것이다. 예수님의 기적은 그분이 교사나 선지자 이상의 존재이심을 드러냈다.

부활을 통한 죽음 정복의 궁극적인 승리

예수님의 부활은 그분이 메시아, '하나님의 아들'이심을 초자연적인 방법으로 입증한 것이었다. 하나님은 예수님을 다시 살리셨다(행 2:24). 예수님의 부활은 그분을 하나님의 "거룩한 자"(행 2:27)로 입증했으며, 그분이 "주와 그리스도"(행 2:36)이심을 계시했다.

성육신을 통한 그리스도의 인성(실존)에 대한 증거

성육신의 진실은 예수 그리스도가 완전한 신이자 완전한 인간이시라는 믿음을 말한다. 여기서는 예수님의 성육신에 대한 성경적 증거와 예수 그리스도의 역사성에 대한 성경 외적 증거를 제시하며, 예수님이 인간으로 살았다는 사실을 확인해 보겠다. 예수님이 역사적 인물이었다는 성경 외적 증거는 예수가 신화도 아니고 후에 창작된 인물도 아니라는 것을 증명하는 데 중요하다.

예수님의 성육신이 말해 주는 또 하나의 중요한 의미는 예수님이 죄 없는 삶을 사셨다는 것이다. 그분이 죄 없는 삶을 사셨기에, 그분의 죽음은 우리 죄를 대속할 수 있는 자격을 갖춘다. 만약 예수님이 죄를 지으셨다면 그분은 우리의 죄를 대속하실 수 없었을 것이다.

예수님의 인성에 대한 신약성경의 증거

1. 마태복음 1장 18-23절

보라 처녀가 잉태하여 아들을 낳을 것이요 그의 이름은 임마누엘이라 하리라 하셨으니 이를 번역한즉 하나님이 우리와 함께 계시다 함이라 마 1:23

예수님의 동정녀 탄생은 이사야 7장 14절의 예언을 성취한 것으로, 하나님이 인간 가운데 거하기 위해 오셨음을 강조하기 때문에 성육신 교리의 초석이다.

2. 요한복음 1장 14절

말씀이 육신이 되어 우리 가운데 거하시매 우리가 그의 영광을 보니 아버지의 독생자의 영광이요 은혜와 진리가 충만하더라

이것은 "말씀"(요한복음 1장 1절에 묘사된 하나님)이 육신을 입고 인간의 형상을 취하신 성육신에 대한 가장 분명한 확언 가운데 하나다.

3. 요한복음 21장 24-25절

이 일들을 증언하고 이 일들을 기록한 제자가 이 사람이라 우리는 그의 증언이 참된 줄 아노라 예수께서 행하신 일이 이외에도 많으니 만일 낱낱이 기록된다면 이 세상이라도 이 기록된 책을 두기에 부족할 줄 아노라

요한은 역사적 실존 인물인 예수의 행적을 증인으로서 기록한다.

4. 빌립보서 2장 6-8절

그는 근본 하나님의 본체시나 하나님과 동등 됨을 취할 것으로 여기지 아니하시고 오히려 자기를 비워 종의 형체를 가지사 사람들과 같이 되셨고 사람의 모양으로 나타나사 자기를 낮추시고 죽기까지 복종하셨으니 곧 십자가에 죽으심이라 빌 2:6-8

이 구절은 하나님이시면서도 인간의 본성을 취하시고 죽기까지 순종하신 그리스도의 겸손을 묘사하고 있다.

5. 히브리서 2장 14-17절

자녀들은 혈과 육에 속하였으매 그도 또한 같은 모양으로 혈과 육을 함께 지니심은 죽음을 통하여 죽음의 세력을 잡은 자 곧 마귀를 멸하시며 … 그러므로 그가 범사에 형제들과 같이 되심이 마땅하도다 이는 하나님의 일에 자비하고 신실한 대제사장이 되어 백성의 죄를 속량하려 하심이라

죽음의 권세를 꺾으시고 우리를 대속하기 위해 예수님이 인간의 조건을 온전히 공유하신 것으로 묘사되어 있다.

6. 요한일서 4장 2절

이로써 너희가 하나님의 영을 알지니 곧 예수 그리스도께서 육체로 오신 것을 시인하는 영마다 하나님께 속한 것이요

이 구절은 예수님의 완전한 인간성에 대한 초기 기독교의 확언을 강조하며, 성육신을 이해하는 데 필수적이다.

7. 골로새서 2장 9절

그 안에는 신성의 모든 충만이 육체로 거하시고

이 구절은 예수님이 육체적 형태(인간)로 계셨지만 동시에 완전한 신성이셨다는 점을 강조한다.

예수님의 죄 없음에 대한 신약성경의 증거

1. 고린도후서 5장 21절

하나님이 죄를 알지도 못하신 이를 우리를 대신하여 죄로 삼으신 것은 우리로 하여금 그 안에서 하나님의 의가 되게 하려 하심이라

2. 베드로전서 2장 21-22절

이를 위하여 너희가 부르심을 받았으니 그리스도도 너희를 위하여 고난을 받으사 너희에게 본을 끼쳐 그 자취를 따라오게 하려 하셨느니라 그는 죄를 범하지 아니하시고 그 입에 거짓도 없으시며

3. 히브리서 4장 15절

우리에게 있는 대제사장은 우리의 연약함을 동정하지 못하실 이가 아니요 모든 일에 우리와 똑같이 시험을 받으신 이로되 죄는 없으시니라

4. 요한일서 3장 5절

그가 우리 죄를 없애려고 나타나신 것을 너희가 아나니 그에게는 죄가 없느니라

5. 요한복음 5장 19절

그러므로 예수께서 그들에게 이르시되 내가 진실로 진실로 너희에게 이르노니 아들이 아버지께서 하시는 일을 보지 않고는 아무것도 스스로 할 수 없나니 아버지께서 행하시는 그것을 아들도 그와 같이 행하느니라

요한복음은 예수님 자신이 죄가 없음을 간접적으로 증언하시는 말씀을 증거한다.

6. 요한복음 8장 29, 46절

나를 보내신 이가 나와 함께하시도다 나는 항상 그가 기뻐하시는 일을 행하므로 나를 혼자 두지 아니하셨느니라 … 너희 중에 누가 나를 죄로 책잡겠느냐 내가 진리를 말하는데도 어찌하여 나를 믿지 아니하느냐

7. 요한복음 6장 68-69절

시몬 베드로가 대답하되 주여 영생의 말씀이 주께 있사오니 우리가 누구에게로 가오리이까 우리가 주는 하나님의 거룩하신 자이신 줄 믿고 알았사옵나이다

예수님은 '하나님의 거룩한 분'이시다.

8. 마가복음 1장 23-24절 (참고 눅 4:33-34)

마침 그들의 회당에 더러운 귀신 들린 사람이 있어 소리 질러 이르되 나사렛 예수여 우리가 당신과 무슨 상관이 있나이까 우리를 멸하러 왔나이까 나는 당신이 누구인 줄 아노니 하나님의 거룩한 자니이다

예수님은 '의로운 자'(행 7:52, 22:14)와 "거룩하고 의로운 이"(행 3:14)로도 언급되셨다. 예수님의 동시대 사람들은 그분의 죄 없는 삶을 여러 가지 방법으로 증거했다.

성경 외의 기록에 나타난 그리스도의 역사성(실존)에 대한 증거

그리스도의 역사성에 대한 증거가 예수의 성육신을 직접적으로 언급하고 있지는 않지만, 성경 밖의 역사 기록은 예수님이 인간으로 살았음을 확증한다. 따라서 예수가 신화가 아니며 그분의 추종자들

에 의해 나중에 창조된 존재가 아님을 확증한다.

1. 요세푸스 (유대 역사가, 37-c. 100)

《유대 고대사》(18권 3장)에서 예수의 성육신에 대해 명확하게 논의하지는 않았지만, 그의 기록은 예수의 존재와 공생활에 대해 확인해주며, 그가 역사적 인물로 살았다는 점을 확증한다.

2. 타키투스 (로마 역사가, c. 56-120)

타키투스는 그의 저서 《연대기》(15권 44장)에서 예수의 성육신에 대해 직접적으로 언급하지는 않았지만, 그의 기록은 예수의 삶과 죽음의 역사적 사실과 초기 그리스도인들이 예수를 신으로 여겼다는 사실을 뒷받침한다.

3. 플리니우스 더 영거 (로마 총독, c. 61-113)

플리니우스는 트라야누스 황제에게 보낸 편지에서 초기 기독교의 예배 관행에 대해 설명하는데, 그리스도인들이 그리스도를 신으로 모시듯 찬송가를 불렀다고 언급했다. 이는 성육신 개념의 핵심으로서 예수의 신성에 대한 초기 기독교의 믿음을 입증한다.

4. 《탈무드》 (유대교 랍비 문헌)

《탈무드》는 여러 군데에서 예수("예슈아"로 불림)를 언급하여, 그의 존재와 그가 십자가에 못 박혔다는 사실을 인정한다. 이런 언급들은 예수님에 대해 비판적이기는 하지만, 그분의 가르침과 추종자들을 모은 것으로 유명한 역사적 인물이었다는 것을 확증한다.

사도적 교부로 알려진 1-2세기 기독교 지도자들의 저작들은 초기 교회 역사와 신앙에 관한 중요한 자료를 제공한다.

5. 로마의 클레멘스

로마의 클레멘스는 1세기 말과 2세기 초에 고린도 성도들에게 쓴 편지인 〈클레멘스 1서〉에서 이렇게 썼다.

> **사도는 우리를 위해 주 예수 그리스도로부터 복음을 받았다. 예수 그리스도는 하나님으로부터 보내심을 받은 자라. … 그러므로 우리 주 예수 그리스도의 부활로 말미암아 확신을 얻었고.**

6. 안디옥의 주교 이그나티우스

안디옥의 주교 이그나티우스(c. 35-107)는 그의 편지, 특히 〈에베소서〉와 〈트랄리아서〉(Trallians)에서 예수가 완전히 신적이고 완전히 인간이라는 점을 강조한다. 그는 예수의 인간성을 부인하는 초기 이단(가현설 등)에 반박한다. 이그나티우스는 〈트랄리아서〉에 다음과 같이 썼다.

> **다윗의 족속이시요 마리아의 아들이신 예수 그리스도라. 참으로 나시고 잡수시고 마시고 본디오 빌라도에게 박해를 받아 하늘에 있는 자들과 지상에 있는 자들 앞에서 참으로 십자가에 못 박혀 죽으시고 참으로 죽은 자 가운데서 살아나신 이는…**

7. 순교자 유스티누스

순교자 유스티누스(c. 100-165)는 《제1변증서》에서 예수님의 성육신을 주장하며, 예수님을 육신이 되어 인간 가운데 살았던 로고스(말씀)로 제시했다.

8. 리옹의 이레니우스

리옹의 이레니우스(c. 130-202)는 《이단에 반박함》에서 예수님을 하나님의 성육신한 말씀으로 제시하며 영지주의의 가르침에 반대하여 예수의 인성과 신성을 모두 확언했다.

그리스도의 죽음에 대한 증거

이제 그리스도의 죽음에 대한 성경적·역사적 증거를 다루겠다.

신약성경의 기록 (마 27:45-54; 막 15:33-39; 눅 23:44-49; 요 19:28-37)

사복음서 모두 예수님의 십자가 처형에 대해 자세히 설명한다. 예수님은 로마 당국에 의해 십자가에 못 박히셨고, 십자가에서 몇 시간 후에 죽으셨다. 로마 군인들은 그분의 사망을 증언한다.

1. 요한복음 19:34

그중 한 군인이 창으로 옆구리를 찌르니 곧 피와 물이 나오더라

예수님의 옆구리에서 나온 피와 물은 그분의 사망을 의학적으로 뒷받침하는 근거로 간주되며, 심낭 또는 폐가 파열(rupture)되었음을 시사한다.

2. 로마서 5장 6-8절

우리가 아직 연약할 때에 기약대로 그리스도께서 경건하지 않은 자를 위하여 죽으셨도다 의인을 위하여 죽는 자가 쉽지 않고 선인을 위하여 용감히 죽는 자가 혹 있거니와 우리가 아직 죄인 되었을 때에 그리스도께서 우리를 위하여 죽으심으로 하나님께서 우리에 대한 자기의 사랑을 확증하셨느니라

바울은 그리스도의 죽음이 지닌 신학적 중요성을 강조하고, 그것이 실제로 일어났던 역사적 사건이었다고 단언한다.

성경 외에 그리스도의 죽음에 대한 증거

1. 로마 역사가 타키투스(c. 56-120)

타키투스는 《연대기》(15권 44장)에서 예수가 티베리우스 황제 통치 때 본디오 빌라도에 의해 처형당했다고 언급한다.

그리스도인이라는 이름은 '크리스투스'에서 유래했는데, 그는 티베리우스 통치 때 우리의 총독 중 한 사람인 본디오 빌라도의 손에 극심한 처벌을 받았다.

비그리스도인 로마 역사가 타키투스는 예수의 십자가형을 역사적 사건으로 확인했다.

2. 유대 역사가 요세푸스 (c. 37-100)

요세푸스는 《유대 고대사》(18권 3장)에서 이렇게 썼다.

이 무렵에 예수라는 지혜로운 사람이 있었다. 빌라도는 우리 가운데 유력한 사람들의 제안에 따라 그를 십자가에 못 박았다.

그는 예수님이 빌라도에 의해 십자가에 못 박힌 실제 역사적 인물이었음을 확인해 준다.

3. 사모사타의 루시안 (c. 125-180)

그리스의 풍자 작가 사모사타의 루시안(Lucian of Samosata)은 그의 작품 중 하나에서 그리스도인을 언급하며, 십자가에 못 박힌 사람을 숭배하는 이들이라고 조롱했다.

그리스도인들은 오늘날까지도 한 사람을 숭배한다. 바로 그들의 새로운 의식을 도입하고 그로 인해 십자가에 못 박힌 저명한 인물이다.

루시안은 그리스도인을 비판하면서도 예수의 십자가형 사실을 인정하는 증언을 했다.

그리스도의 부활에 대한 증거

빈 무덤(복음서의 기록)

빈 무덤은 사복음서에서 모두 기록하고 있으며, 유대 지도자들(마 28:11-15)과 같은 초기 기독교 비평가들조차도 무덤이 비어 있다는 것을 결코 부인하지 않았다. 대신 그들은 시체가 도난당했다고 주장했다.

복음서에 따르면, 예수는 십자가에 못 박힌 후 무덤에 묻혔고, 사흘째 되는 날 무덤이 비어 있는 채로 발견되었다. 누가복음은 그리스도의 부활과 빈 무덤에 대해 증언한다.

> **여기 계시지 않고 살아나셨느니라 갈릴리에 계실 때에 너희에게 어떻게 말씀하셨는지를 기억하라** 눅 24:6

요한복음은 부활하신 그리스도가 제자들에게 나타나셨다고 증언한다.

> **이 말씀을 하시고 손과 옆구리를 보이시니 제자들이 주를 보고 기뻐하더라** 요 20:20

마태복음과 마가복음도 그리스도의 부활과 빈 무덤을 증거하고 있다(마 28:1-10; 막 16:1-8). 예수의 부활에 대한 기록의 측면에서, 사복음서 저자 모두 각자의 관점으로 부활 사건을 독립적으로 증언한다.

"복음서는 왜 네 개일까?"라는 질문을 할지도 모르겠다. 초대 교회의 누군가가 편집했다면 하나의 복음서로 충분했을지 모른다. 그러나 초대 교회는 그러지 않았다. 각기 다른 네 명의 저자들이 성령의 감동으로 증언한 예수님의 생애를 있는 그대로 하나님의 말씀으로 받아들였다.

세마포

무덤에 예수님의 시신이 없다는 소식을 들은 대제사장들은 마태복음 28장 13절에 따라 "예수의 제자들이 시신을 훔쳤다"는 거짓 소문을 퍼뜨렸다. 그러나 예수님의 시신은 지난 2천 년 동안 어디서도 발견되지 않았다.

마태는 예수님의 시신을 감싼 세마포가 빈 무덤에서 발견되었다고 증언한다. 만약 제자들이 예수님의 시신을 훔쳤다면, 왜 세마포가 무덤에 가지런히 놓인 채로 발견되었을까? 빨리 시신을 훔쳐야 하는 상황에서 세마포를 벗기고 시신만 가져가는 게 상식적으로나 논리적으로 맞을까?

공관복음은 아리마대 요셉이 예수님의 시신을 세마포로 쌌다고 증언한다(마 27:59; 막 15:46; 눅 23:53). 요한복음은 또 다른 단서를 제공하는데, 니고데모가 몰약과 침향 섞은 것을 백 근쯤 가지고 와서 예수님의 시체를 유대인의 장례법대로 그 향품과 함께 세마포로 쌌다고 했다(요 19:39-40). 이를 통해 유대의 장례 문화에 따라서 예수님의 시신을 오랫동안 보관할 수 있도록 몰약과 침향과 향품을 넣어서 세마포가 풀어지지 않게 여러 번 감아 접착했음을 알 수 있다. 제자들이 정말로 예수님의 시신을 몰래 훔쳐 갔다면 예수님의 시신에서 세마포를 벗겨 내는 데 오랜 시간이 걸렸을 것이다.

이 상황에 대한 가장 합리적인 해답은 예수님이 부활하셔서 그분을 감쌌던 세마포를 풀고 무덤 밖으로 나오셨거나, 부활하신 몸이 세마포의 물리적 제약을 받지 않고 자유롭게 분리되었을 수도 있다.

여인들의 증언

빈 무덤을 가장 먼저 발견한 사람은 여인들이었는데, 이는 당시 문화권에서 여성의 증언이 법적으로 유효하지 않았기 때문에 중요한 의미가 있다. 만일 복음서 기자들이 여성들의 증언을 당대 문화를 고려해서 변증적으로 쓰려고 했다면 그들은 이 사실을 기록할 필요가 없었을 것이다. 그러나 그들은 그렇게 하지 않았다. 당시 문화에서 여성의 증언은 신뢰도가 낮았음에도 불구하고, 그들은 여성들이 그리스도의 부활을 증언했다는 사실을 진실로 기록했다. 복음서 기자들은 진실을 감추려는 어떤 기만적인 행동도 취하지 않았다. 진리는 진리이기 때문이다.[135]

부활 후 예수님의 출현

예수님은 부활하신 후에 다양한 곳에서 다양한 사람들에게 나타나셨다.

- 막달라 마리아와 무덤에 있던 **여인들**(마 28:9-10; 요 20:14-17)
- 방문을 잠근 제자들(요 20:19-23)
- 엠마오로 가는 길에 있던 두 제자(눅 24:13-35)

- 예수님의 상처를 직접 보기 전까지 의심했던 도마 (요 20:24-29)
- 갈릴리 바닷가의 제자들 (요 21:1-14)

제자들의 변화

예수님의 죽음 이후 제자들은 처음에는 두려워하여 흩어졌다. 그러나 부활 후 그들은 그리스도의 담대한 증인이 되었고, 박해와 순교를 견뎌 냈다. 이 갑작스러운 변화는 그들이 부활하신 그리스도를 진짜 만났다는 강력한 증거로 자주 인용된다.

부활의 점진적 계시

이슬람 학자들과 현대 일부 비평가들은 예수님의 부활은 초대 교회가 지어낸 이야기라고 주장한다. 그러나 부활의 개념은 이미 구약성경 전반에 걸쳐 점진적으로 발전해 왔다.

- 그리스도보다 2천 년 전에 살았던 욥은 부활에 소망을 두었다. "내가 알기에는 나의 대속자가 살아 계시니 마침내 그가 땅 위에 서실 것이라 내 가죽이 벗김을 당한 뒤에도 내가 육체 밖에서 하나님을 보리라 내가 그를 보리니 내 눈으로 그를 보기를 낯선 사람처럼 하지 않을 것이라 내 마음이 초조하구나" (욥 19:25-27).
- 주전 1,500년 전의 인물인 아브라함은 하나님이 이삭을 죽음에서 부활시키실 수 있는 전능하신 분임을 신뢰하고 이삭을 제물로 바치는 데 주저하지 않았다. "그가 하나님이 능히 이삭을 죽은 자 가운데서 다시 살리실 줄로 생각한지라" (히 11:19).

- 주전 1,000년 전에 살았던 다윗은 성령의 영감을 받아 시편 16편 10절에서 주(하나님)께서 거룩하신 자(예수 그리스도를 가리킴)의 몸이 썩지 않게 하실 것이라는 예언을 기록했는데, 이는 메시아 예수의 부활을 강력히 암시한다. "이는 주께서 내 영혼을 스올에 버리지 아니하시며 주의 거룩한 자를 멸망시키지 않으실 것임이니이다"(시 16:10).
- 예수님이 오시기 700년 전에 살았던 선지자 이사야도 "그러므로 내가 그에게 존귀한 자와 함께 몫을 받게 하며 강한 자와 함께 탈취한 것을 나누게 하리니"(사 53:12)라고 예언했다. 이 예언은 십자가에 못 박힌 메시아가 부활하여 승리자로서 그에 합당한 보상을 받을 것이라는 기록으로, 부활하신 메시아를 묘사했다.
- 주전 600년 전에 살았던 다니엘은 종말을 예언했다. "땅의 티끌 가운데에서 자는 자 중에서 많은 사람이 깨어나 영생을 받는 자도 있겠고 수치를 당하여서 영원히 부끄러움을 당할 자도 있을 것이며"(단 12:2).

성경을 통해 부활에 대한 하나님의 계시가 역사적으로 전개된 것을 알 수 있다. 이외에도 예수님은 친히 자신의 부활을 예언하셨다(마 16장, 20장; 막 10장; 눅 18장). 예수님은 예언하신 대로 죽으신 지 사흘 만에 부활하셨다. 하나님은 성경 속에서 부활의 개념을 점진적으로 드러내시며, 그것을 예수 그리스도 안에서 매우 구체적으로 실현하고 성취하셨다. 따라서 예수님의 부활은 결코 1세기의 초대 교회가 만들어 낸 이야기가 아니다.

초기 기독교 신조와 글

고린도전서 15장 3-7절은 예수님의 승천 후 불과 몇 년 안에 형성된 것으로 추정되는, 가장 초기의 기독교 신앙고백(Creed) 중 하나로 간주된다. 부활에 대한 초기 신앙은 그것을 목격한 사람들이 살아 있을 때 널리 퍼졌다는 점에서, 그 역사성을 입증하는 강력한 근거가 된다.

사도들의 순교

베드로와 바울을 포함한 많은 사도들은 부활하신 그리스도를 믿었기에 순교했다. 부활 신앙을 위해 죽음도 불사한 그들의 의지는 그들이 예수님이 죽음에서 부활하셨다고 진정으로 믿었다는 강력한 증거가 된다. 교회 전통에 따르면[136] 사도들의 순교에 관한 이야기는 다음과 같다.

- 안드레는 그리스의 파트라에서 십자가에 못 박혀 죽었다.
- 바돌로매(나다나엘이라고도 함)는 아르메니아에서 채찍으로 가죽이 벗겨져 죽었다.
- 정의로운 야고보는 성전에서 쫓겨난 후 예루살렘에서 구타당해 죽었다.
- 대사도 야고보는 예루살렘에서 참수당했다.
- 요한은 밧모섬에서 망명 생활을 하다가 죽었다.
- 누가는 그리스에서 교수형에 처해졌다.
- 마가는 이집트 알렉산드리아에서 죽을 때까지 말에 끌려갔다.
- 마태는 에티오피아에서 칼에 맞아 죽었다.
- 맛디아는 예루살렘에서 돌에 맞아 참수당했다.

- 베드로는 로마에서 십자가에 거꾸로 못 박혀 죽었다.
- 빌립은 프리기아에서 십자가에 못 박혀 죽었다.
- 도마는 인도에서 창에 찔려 죽었다.

구원의 배타성

지금까지 우리는 예수님의 신성과 인성, 성육신, 그리고 죽음과 부활의 증거를 자세하게 살펴보았다. 예수 그리스도가 실제로 하나님이시고, 인간으로 오셔서 죄 없는 삶을 사셨으며, 우리 죄를 대속하시고 죽음에서 부활하신 분이라면, 이 증거들은 왜 구원이 그분을 통해서만 가능한지에 대한 합리성과 확신을 제공한다. 구원의 배타성에 대한 예수님과 사도들의 가르침은 우리가 이 진리를 받아들이고 수호하며 담대하게 전파해야 할 동기와 확신을 부여한다.

예수님의 가르침

1. 요한복음 14:6

예수께서 이르시되 내가 곧 길이요 진리요 생명이니 나로 말미암지 않고는 아버지께로 올 자가 없느니라

이것은 구원의 배타성에 대한 예수님의 가장 분명한 진술 중 하나다. 그분은 자신을 하나님께 이르는 유일한 길로 규정하시는데, 이는 그분을 믿는 믿음을 통해서만 하나님께 도달할 수 있다는 의미다.

2. 마태복음 7:13-14

좁은 문으로 들어가라 멸망으로 인도하는 문은 크고 그 길이 넓어 그리로 들어가는 자가 많고 생명으로 인도하는 문은 좁고 길이 협착하여 찾는 자가 적음이라

여기서 예수님은 두 가지 길을 대조하신다. 멸망으로 인도하는 넓은 길과 생명으로 인도하는 좁은 길이다. 이는 그분을 통해서만 구원에 이를 수 있음을 강조하기 위함이다.

3. 요한복음 10:9

내가 문이니 누구든지 나로 말미암아 들어가면 구원을 받고 또는 들어가며 나오며 꼴을 얻으리라

예수님은 구원으로 가는 유일한 입구가 자신임을 설명하기 위해 '문'이라는 은유를 사용하셨다.

사도들의 가르침

1. 사도행전 4:12

다른 이로써는 구원을 받을 수 없나니 천하 사람 중에 구원을 받을 만한 다른 이름을 우리에게 주신 일이 없음이라 하였더라

이는 베드로가 산헤드린 앞에서 담대하게 선언한 내용으로, 구원은 오직 예수 그리스도 안에서만 찾을 수 있다고 확언했다.

2. 디모데전서 2:5

하나님은 한 분이시요 또 하나님과 사람 사이에 중보자도 한 분이시니 곧 사람이신 그리스도 예수라

바울은 예수님이 하나님과 인간 사이의 유일한 중보자라고 했다. 이는 하나님과의 화해(구원)가 오직 그분을 통해서만 이루어질 수 있음을 의미한다.

3. 로마서 10:9-10

네가 만일 네 입으로 예수를 주로 시인하며 또 하나님께서 그를 죽은 자 가운데서 살리신 것을 네 마음에 믿으면 구원을 받으리라 사람이

마음으로 믿어 의에 이르고 입으로 시인하여 구원에 이르느니라

이 구절은 구원에 이르기 위해 예수님을 믿어야 함을 명확히 설명하며, 특히 그분의 부활을 믿고 그분을 주님으로 고백할 것을 강조한다.

예수 희생의 유일성

구원의 배타성이 갖는 또 다른 측면은 예수 그리스도의 희생이 대체 불가능한 유일한 속죄 제물이라는 점이다. 왜 예수님의 십자가 희생이 구속의 유일한 길인가를 다음의 성경 구절에서 알 수 있다.

1. 히브리서 10:10-14

이 뜻을 따라 예수 그리스도의 몸을 단번에 드리심으로 말미암아 우리가 거룩함을 얻었노라 제사장마다 매일 서서 섬기며 자주 같은 제사를 드리되 이 제사는 언제나 죄를 없게 하지 못하거니와 오직 그리스도는 죄를 위하여 한 영원한 제사를 드리시고 하나님 우편에 앉으사 그 후에 자기 원수들을 자기 발등상이 되게 하실 때까지 기다리시나니 그가 거룩하게 된 자들을 한 번의 제사로 영원히 온전하게 하셨느니라

이 구절은 그리스도의 단번의 희생이 충분하다는 점을 강조한다. 매번 제물이 필요했던 구약의 제사 제도와 달리, 예수님의 죽음은 죄를 다루는 유일하고도 영원히 유효한 수단으로 제시된다.

2. 요한복음 1:29

이튿날 요한이 예수께서 자기에게 나아오심을 보고 이르되 보라 세상 죄를 지고 가는 하나님의 어린양이로다

예수님은 "하나님의 어린양"으로 불리는데, 이는 그분이 죄를 사하기 위한 최종적이고 궁극적인 희생양이심을 나타내며, 구원이 오직 그분을 통해서만 가능함을 강조한다.

3. 베드로전서 2:24

친히 나무에 달려 그 몸으로 우리 죄를 담당하셨으니 이는 우리로 죄에 대하여 죽고 의에 대하여 살게 하려 하심이라 그가 채찍에 맞음으로 너희는 나음을 얻었나니

베드로는 오직 예수님의 희생을 통해서만 신자들이 죄에서 치유되고 구원받을 수 있다고 확언한다.

4. 이사야 53:5-6

그가 찔림은 우리의 허물 때문이요 그가 상함은 우리의 죄악 때문이라 그가 징계를 받으므로 우리는 평화를 누리고 그가 채찍에 맞으므로 우리는 나음을 받았도다 우리는 다 양 같아서 그릇 행하여

각기 제 길로 갔거늘 여호와께서는 우리 모두의 죄악을 그에게 담당시키셨도다

이사야는 인류의 죄를 대속하기 위한 메시아의 희생적 죽음을 예언했고, 이 예언은 예수님의 십자가 사건에서 성취되었다. 예수님이 고난의 메시아로서 그 사명을 이루셨기에, 하나님의 구원은 그분을 통하지 않고서는 어떤 다른 곳에서도 완성될 수 없다.

초기 교회의 이해

1. 안디옥의 이그나티우스

이그나티우스는 에베소 성도들에게 보낸 서신에서 예수를 통한 구원의 배타적 본질을 확언한다.

> 육신과 영을 겸비한 한 분의 의사이신 그분은 태어나기도 하고 태어나지 않기도 하셨으며, 사람 안에 계신 하나님이시며, 죽음 안에 참된 생명이시며, 마리아와 하나님에게서 오셨으며, 먼저 고통을 겪으셨다가 그 고통을 극복하신 분이다. 그분은 바로 우리 주 예수 그리스도이시니이다.[137]

이그나티우스는 예수님이 구원의 유일한 중재자이심을 강조한다.

2. 순교자 유스티누스

저서 《트리포와의 대화》에서 유스티누스는 오직 예수를 통해서만 구원을 받을 수 있다고 강조하며, 이교도주의와 모세의 율법으로 돌아가는 것은 하나님께 이르는 길이 아니라고 단언한다.

구원의 배타성의 중요성

예수님이 구원의 유일한 길이라는 진리는 매우 중요하다. 왜냐하면 그것은 삶, 목적, 영원에 대한 본질적인 질문을 다루기 때문이다.

죄로부터의 구원

모든 인간은 죄인이며, 죄로 인해 하나님과 분리되었다(롬 3:23). 예수님이 십자가에서 이루신 희생은 하나님이 인류를 자신과 화해시키신 방법이다. 예수님이 구원자로 오셨기 때문에, 우리는 오직 그분을 믿음으로 구원에 이를 수 있다.

영원한 결과

예수님만이 구원의 유일한 길이라는 진리는 영원한 의미를 갖는다. 예수님을 받아들이면 하나님과 함께하는 영원한 생명으로 이어지고, 예수님을 거부하면 심판을 통해 하나님과 영원히 분리되는데, 이곳을 지옥이라고 부른다(마 25:46). 그러므로 예수님을 선택하는 것은 영원한 운명을 결정하는 중대한 문제다.

하나님의 사랑과 은혜

예수님만이 구원에 이르는 유일한 길이라는 진리는 하나님의 궁극적인 사랑과 은혜의 표현을 반영한다. 하나님은 구원을 인간의 노력을 통해 얻을 수 있는 것이 아니라 선물로 주셨다(엡 2:8-9). 이러한 배타성은 배제를 뜻하는 것이 아니라, 오히려 예수님을 통해 은혜를 받으라는 모든 인류에 대한 보편적인 초대다.

진실과 권위

예수님이 자신을 "길이요 진리요 생명"(요 14:6)이라고 주장하신 것은 기독교의 핵심이다. 하나님의 아들로서 예수님의 권위는 가장 중요하며, 그렇기에 그분의 가르침은 절대적인 진리로 간주된다. 예수님이 주장하신 그대로의 그분이라면, 구원과 하나님께 이르는 길에 관한 그분의 가르침은 우리가 그리스도의 주권 아래에서 살아가는 데 필수적이다.

사명과 목적

예수님만이 구원에 이르는 유일한 길이라는 진리는 그리스도인이 다른 사람들에게 구원의 메시지를 전해야 할 강한 이유를 부여한다. 이 복음적 사명은 사랑이 그 뿌리다. 다른 이들이 예수님 안에서 삶을 변화시키는 관계를 경험하도록 돕는 것이 우리의 간절한 소망이다.

구원의 배타성 적용

우리는 지금까지 예수님만이 구원의 유일한 길이라는 진리에 대한 많은 증거를 면밀하게 살펴보았다. 성경 안에서 증인들이 한 진술과 성경 밖 역사 문헌에서 드러난 역사적 증거를 통해서 예수님의 실존, 신성, 십자가 죽음과 부활 등이 역사적 사실임을 확인했다. 또한 예수님 자신의 신성 진술이 그분의 행적에서 증명되는 점을 통해서 논리적으로, 철학적으로 진리의 상응 이론에도 부합하는 것을 확인할 수 있었다.

이러한 성경적, 역사적, 철학적 관점에서의 총체적인 증거들은 우리가 합리적으로 그리스도 예수의 실존, 신성, 십자가 죽음과 부활은 사실이며, 그분을 통해서만 구원을 얻을 수 있다는 논리적 결론에 이르게 한다.

그러면 우리에게 요구되는 것은 무엇인가? '예수 그리스도만이 구원의 길'이라는 진리 앞에서 다음의 항목들을 살피고 삶에 적용하고 이 진리가 우리의 삶에서 녹아지는 경험을 하기 바란다.

- 예수 그리스도를 당신의 주님이자 구세주로 믿으라.
- 예수님을 믿고, 그분의 인도, 용서, 구원에 의지하며, 그분을 의미, 목적, 희망의 근원으로 여기라.
- 매일 기도하고, 성경을 읽고, 찬양함으로써 그분과 개인적인 관계를 쌓으라.
- 다른 사람을 향한 그분의 사랑, 겸손, 용서, 연민과 봉사를 본받으라.

- 죄에서 돌아서서 거룩하고 의로운 삶을 추구하라.
- 예수님을 모르는 사람들에게 복음을 전하라.
- 기쁨과 두려움으로 그리스도의 계명을 순종하라.

질문과 묵상

1 진리는 왜 본질적으로 배타적인가?

2 예수님이 유일한 구원의 길임을 어떻게 알 수 있는가?

3 예수님의 유일성은 차별이 아닌 보편적 초청인가?

4 내가 믿고 따르는 예수님은 신화나 상징이 아닌 역사 속에 오신 인물이다. 그렇다면 나는 예수님을 얼마나 인격적으로 만나고 있는가?

5 예수님이 참 하나님이자 참 인간이시라는 사실은 나에게 어떤 소망과 도전을 주는가? 예수님은 나처럼 육신의 약함, 고통, 유혹을 경험하셨다. 그렇다면 내가 고난 중에 있을 때, 그분이 내 고통을 진정으로 이해하신다고 믿고 있는가?

6 예수님의 죽음과 부활이 실제로 일어난 일이라면, 내 삶은 어떻게 달라져야 하는가?

7 "성육신하신 예수님이 나를 위해 오셨고, 죽으셨고, 다시 살아나셨다"는 사실은 단지 교리가 아니라 내 삶의 방향을 바꾸는 진리다. 그 진리 앞에 나는 지금 어떤 응답을 하고 있는가?

8　나는 실제 역사 속에서 존재하셨던 예수님을 얼마나 인격적으로 신뢰하고 있는가? 나는 그분을 상징이나 개념이 아닌, 실제 역사 가운데 살아 계셨고 지금도 살아 계신 주님으로 믿고 있는가?

9　예수 그리스도만이 구원의 유일한 길이라는 진리를 내 삶 속에 어떻게 살아 내고 있는가? 나는 이 배타적인 진리를 단순히 지식으로 아는 데 머물지 않고, 삶의 선택과 방향, 가치 판단, 사명감 속에서 실천하고 있는가?

10　예수님이 유일한 구원의 길이라면, 나는 내 주변 사람들에게 그 진리를 사랑과 담대함으로 나누고 있는가?

Chapter 11 | 포스트모더니즘을 어떻게 대응할 것인가?[138]

포스트모더니즘의 정의

PART 1에서 우리는 포스트모던 사상과 상대주의에 대해서 간단하게 살펴보았다. 이 장에서는 포스트모더니즘을 정의하고 어떻게 대응해야 하는지에 대해서 토의하겠다. 리차드 타르나스(Richard Tarnas, 문화사학자)는 포스트모더니즘을 다음과 같이 정의한다.[139]

- 지적 다양성, 문화적 흐름에 의해 형성되어 온 개방적이고 불확실한 일련의 태도다.
- 여기에는 실용주의, 실존주의, 마르크스주의, 정신분석학에서부터 페미니즘, 해석학, 해체주의, 후기 경험주의, 과학철학에 이르기까지 다양하다.
- 어떤 단일의 선험적 사고 체계가 신념이나 조사를 지배해서는 안 된다.

295

- 인간의 지식은 다양한 요인에 의해 주관적으로 결정된다.
- 객관적인 본질, 즉 사물 자체는 접근 가능하지도 않고 가정할 수도 없다.

포스트모던은 모든 메타내러티브를 거부한다

메타내러티브(Metanarrative)는 사회가 역사적 사건, 문화적 규범 및 인간 경험을 이해하기 위해 사용하는 광범위하고 포괄적인 이야기 또는 프레임워크다. 이는 사람들이 현실을 인식하고 해석하는 방식을 형성하는 보편적인 설명 틀을 제공한다.[140] 메타내러티브는 "철학, 연구, 정치, 예술을 한데 모으고, 서로 연관시키며, 무엇보다도 통일된 방향 감각을 제공할 만큼 충분히 크고 의미 있는 이야기"다.[141]

포스트모던 사상가들은 메타내러티브를 단순히 '큰 이야기'로 보지 않는다. 그들은 메타내러티브가 인간의 본질적으로 제한된 관점을 고려하지 않은 채, 보편적이고 비역사적인 진리에 접근하거나 그것을 직접 인식할 수 있다고 전제하는 모던(modern)적 관점으로 규정하며, 이를 무의미한 것으로 여긴다. 포스트모던은 본질적으로 이러한 모던 사상을 거부하며 의문을 제기한다

모더니즘의 특징[142]

복음주의 신학자인 밀라드 에릭슨(Millard J. Erickson)은 모더니즘의 특징을 다음과 같이 정리한다.

- **자연주의**: 현실은 관찰 가능한 자연 체계에만 국한된다고 믿는다.
- **인본주의**: 인간은 최고의 현실이자 가치다.

- **과학적 방법**: 지식은 좋은 것이며 인간이 얻을 수 있다. 관찰과 실험은 진리에 대한 지식이 쌓이는 원천이다.
- **진보**: 우리는 인류를 괴롭히는 문제를 점진적으로 극복하고 있다.
- **확실성**: 지식은 객관적인 것으로 간주되었기 때문에 확실성을 얻을 수 있다.
- **결정론**: 우주에서 일어난 일은 고정된 원인에 따라 발생한다.
- **개인주의**: 개인은 자신의 노력으로 진리를 발견할 수 있다.
- **반권위주의**: 인간은 진리의 최종적이고 가장 완전한 척도로 간주된다.

포스트모더니즘은 모더니즘의 기본 사조를 거부하며 진리를 거부한다.

임마누엘 칸트와 포스트모더니즘

임마누엘 칸트(Immanuel Kant)는 현대 사상의 창시자 중 한 사람이지만, 아이러니하게도 "인간의 정신이 객관적 세계에 대해 거울과 같은 직접적인 지식을 요구할 수 없다"는 포스트모더니즘적 주장을 명료하게 표현한 것으로 평가받고 있다.[143]

칸트는 "직관적 인식의 법칙, 즉 감각을 통해 사물이 우리에게 나타나는 방식은 그것이 필연적으로 어떻게 보이는지(appear)를 보여 줄 뿐, 그 사물이 실제로 어떠한지(actually are)를 보여 주는 것은 아니다"[144] 라고 주장한다. 우리가 사물을 인지하는 것과 사물의 실제는 같지 않다는 주장이다. 그러므로 우리가 인지하는 사물을 통해서 진리를 안다고 할 수 없다는 것이다.

포스트모더니즘은 진리에 대한 세 가지 관점을 가지고 있다.

진리는 환상이다

포스트모더니즘은 '진리'를 실제로 존재하는 것이 아니라, 사람들이 만들어 낸 환상이라고 생각한다.[145] (예: "진리는 사람들이 만든 이야기일 뿐이야.")

진리는 사람마다 다르다

사실이나 진리는 누구에게나 똑같이 주어지는 것이 아니라, 각 사람이 자기 생각과 경험에 따라 만들어 낸다고 본다. 따라서 '완전히 객관적인 관점'은 없다고 한다.[146] (예: "네 진리와 내 진리는 다를 수 있어.")

진리는 해석이다

진리는 세상 어딘가에 숨겨져 있어서 발견할 수 있는 것이 아니라, 우리가 만들어 내는 것이라고 주장한다. 결국 진리가 실제로 무엇인지는 절대 확실히 알 수 없다고 보며, 모든 것은 해석이라는 주장을 한다.[147] (예: "어차피 우리는 모두 자기 나름대로만 이해하고 있을 뿐이야.")

포스트모더니즘은 기초 지식을 거부한다

포스트모더니즘은 '무엇을 믿는 데는 확실한 근거가 있어야 한다'는 생각을 거부한다. 원래 기초 지식이란, 다른 설명이나 추론 없이도 당연히 참이라고 알 수 있는 지식을 말한다. 하지만 포스트모던 사상은 이런 기초 지식의 존재를 인정하지 않는다.[148]

포스트모더니즘에 응답하기

우리는 무언가를 알 수 있다

무언가를 '안다'는 것은 무슨 뜻일까? 이 질문은 인식론에서 다루는 주제다. 인식론은 쉽게 말해 '지식에 대한 연구', 즉 우리가 어떻게 무언가를 알게 되는지, 그리고 그 앎이 어떻게 가능한지를 탐구하는 철학의 한 분야다. 예를 들어, "신이 존재한다는 증거가 있는가?"라는 질문이 있다. 신의 존재 여부를 아는 것이 가능한지, 또 그것을 어떻게 알 수 있는지를 묻는 것이 바로 인식론적 질문이다.

인식론은 다음과 같은 핵심 질문들을 다룬다.[149]

- 지식은 어디에서 오는가?
- 경험과 이성 중 어떤 것이 지식 형성에 더 중요한가?
- 확실한 지식과 단순한 믿음의 차이는 무엇인가?
- 지식은 오류가 전혀 없어야 하는가?
- 모든 것을 의심하는 회의주의는 가능한가?
- 새로운 생각과 관점이 나오면 우리의 지식은 어떻게 변하는가?

이 분야에서 유명한 설명이 '정당화된 참된 믿음'(JTB, Justified True Belief) 이론이다. 고대 철학자 플라톤의 《테아이테토스》까지 거슬러 올라가는 이 이론은 어떤 사람이 무언가를 '안다'고 하려면 세 가지 조건을 만족해야 한다고 말한다.

- 믿음(Belief): 그 사람이 그것을 믿어야 한다.
- 진리(Truth): 그 내용이 실제로 참이어야 한다.
- 정당화(Justification): 그 믿음을 뒷받침하는 타당한 이유나 근거가 있어야 한다.

정리하면, 지식이란 정당화된 참된 믿음이다. 예를 들어, 누군가가 "서울은 대한민국의 수도다"라고 믿고 있고(믿음), 실제로 서울이 대한민국의 수도이며(참됨), 그 사람이 지도나 공신력 있는 자료를 통해 이를 알았다고 할 때(정당화), 이 사람은 "서울은 대한민국의 수도다"를 지식으로 가지고 있다고 할 수 있다.

르네 데카르트(René Descartes)는 근대 철학에서 인식론적 정당화의 가장 초기적이고 근본적인 토대를 마련했다. "나는 생각한다. 그러므로 나는 존재한다"(Cogito ergo sum)라고 말함으로써 그는 "이를 바탕으로 의심할 수 없는 적어도 한 가지, 사악한 천재조차도 그를 속일 수 없는 것이 있음을 인식했다. 즉 자신의 존재다"라고 했다.[150]

데카르트는 지식이라는 것이 아주 확실한 몇 가지 기본 믿음에서 시작된다고 말했다. 이 기본 믿음들은 절대 의심할 수 없고 확실해서 그 위에 다른 믿음들이 세워질 수 있다. 쉽게 말하면 다음과 같다.

- 지식은 나무처럼 뿌리가 튼튼해야 한다.
- 그 뿌리 역할을 하는 믿음이 '기초적 신념'이다.
- 그리고 이 믿음들이 다른 믿음들을 지지해 주는 역할을 한다.

이 생각은 지식이 복잡하게 얽혀 있다고 보는 것이 아니라, 아주 확실한 기본 믿음이 있어서 그것을 바탕으로 나머지 지식이 세워진다고 본다. 데카르트의 토대론(foundationalism)[151]이 현실적이지 않다고 무조건 거절할 이유는 없다. 왜냐하면 우리가 무언가를 알기 위해서는 의심할 수 없는 아주 튼튼한 믿음이 꼭 필요하기 때문이다.

확실하지 않아도 지식이 될 수 있다

우리가 어떤 사실을 안다고 할 때, 꼭 100퍼센트 틀림없이 확실해야 하는 것은 아니다. 영국 철학자 사이먼 블랙번(Simon Blackburn)은 이렇게 말한다.

> 사람들은 완벽하게 확실하지 않아도 지식을 가지고 있다고 생각하며 살아간다. 우리의 믿음이 틀릴 가능성이 조금 있더라도, 그것이 실생활에서 잘 작동하고, 다른 믿음들과도 잘 맞으면 그 믿음은 정당화된 것이라고 본다. 예를 들어, 당신 앞에 의자가 있고, 눈도 잘 보이고, 불도 잘 켜져 있다. 그래서 당신은 '앞에 의자가 있다'고 믿는다. 그리고 실제로 거기 의자가 있다. 이 경우, 당신은 의자가 있다는 것을 알고 있다고 할 수 있다.[152]

왜냐하면 이 믿음은 틀렸을 가능성이 거의 없고, 주변 상황과 잘 맞기 때문이다. 지식은 절대 확실해야 하는 것이 아니라, 충분히 믿을 만한 이유와 상황이 있으면 가능하다.

우리의 믿음은 완벽하지 않아도 괜찮다

우리가 무언가를 믿을 때, 그 믿음이 완벽하지 않을 수 있다. 믿음에는 다양한 수준이 있다. 어떤 믿음은 다른 믿음보다 더 믿을 만하다는 뜻이다. 미국 철학자 로데릭 치솜(Roderick M. Chisholm)은 이렇게 설명한다.

예를 들어, 지금부터 1년 후에도 내가 살아 있을 가능성이 있다고 하자. 그리고 지금부터 6개월 후에도 내가 살아 있을 가능성이 있다고 하자. 그런데 1년 후에 살아 있을 것이라고 믿는 것보다, 6개월 후에 살아 있을 것이라고 믿는 게 더 합리적이다.[153]

이 말은 어떤 믿음을 선택할 때, '더 가능성이 높은 쪽을 믿는 게 더 합리적이다'라는 뜻이다. 즉 믿음을 정당화할 때 절대적 확실성을 요구하는 대신, '이 믿음이 다른 믿음보다 더 타당하다'고 판단하는 것이 현실적이고 합리적이라는 것이다.

관점은 지식을 약화시키지 않는다

포스트모더니즘은 "우리는 각자 다른 개인적인 시각을 가지고 있어서, 진짜 사실(참된 지식)을 제대로 알 수 없다"고 주장한다. 즉 아무런 편견이나 관점 없이 봐야만 진짜 사실을 알 수 있다고 말한다. 하지만 이것은 사실이 아니다. 예를 들어, 누군가가 "밖에 비가 오는지 절대 확실히 알 수 없다"고 말할 수 있지만, 내가 창문 밖으로 빗방울이 떨어지는 것을 직접 보면, 나는 분명히 비가 온다는 것을 알고 있는 것이다. 물론 내가 보는 시야나 위치가 제한적일 수 있지만, 그 사실이 내가 '비가 온다'는 것을 알고 있다는 사실을 부정하지는 못한다.

즉 우리는 직접적으로 외부 세계에 대한 지식을 가질 수 있다. 그리고 '관점주의'라는 생각도 사실, 현실 세계를 있는 그대로 알 수 있다는 '사실주의'와 우리가 객관적으로 진리를 알 수 있다는 '인식론적 객관성'과 충돌하지 않는다.

지각 경험은 믿음의 기초를 제공한다

지각이란 눈, 귀, 코 같은 감각을 통해 세상을 느끼고 아는 것을 말한다. 콘텐츠에 대한 내재된 인식은 우리의 경험과 깊이 연결되어 있어, 가장 기본적인 신념에서 분리될 수 없는 요소다.[154] 우리가 아는 많은 기본적인 것들, 예를 들어 '내 앞에 책상이 있다' 같은 믿음들은 바로 이런 지각 경험에서 시작된다. 철학에서 말하는 기초주의(Foundationalism)는 이런 기본적인 믿음들이 다른 믿음들의 바탕이 된다고 본다.

포스트모더니즘은 "만약 경험을 믿지 않는다면, 어떻게 기본 믿음을 정당화할 수 있느냐?"라고 질문한다. 하지만 기본적인 믿음은 우리의 경험에 근거해서 정당화된다. 쉽게 말해, 우리가 감각으로 직접 느끼는 것들은 의심할 만한 특별한 이유가 없으면 믿어도 괜찮다는 뜻이다. 즉 우리의 지각 경험은 가장 기본적인 믿음들을 형성하며, 이 믿음들이 우리 지식의 토대를 이룬다는 것이다.

질문과 묵상

1. 나는 언제 '진리는 상대적인 것'이라고 생각하거나 말한 적이 있는가? 그 생각은 어디서 왔는가? 이런 말을 할 때, 나는 무언가를 피하고 있었는가, 혹은 진리를 말하는 것이 두려웠는가?

2. 내가 믿고 따르는 복음은 내 감정이나 경험에 따라 바뀔 수 있는 것인가, 아니면 어떤 상황에도 변하지 않는 절대적인 진리인가?

3. "이것은 그냥 나의 관점일 뿐이야"라고 말하며 피하거나 무시했던 진리가 있었는가? 죄, 회개, 구원의 유일성, 지옥의 존재 같은 주제들을 말할 때 불편함 때문에 입을 닫지는 않았는가?

4. 나는 언제 '확실한 증거가 없어서 믿기 어렵다'는 생각에 빠졌는가? 그 순간 붙잡았던 것은 무엇이었는가? 그런 경험 속에서 내 감각과 이성만을 신뢰했는가, 아니면 말씀의 약속을 믿었는가?

5. 복음을 전할 때, "네 생각일 뿐이잖아"라고 반응하는 사람에게 어떻게 대답하고 있는가? 나는 그 사람의 관점을 존중하고 대화를 끝내는가, 아니면 그가 하나님의 진리를 인식할 수 있도록 사랑과 지혜로 도전하는가?

Chapter 12 | 자연주의를 신뢰할 수 있는가?

오늘날 많은 사람들은 과학이 모든 것을 설명할 수 있다고 믿는다. 과학으로 설명되지 않는 세계는 없는 것일까? 이 장에서는 '자연주의'라는 세계관이 정말 신뢰할 수 있는지를 검토할 것이다.

자연주의란 무엇인가?

자연주의는 궁극적인 현실은 질량, 에너지, 분자로만 이루어져 있고 다른 요소는 전혀 없다고 가정한다. 따라서 영혼, 도덕, 정신, 신과 같은 비물질적인 존재는 존재하지 않는다고 주장한다. 물리학자 스티븐 바(Stephen Barr)는 "자연주의란 물질 외에는 아무것도 존재하지 않으며, 따라서 세상의 모든 것은 엄격한 수학 법칙과 맹목적인 우연의 결과임을 확신하는 견해"라고 단정한다.[155] 앨빈 플란팅가(Alvin Carl Plantinga)는 자연주의에 대해서 다음과 같이 설명한다.

자연주의는 과학적 조사가 세상 지식을 얻는 주요(또는 유일한) 수단이 된다고 주장한다. 신은 없으며 죽음 이후의 삶을 희망하는 것은 의미가 없다는 무신론적 세계관을 지향한다.[156]

자연주의의 근간은 과학과 과학주의라고 할 수 있는데, 먼저 과학이 무엇인지 알아보자.

과학이란 무엇인가?

- 정의 1: 과학은 증거에 기반한 체계적인 방법론을 따라 자연과 사회 세계에 대한 지식과 이해를 추구하고 적용하는 것이다.[157]
- 정의 2: 과학, 물리적 세계와 그 현상에 관심이 있고 편견 없는 관찰과 체계적인 실험을 수반하는 모든 지식 체계. 대체로 과학은 일반적인 진실이나 기본 법칙의 작동을 포괄하는 지식을 추구하는 것을 포함한다.[158]

과학주의는 무엇인가?

과학주의(Scientism)는 오직 과학적 지식만이 타당하며, 과학이 모든 것을 설명하고 수행할 수 있고, 다른 것은 아무것도 설명하거나 수행할 수 없다는 견해다. 이것은 '과학적'이라는 말과 '합리적'이라는 말이 서로 확장적으로 동일하다는 믿음이다.[159] 과학주의는 과학만이 지식을 확보하는 데 유일하게 신뢰할 수 있는 방법이라는 확신 혹은 믿음이다. 즉 과학이 세상을 묘사하는 방식이 근본적으로 정확하다

는 확신이다.[160]

과학주의 주장의 예

- 신은 존재하지 않는다.
- 현실의 본질은 물리학이 우리에게 알려 주는 그대로다.
- 우주에는 목적이 없다.
- 인생은 의미가 없다.
- 영혼은 존재하지 않는다(실체 이원론은 거짓이다).
- 자유의지는 환상이다.
- 죽음 이후의 삶은 없다.
- 옳고 그름 사이에는 도덕적 차이가 없다.
- 임신 중절, 안락사, 자살, 세금 납부, 외국 원조 등에 관해서는 무엇이든 허용된다. 도덕적 의무도, 도덕적 허락도, 도덕적 금지도 없다.
- 신념은 존재하지 않는다.

여기서 우리는 과학과 과학주의의 차이점을 발견한다. 과학은 귀납적인 방법론[161]이기 때문에 신의 존재나 역사상의 인물이나 사건에 관한 질문을 증명하거나 반증하는 데는 부적절하다. 과학은 이러한 영역에 대해서 중립적이다. 이에 비해서 과학주의는 방법론을 더 확대하여 신의 존재나 영적인 세계를 부정하는 신앙의 한 형태라고 볼 수 있다. 과학주의는 자연주의적 무신론(naturalistic atheism)의 한 종류라고 볼 수 있다.

자연주의와 과학은 같지 않다

그리스도인 과학자 중에서 우주를 신이 창조했다고 주장하는 이들이 많이 있다. 모든 과학자가 자연주의를 따르는 것이 아니다. 과학은 본질적으로 기독교에 반대하지 않는다. 과학은 창조의 경이로움을 설명하고, 우주의 질서를 보여 주고, 성경에서 발견되는 진리를 입증함으로써 기독교에 큰 도움이 된다.

따라서 우리는 과학과 과학주의를 동일한 것으로 보아서는 안 된다. 우리는 과학을 자연주의와 혼동해 왔다. 그 결과, 많은 그리스도인들이 불필요하게 과학을 기독교 신앙에 적대적이라고 여겼다. 과학이 반드시 기독교에 적대적인 것은 아니다.

과학적 증명

과학적 증명은 사건을 반복함으로써 어떤 것이 사실임을 보여 주는 데 기초한다. 이는 관찰이 가능하고, 데이터가 도출되고, 가설이 경험적으로 검증될 수 있는 통제된 환경에서 수행된다.[162]

과학으로 모든 것을 증명할 수 있는가? '어젯밤에 텔레비전을 봤다'는 것과 '오늘 점심을 먹었다'는 것을 과학적으로 증명할 수 있는가? 통제된 상황에서 이러한 사건을 반복할 수 있는 방법이 없기 때문에 이를 증명할 수 없다. 과학적 방법으로는 '조지 워싱턴이 살았다', '마틴 루터 킹 목사는 시민권 운동가였다', '예수는 죽음에서 부활했다' 등의 역사적 사건을 증명할 수 없다.[163]

법사적 증명(Legal-historical proof)

또 다른 증명 방법인 법적-역사적 증명은 합리적인 의심을 넘어선 사실임을 보여 주는 데 기반을 둔다. 우리는 증거의 중요성에 대해 평결을 내릴 수 있다. 법사적 증명은 구두 증언, 서면 증언, 증거 자료 등 세 가지 증언에 달려 있다.[164]

법적-역사적 증명을 사용하면 '당신이 오늘 점심을 먹었다'는 사실을 합리적 의심 없이 증명할 수 있다. 당신의 친구들이 당신을 레스토랑에서 보았고, 웨이터는 당신을 본 것을 기억하며, 당신은 레스토랑 영수증을 가지고 있다. 예수님이 죽음에서 부활하셨다는 것은 법사적 방법을 사용하여 증명할 수 있다.[165]

과학이 아닌 것은 무엇인가?

비과학은 인간 지식의 다른 영역이다. 여기에는 종교, 윤리적 신념, 도덕적 교훈, 철학적 이상이 포함된다. 이러한 종류의 지식은 세상 질문에 답을 주지만, 과학적인 답변과는 다르다. 이는 귀납적 추론이나 실험을 통해서가 아니라, 추상적이고 철학적인 분석을 통해서만 얻을 수 있다.

자연주의는 사실과 일치하는가?

자연주의(Naturalism)를 함축적으로 설명한다면 '생명체를 포함한 세상에 존재하는 모든 것은 궁극적으로 질량(mass), 에너지(energy), 분자(molecule) 그 이상의 것이 아니다'라고 할 수 있다.

자연주의는 도덕적 가치를 설명할 수 없다

"만약 자연주의가 진리 혹은 사실이라면 도덕적 가치는 어디에서 오는가?"라는 질문이 있을 수 있다. "신이 없다면 모든 것이 허용된다"라고 도스토옙스키는 말했다. 신이 없다면 각자가 옳다고 생각하는 것을 하지 않을 이유가 없다. 모든 것이 허용될 수 있다는 말이다.

그러나 모든 문화권에는 공통적인 도덕적 가치가 있다. 예를 들어, 어떤 문화권도 아동 학대를 용납하지 않는다. 많은 사람들은 특정 행동이 객관적으로 잘못된 일이라는 깊고 직관적인 감각을 가지고 있다(예: 무고한 사람을 고문하는 것, 노예 제도, 집단 학살 등). 도덕적 가치는 단순히 사회적 또는 개인적인 의견이 아니라 시간, 장소, 문화적 맥락에 관계없이 보편적으로 구속력이 있는 것으로 인식된다.

왜 그럴까? 하나님이 인간의 마음에 도덕적 가치를 만드셨기 때문에 모든 문화권은 도덕적 가치를 가지고 있는 것이다. 이런 관점에서 자연주의는 도덕적 가치가 모든 문화에 보편적으로 실재한다는 사실을 효과적으로 설명하지 못하는 한계를 보인다. 자연주의는 인간의 도덕적 가치가 어디서 나오는지, 인간의 마음속에 선험적으로 내재하고 있는 도덕성의 현실을 설명할 수 없다.

분자(molecule)에 불과한 인간이 어떻게 도덕성을 가질 수 있는가? 자연주의는 진리의 대응 이론에 부합(conform)하지 않는다. 그러므로 자연주의는 우리가 믿고 의지할 수 있는 진리가 아니다.

진화론은 진리인가?

자연주의적 진화의 기반 이론인 단세포에서 다세포로의 진화 이론은 사실에 부합한가? 진화 이론은 다음의 가정 위에 세워진다.

만약 시간을 무한대로 허용한다면, 단세포 유기체에서 수많은 무작위 과정(spontaneous generation)을 거쳐 다세포 유기체가 생성될 것이다. 이 과정이 방대한 시간(무한대)에 걸쳐 반복된다면, 결국 더 복잡한 유기체가 형성되며 이것이 반복될 때 궁극적으로 인간과 같은 복잡한 존재가 생성될 것이다.[166]

그러나 무한(infinity)은 불가능하다. 만약 당신의 명제가 무한에 의존한다면, 그것은 현실이 될 수 없다. 왜냐하면 무한은 현실 세계에서 실현 불가능하기 때문이다. 예를 들어 보겠다. 당신은 결코 현재에서 무한에 도달할 수 없다. 만약 무한한 계단을 올라간다면, 항상 올라야 할 하나의 계단이 더 있기 때문이다.

반대로, 음(陰)의 무한도 없다. 만약 당신이 현재에 도달해 있다면, 이것은 유한(有限)한 과거가 있었음을 의미한다. 무한한 과거(음의 무한)가 있었다면 항상 올라가야 할 하나의 계단이 더 있기 때문에 당신은 현재에 도달할 수 없다.

나는 스무 살까지 자연주의자(naturalist)였다. 그러나 대학에 들어가면서 진화 이론의 타당성(plausibility)을 의심하기 시작했다. 앞서 기술한 내용을 바탕으로 자연주의적 진화 이론이 현실(reality)과 일치하지 않을 뿐 아니라 사실이 될 수도 없다는 것을 깨달았다. 진화 이론의 가정(hypothesis)은 현실과 부합하지 않기 때문에 나의 인생을 이 가정에 베팅한다는 것은 큰 도박이라는 생각이 들었다. 더 이상 자연주의를 신뢰할 수 없었다. 그런 다음 스스로에게 물었다.

"나는 흔들리는 기초를 가진 자연주의에 기반하여 내 삶을 쌓아야 할까? 자연주의를 신뢰할 수 없다면, 어떤 대안이 있을까? 신뢰할 수 있고 바위처럼 견고한 궁극적 진리가 있을까? 진리가 있다면 나는 이 진리에 나의 모든 것을 걸겠다."

자연 발생(Spontaneous Generation)

자연주의적 세계관의 주요 원리(tenet) 중 하나는 자발적 생성 혹은 자연 발생의 개념이다. 즉 지적 설계와는 반대로, 생명이 무생물에서 자연스럽게 발생할 수 있다는 이론이다. 자연 발생의 개념에 따르면, 분자가 오랜 시간 방치되면 분자의 상호작용과 충돌로 생물이 생겨날 가능성이 있다. 이 과정을 아주 오랜 시간 반복한다면 더 낮은 형태(lower form)의 생물에서 더 고등 형태(higher form)의 생물이 생성된다는 것이다.

단세포 생물에서 다세포 생물로 진화가 가능하려면 아주 긴 시간이 필요하며, 그 시간에 우연히 세포가 충돌하여 돌연변이의 다세포 생물이 생성된다는 것이 진화론의 가설(presupposition)이다. 이런 현상이 무한대에 가까운 오랜 시간 동안 반복되면 인간과 같은 복잡한 생물로 진화될 수 있다는 것이다. 한 생물이 다음 단계로 진화하려면, 그전 단계보다 조금 더 복잡한 생물이 우연히 생겨나야 한다. 이때마다 그럴 가능성(P)은 아주 작다. 이 작은 확률들이 계속 곱해져야 하는데, 수학적으로 다음과 같이 표현된다.

$$P(\text{전체 진화}) = P(\text{단계 1}) \times P(\text{단계 2}) \times \cdots \times P(\text{단계 n})$$

여기서 단계가 많아질수록(즉 진화의 과정이 길어질수록) 곱해지는 값은 계속 작아져서 거의 0(영)에 가까워진다. 이것은 마치 동전을 수천 번 던져서 매번 앞면만 나올 확률과 비슷하다. 시간이 무한히 많다고 해도, 그 확률이 1(반드시 일어남)이 되지 않는다. 즉 단세포 생물이 인간처럼 복잡한 존재로 바뀌는 데 필요한 확률적 조건은 거의 불가능에 가깝다. 모든 진화 단계를 거치며 우연히 정확한 돌연변이가 일어나야 하는데, 이는 현실에서는 기대하기 어려운 시나리오다. 따라서 아무리 많은 시간이 주어져도, 이런 복잡한 생명체가 저절로 생겼다고 보기엔 확률적으로 굉장히 무리가 있다.

진화론은 '오랜 시간만 있으면 우연히 복잡한 생명체가 생겨날 수 있다'는 생각을 전제로 한다. 그런데 사실은 반대다. 시간이 길어지고 과정(단계)이 많아질수록, 필요한 우연이 겹겹이 쌓여야 하기 때문에 확률은 점점 낮아진다. 결국 그 가능성은 0에 가까워진다. 즉 진화론이 믿고 있는 '무한한 시간'이라는 전제가 오히려 진화론을 불가능하게 만드는 이유가 된다.

자연 발생을 뒷받침할 만한 증거가 있는가?

예를 들어, 폐차장 자석으로 자동차 부품을 모아 우연히 자동차를 만들 수 있는 확률이 얼마나 될까? 이것은 불가능하다. 몇만 개의 자동차 부품이 설계자 없이 우연히 저절로 자동차를 만들어 낼 수는 없다. 설계자 없이 우연히 우주가 창조될 확률은 얼마나 될까? 우주를 구성하는 요소는 자동차의 부품 숫자와는 비교가 안 되게 많다. 우연히 자연발생적으로 우주가 만들어질 가능성은 전혀 없다.

방사성 연대 측정법을 신뢰할 수 있는가?

방사성 연대 측정법은 다양한 지질학적, 고고학적 샘플의 연대를 평가하는 기술로 사용된다. 이 방법은 진화와 자연선택의 개념에 기초하며, 특정 사건이 발생한 시대나 특정 유기체가 번성했던 시대를 추정할 수 있게 해 준다. 암석과 화석에서 발견되는 방사성 동위 원소의 붕괴율을 측정하여 연대를 산출하는 방법으로, 자연주의적인 시간 틀을 설정하는 데 필수적인 역할을 한다.

방사성 연대 측정 기술과 신뢰성

핵심 질문은 방사성 연대 측정법을 신뢰할 수 있는지 여부다. 그렇지 않다면 자연주의의 원칙 자체에 상당한 의구심을 던질 수 있다.

방사성 연대 측정은 방사성 붕괴 원리를 이용해 암석이나 화석과 같은 물질의 연대를 결정하는 데 사용되는 기술이다.[167] 과학자들은 샘플에서 모원소와 자원소의 비율을 측정함으로써 물질이 형성된 이후 경과한 시간을 계산할 수 있다.[168]

다양한 측정 방법이 있는데 여기서는 다음의 두 가지 방법과 사례를 논의해 보겠다.

- 탄소-14(^{14}C) 방사성 연대 측정
- 칼륨-아르곤 연대 측정

탄소-14(^{14}C) 방사성 연대 측정[169]과 반감기 개념[170]

탄소-14가 방사선을 붕괴하는 데 걸리는 시간은 반감기로 표현된다. 탄소-14의 반감기는 5,730년이다. 즉 5,730년 후에는 유기 물질 샘플에 원래 탄소-14 양의 절반만 남는다. 5,730년이 더 지나면(총 1만 1,460년) 탄소-14의 4분의 1만 남는다. 남은 탄소-14의 양은 유기 물질의 연대를 결정하는 데 사용된다. 반감기 10회, 즉 5만 7,300년이 지나면 남은 탄소-14의 양(<0.1%)을 감지하기가 매우 어려워진다. 따라서 5만 년보다 훨씬 오래된 화석 연료에는 탄소-14가 전혀 남지 않는다.

RATE 프로젝트[171] (https://www.icr.org/research/rate)

이 프로젝트는 지질층에서 서로 다른 시간대를 나타내는 다른 석탄층에서 샘플을 채취했다.

- 신생대(Cenozoic Era, 6550만 년 전-현재)
- 중생대(Mesozoic Era, 2억 5200만 년 전-6550만 년 전)
- 고생대(Paleozoic Era, 5억 4200만 년 전-2억 5200만 년 전)

이 지질층에서 발견된 화석에서는 탄소-14가 검출되지 않아야 한다(5만 7천 년 이상 된 화석에서는 탄소-14가 거의 붕괴되며, 약 10만 년 후에는 화석에서 완전히 사라져야 한다). 그러나 세 가지 '시기'(신생대, 중생대, 고생대)의 석탄층에서 발견된 화석 샘플은 모두 상당량의 탄소-14를 나타냈다.

세 시기의 모든 층에 대한 평균 탄소-14 추정 연대는 불과 약 5만 년에 불과했다. 이 말은 지질학자들이 가정하고 있는 신생대, 중생대, 고생대의 시기가 1천 배에서 1만 배까지 부풀려 있음을 보여 준다. 이런 결과로 우리는 두 가지 큰 질문을 던질 수 있다.

- 지질학적 시대 구분이 잘못된 것인가? 수억 년 전이라고 믿어 온 고생대나 중생대 지층들이 실제로는 훨씬 최근일 가능성이 있다.
- 탄소-14 연대 측정은 믿을 수 있는가? 반대로, 이런 결과가 나온 것은 탄소-14 연대 측정법 자체가 오염이나 기타 이유로 인해 잘못된 값을 제공했을 수도 있다.

어느 쪽이든, 이 결과는 자연주의적 진화 이론이 가정하는 연대 체계에 심각한 의문을 던진다. 그리고 방사성 동위 원소 연대 측정법의 전제와 해석 방식에 대해 더 깊은 검토가 필요함을 시사한다.

칼륨-아르곤 연대 측정[172]

칼륨-아르곤(K-Ar) 연대 측정은 칼륨 붕괴를 통해 형성되는 안정된 가스인 아르곤-40(^{40}Ar)에 대한 방사성 칼륨-40(^{40}K)의 비율을 측정하여 암석의 연대를 결정하는 데 사용되는 방법이다.[173] 이 기술은

수천 년에서 수십억 년 전의 화산암과 고대 지질학적 사건의 연대를 측정하는 데 특히 유용하다.[174]

용암이 식으면 모든 아르곤 가스를 방출하여 '아르곤 시계'를 재설정한다. 시간이 지남에 따라 ^{40}K이 붕괴되면서 ^{40}Ar이 암석 내에 축적된다. 과학자들은 ^{40}K과 ^{40}Ar의 양을 측정하여 알려진 붕괴율을 사용하여 암석의 연대를 계산한다.[175]

칼륨-40은 반감기가 12억 5천만 년으로 매우 길어 지구에서 가장 오래된 화산암이나 현무암의 연대 측정에 사용된다.[176]

세인트헬렌스 용암

1986년 세인트헬렌스산(Mount St. Helens) 화산 폭발 이후에 칼륨-아르곤 붕괴 모델을 기반으로 생성된 암석의 나이를 측정했다. 결과는 35만 년 전으로 추정되었다.[177] 이에 대해서 한 그룹의 과학자들은 1986년 또는 그 직후에 분출된 용암이 암석으로 굳은 것이 분명한데, 측정 결과가 35만 년이라고 나온다면, 이는 측정 방법 자체가 부정확하다는 증거라고 주장한다. 이에 대해 또 다른 그룹의 과학자들은 K-Ar 방법은 측정 초기에 아르곤이 없어야 한다는 전제 조건 아래 성립된다고 주장한다. 다시 말해서 K-Ar 방법은 암석이 형성될 때 아르곤이 모두 빠져나갔다고 가정한다.

반론 측은 이 가정을 증명할 수 없으므로, 측정 결과 전체를 신뢰할 수 없다고 주장한다. 즉 보정되지 않은 전제 위에 수치적 결과를 세우는 것은 과학적으로 불완전하다는 입장이다.

다음은 앤드류 A. 스넬링(Andrew A. Snelling) 박사의 논문 "과잉 아르

곤: 칼륨-아르곤 및 아르곤-아르곤 연대 측정의 '아킬레스건'(1999년 1월, *Acts & Facts* 28[1])"의 주요 내용을 요약한 것이다.

핵심주장

K-Ar 연대 측정법은 암석이 형성될 때 방사성 아르곤(^{40}Ar)이 존재하지 않았다는 가정에 기반한다. 그러나 여러 연구에서 최근의 화산암에서도 과잉 아르곤이 발견되어, 이 가정이 항상 성립하지 않음을 보여 준다.

주요사례

- 하와이 후알랄라이산 현무암(1800-1801년 분출): 1.6±0.16 Ma[178] 및 1.41±0.08 Ma로 측정
- 시칠리아 에트나산 현무암(주전 122년 분출): 0.25±0.08 Ma로 측정
- 캘리포니아 라센산 플라기오클레이스(1915년 분출): 0.11±0.03 Ma로 측정
- 뉴질랜드 웅가우루호에산 안산암(1954년 분출): 최대 3.5±0.2 Ma로 측정

과잉아르곤의 원인

과잉 아르곤은 마그마가 지각으로 상승할 때 맨틀에서 유입된 것으로 보인다. 이 아르곤은 광물 내의 미세한 결함이나 유체 포획물에 갇혀 방출되지 않고 남아 있을 수 있다.

결론

과잉 아르곤의 존재는 K-Ar 연대 측정법의 신뢰성을 저하시킬 수 있다. 따라서 이러한 연대 측정 결과는 보조적인 증거로만 사용되어야 하며, 다른 독립적인 연대 측정 방법과 함께 검토되어야 한다.

역사적으로 정확한 분출 시점이 기록된 세인트헬렌스산에서 연대 측정법이 오류를 보인다면, 이는 곧 측정 연대가 불확실한 고대 암석의 연대 측정 결과도 믿을 수 없다는 결론으로 이어진다. 이외에도 유사한 오류가 여러 번 반복되었음을 지적한다(예: 하와이의 마우나 로아산[Mauna Loa], 응가우루호에산[Mount Ngauruhoe] 등에서도 방금 형성된 용암이 수십만-수백만 년으로 측정되었다는 실험 결과들을 제시한다). 이런 반복 사례는 우연이나 예외로 치부할 수 없다.

뉴질랜드 응가우루호에산 용암

1949년과 1975년 사이에 뉴질랜드의 응가우루호에 화산에서 형성된 암석의 연대는 K-Ar 방식으로 27만 년에서 350만 년 사이로 추정되었다.[179] 세인트헬렌스산의 사례와 유사하게, 실제 용암의 나이(수년-수십 년)와 K-Ar 방식으로 추정된 연대 사이에 현저한 차이가 발견되면서 이 방식의 신뢰도에 대한 의문이 제기되었다.

진잔트로푸스 보이세이 화석

1959년 루이스 리키(Louis Leakey)와 메리 리키(Mary Leakey) 부부는 아프리카 탄자니아의 올두바이 협곡(Olduvai Gorge)에서 인류학적으로 중요한 화석을 발견했다. 이 화석은 진잔트로푸스 보이세이(Zinjanthropus boisei)라고 불렸으나, 이후에는 파란트로푸스 보이세이(Paranthropus boisei)로 재분류되었다. 이 화석은 초기 인류의 조상 중 하나로 간주되며, 주로 강한 턱과 두꺼운 치아를 특징으로 하는 종이다. 이 발견은 동아프리카를 '인류의 요람'으로 규정하는 데 중요한 역할을 했고, 현대 인류학의 역사에서 중대한 전환점이 되었다.[180]

화석의 지층 연대를 측정하기 위해, 리키는 캘리포니아대학교 버클리 지질학자 가니스 커티스(Garniss Curtis)와 잭 에버든(Jack Evernden)에게 연대 측정을 의뢰했다. 이들은 K-Ar 연대 측정법을 사용했고, 그 결과 약 175만 년이라는 연대가 제시되었다. 당시 이 결과는 진화론적 시간표와 잘 맞아떨어졌기 때문에 학계는 이를 수용했고, 이 연대는 수십 년 동안 교과서적 사실처럼 받아들여졌다.[181]

그러나 후에 리처드 테일러(Richard L. Taylor)는 같은 화석 샘플 혹은 동일 지층에서 발견된 유기물 잔류물을 대상으로 탄소-14(C-14) 연대 측정을 실시했다. 그의 보고에 따르면, 이 지역의 연대는 약 1만 100년으로 추정된다고 한다.[182]

이 사건의 핵심은 두 연대 측정 결과가 극단적으로 달랐다는 점이다. K-Ar 방식은 약 175만 년, C-14 방식은 약 1만 년으로, 약 175배 차이를 보였다. 이는 한쪽 혹은 양쪽 모두에 심각한 오차나 가정의 오류가 있음을 시사한다.

K-Ar 방식은 암석 내 방사성 칼륨이 아르곤으로 변하는 속도를 이용하며, 초기 아르곤이 전혀 없었다는 가정에 의존한다. 이 가정이 틀리면 실제보다 오래된 연대가 나올 수 있다. 반면 C-14 방식은 유

기물의 방사성 탄소 붕괴를 이용하며, 약 5만 년 이하에서만 신뢰할 수 있다. 차이의 원인으로는 K-Ar 측정 시 초기 아르곤 존재나 외부 유입, C-14 측정 시 샘플 오염 등이 가능하다. 이 사례는 진화론적 시간표와 방사성 연대 측정법 자체의 신뢰성에 근본적 의문을 제기하며, 연대 측정 결과가 곧 절대적 과학적 확정이 아님을 보여 준다.

아르곤-아르곤(Ar-Ar) 연대 측정

투르카나호수 화산

케냐의 투르카나호수 인근은 고고학적으로 매우 중요한 지역으로, 고대 인류 화석과 관련된 다양한 지층이 발견된 곳이다. 이 화산재 층의 연대를 결정하기 위해 세 개의 국제적 연구 기관이 Ar-Ar 방사성 동위 원소 연대 측정법을 사용하여 각각 독립적으로 연구를 진행했다. 참여한 기관은 케임브리지 대학교(영국), 캘리포니아 대학교 버클리 캠퍼스(미국), 호주 국립대학교(ANU)다. 각 연구팀은 동일한 지역, 동일한 지질층에서 채취된 화산재 시료를 분석했다. 그러나 놀랍게도, 이 세 팀은 상당히 상이한 연대 결과를 도출했다.[183]

- 케임브리지 팀은 약 261만 년(±26만 년)의 연대 범위를 제시했다.
- 버클리 팀은 180만 년이라는 비교적 젊은 연대를 보고했다.
- 호주 국립대 팀은 187만 년이라는 중간값을 제시했으며, 최종적으로 이 수치가 공식적인 연대로 채택되었다.

리처드 밀턴은 동일한 화산재 지층에서 채취한 샘플을 세 개의 연구팀이 각각 분석했음에도 서로 다른 연대 결과가 나온 점을 지적하며, Kr-Kr 방사성 동위 원소 연대 측정법의 신뢰성에 강한 의문을 제기한다.[184]

그는 이러한 결과 차이가 측정값이 절대적이거나 확정적인 것이 아니라, 측정 조건과 해석자에 따라 달라질 수 있음을 보여 준다고 말한다. 밀턴에 따르면, 방사성 연대 측정법은 측정 전에 이미 여러 가정을 전제로 하는 계산 모델에 의존한다. 대표적으로 암석 형성 시 방사성 동위 원소가 전혀 없었다는 가정, 외부 환경(온도, 수분, 침투 물질 등)의 영향이 없었다는 가정, 지질학적 변화나 지층 이동이 없었다는 가정 등이다.

그러나 이러한 조건들이 실제로 충족되었는지를 검증할 방법은 없다. 또한 세 기관 중 어떤 팀의 결과를 '공식'으로 채택할지는 과학적 객관성의 문제가 아니라 선택의 문제다. 예를 들어, 왜 호주 팀의 결과를 '정답'으로 받아들였을까? 그것이 이미 설정된 진화론적 시간표와 조화를 이루었기 때문이라는 의혹이 제기될 수 있다. 결국 이 사례는 Ar-Ar 방사성 동위 원소 연대 측정이 대중적으로 인식되는 것처럼 절대적으로 정확하고 변함없는 과학적 방법이 아니라, 여러 불확실성과 해석의 유연성, 그리고 측정 환경에 따른 변동 가능성을 내포하고 있음을 드러낸다.

공룡 논란[185]

자연주의적 진화론은 방사성 동위 원소의 붕괴율을 기반으로 한 방사성 붕괴 모델(radiometric decay model)에 근거하여 지구와 생물의 역사를 설명한다. 이 모델에 따르면, 공룡은 지금으로부터 약 6,500만 년 전에 멸종되었다. 즉 공룡 화석은 최소 6천만 년 이상 된 것으로 간주되며, 그러한 시간 동안 생물학적 조직은 완전히 분해되어 사라졌어야 한다는 것이 학계의 일반적인 전제였다.

하지만 2005년, 이 전제에 중대한 도전이 되는 충격적인 발견이 보고되었다. 미국의 고생물학자 메리 슈바이처(Mary Schweitzer) 박사는 미국 몬태나주에서 발굴된 티라노사우루스 렉스(Tyrannosaurus rex) 화석의 대퇴골(허벅지뼈) 내부에서 부드러운 연조직(soft tissue)을 발견했다. 이 연조직에는 혈관처럼 보이는 구조물, 탄력 있는 섬유, 심지어 세포처럼 보이는 형태까지 포함되어 있었으며, 원래의 단백질이 일부 남아 있다는 증거도 있었다.

이러한 발견은 고생물학계와 진화론적 연대 해석에 커다란 파문을 일으켰다. 왜냐하면 연조직은 생물체가 죽은 이후 비교적 짧은 시간 안에 분해되며, 통상적으로 수천 년을 넘기기 어렵다는 것이 생화학적 상식이기 때문이다. 단백질이나 세포 조직이 수천만 년 동안 환경적 영향(산화, 미생물, 수분, 압력)을 받으면서도 남아 있을 가능성은 과학적으로 극히 낮다.

결국 이 발견은 기존의 연대 측정 모델, 특히 자연주의적 진화 이론을 뒷받침하는 전파 붕괴 모델의 타당성에 중대한 의문을 제기한다. 어떻게 생물학적 물질이 6,500만 년 동안 분해되지 않고 남아 있었는가? 만약 이 티라노사우루스 화석이 실제로 6천만 년 이상 된 것이 맞다면, 우리는 생물학적으로 전혀 새로운 보존 메커니즘을 가정해야 하며, 이는 현재의 과학 이론을 근본적으로 재검토해야 함을 의미한다.

반대로, 이 연조직이 남아 있을 수 있었던 현실적 설명이 "화석이 그리 오래되지 않았다"는 쪽에 무게를 실어 준다면, 우리는 기존의 연대 측정 방식, 즉 방사성 붕괴 속도를 기초로 한 지질학적 시간표 전반에 대해 신뢰를 재검토해야 한다. 이 경우, 지구의 역사나 생명의 기원에 대한 자연주의적 설명 모델이 전체적으로 흔들릴 수 있는 중대한 과학적 계기가 된다.

따라서 이 사건은 단순한 고생물학적 이슈를 넘어서, 과학적 연대 측정 방법의 신뢰성, 진화론적 시간표의 정당성, 그리고 자연주의적 세계관의 근거에 이르기까지 폭넓은 영향을 미치는 중요한 도전 과제로 떠올랐다.

요약

자연주의는 신뢰할 만한가? 이 장에서 우리는 자연주의를 신뢰할 수 없는 여러 가지 증거를 조사했다.

자연주의는 문화의 보편적 도덕성을 설명할 수 없다. 자연주의의 주장대로 우리가 단순히 질량, 에너지, 분자로만 이루어져 있는 물질이라면 도덕성과 양심 같은 비물질(immaterial)은 어디서 유래되었는가에 대한 답을 찾을 수 없다.

자연주의의 보루인 진화론에서 가정하고 있는 자발적 생성의 개념은 확률적으로 불가능해 보인다. 자연주의를 지탱하고 있는 중요한 축인 방사성 붕괴 모델과 관련한 수많은 반례(counter-example)들은 자연주의의 신뢰성을 의심하는 데 충분한 근거를 제공한다. 자연주의가 모든 것을 설명하지 못한다면, 우리는 무엇을 믿고 살아가야 할까? 기독교 세계관은 단지 신의 존재를 주장하는 것이 아니라, 도덕, 목적, 진리, 인간 존재의 궁극적 의미를 일관성 있게 설명하는 견고한 토대를 제공한다.

질문과 묵상

1 '모든 것이 물질로 이루어졌다'는 자연주의의 주장을 어떻게 생각하는가? 하나님에 대한 나의 믿음과 조화를 이룰 수 있는가?

2 과학이 설명하지 못하는 사랑, 용서, 양심, 예배, 기도의 실제 경험을 어떻게 이해하고 있는가?

3 누군가를 사랑하고, 옳고 그름을 고민하고, 고통 속에서도 의미를 찾는 것이 단순한 분자의 상호작용일 뿐이라고 할 수 있는가? 만약 그렇지 않다면, 나는 생명의 본질을 어디에서 찾고 있는가?

4 '어떤 행동은 옳고 어떤 행동은 틀렸다'는 도덕적 확신은 어디에서 왔는가? 그 도덕 기준은 내 양심 안에 자연스럽게 생겨난 것인가, 아니면 하나님이 심어 주신 것인가?

5 방사성 연대 측정법처럼 '오래된 연대'에 대한 과학적 설명을 무비판적으로 받아들이고 있는가? 세상에서 말하는 수백만 년의 지구 연대나 공룡의 시기에 대해 틀릴 수도 있다는 생각을 해 본 적이 있는가? 과학이 아닌 다른 방식(예를 들면, 하나님의 말씀)으로 우주의 나이나 인간의 기원을 해석할 준비가 되어 있는가?

6   지금 내 인생을 어떤 '진리' 위에 세우고 있는가? "나는 왜 존재하는가?", "죽은 뒤에는 어떻게 되는가?", "무엇이 옳은 삶인가?"라는 질문에 대한 답을 어디에서 얻고 있는가? 내가 붙들고 있는 그 진리는 시험, 의심, 고난 속에서도 흔들리지 않을 만큼 견고한가?

에필로그

　이 책을 집필하며 저 자신에게 먼저 던졌던 질문은 "과연 기독교는 진리인가?"라는 근본적인 물음이었습니다. 이 물음 앞에서 저는 깊이 고민하며 수많은 자료를 연구하고, 기도하는 마음으로 스스로의 신앙을 다시 정리하게 되었습니다.

　특히 저는 변증이란 어느 날 갑자기 등장한 것이 아니라, 초대교회 시대부터 교부들과 그리스도의 제자들이 직면한 다양한 도전과 오류에 맞서 진리를 변호하고 설득력 있는 논증을 펼쳐 온 지속적이고 역사적인 여정임을 깨달았습니다. 그들은 단지 지적인 싸움을 벌인 것이 아니라, 시대에 맞는 언어로 자신들에게 맡겨진 복음의 핵심을 지켜 내고, 사람들의 마음을 향해 그리스도를 증언한 영적 전사들이었습니다.

　그 여정 속에서 만난 수많은 변증가들의 삶을 돌아보며, 제가 다시금 마음을 빼앗긴 분은 바로 그들이 사랑하고 경배했던 예수 그리스도였습니다. 그분의 삶은 너무나 아름답고 숭고하며 진실했습니다. "어떻게 한 사람이 이토록 완전한 삶을 살 수 있었을까?" 이 질문 앞에서 저는 다시금 그분이 바로 하나님이시며, 오직 그분을 믿고 따를 때에만 참된 구원이 주어진다는 진리를 깊이 확신하게 되었습니다.

그리고 단지 그 진리를 믿는 데 그치지 않고, 실제 삶으로 살아 내야 한다는 다짐을 다시 하게 되었습니다. 진리를 안다는 것의 궁극적인 완성은 그것을 삶으로 드러내는 데 있습니다. 이것이 바로 예수님이 팔복과 산상수훈을 통해 보여 주셨으며, 그분 자신이 짧은 생애 속에서 친히 실천하신 삶입니다.

말씀이 육신이 되어 우리 가운데 거하시매 우리가 그의 영광을 보니 아버지의 독생자의 영광이요 은혜와 진리가 충만하더라 요 1:14

'변증의 삶'은 예수 그리스도를 따르는 삶 속에서 이루어집니다. 그분의 생각이 우리의 생각을 지배하고, 그분의 겸손과 섬김이 우리의 관계 속에 자연스럽고도 기쁘게 드러날 때, 우리는 비로소 진리를 말하는 것을 넘어서 진리를 살아 내는 삶, 곧 변증의 삶을 살고 있다고 말할 수 있습니다. 이 진리를 살아 내는 삶은 은혜가 충만한 삶입니다.

저 역시 제 삶의 마지막 순간까지, 그리스도의 진리를 은혜의 삶으로 살아 내는 데 헌신하고 싶습니다. 이 책을 끝까지 읽어 주신 모든 독자 여러분께 깊은 감사를 드리며, 주 예수 그리스도의 은혜와 평강이 여러분의 삶에 충만히 임하길 진심으로 기도합니다.

주

Chapter 1. 진리가 무엇인가?

1 "Postmodernism." *Oxford English Dictionary*.
2 Tarnas, Richard. *The Passion of the Western Mind: Understanding the Ideas That Have Shaped Our World View*. Ballantine Books. 1993. p. 395.
3 *Hebrew4Christians*. "Emet." (https://hebrew4christians.com/Glossary/Word_of_the_Week/Archieved/Emet.html). Accessed 29 Sept. 2025.
4 Kelly, Stewart E. *Truth Considered and Applied: Examining Postmodernism, History, and Christian Faith*. B&H Publishing Group, 2011, pp. 262-67.
5 Ibid, p. 265.
6 McDowell, Josh, and Sean McDowell. *Evidence That Demands a Verdict*. Thomas Nelson, 2017, p. 611.
7 Aquinas, Thomas. *Summa Theologiae*, I, q. 2, art. 2. (URL: https://www.newadvent.org/summa/1002.htm). Accessed 29 Sept. 2025.
8 Geisler, Norman L., and Ronald M. Brooks. *When Skeptics Ask: A Handbook on Christian Evidences*. Victor Books, 1990, p. 270. (note: no change)
9 Geisler, Norman L. *Thomas Aquinas: An Evangelical Appraisal*. Bastion Books, 2013, p. 198.

Chapter 2. 변증의 빅 픽처

10 Boa, Kenneth D., and Robert M. Bowman Jr. *Faith Has Its Reasons: Integrative Approaches to Defending the Christian Faith*. 2nd ed. InterVarsity Press, 2012, pp. 5-6.
11 Ibid. pp. 1-4.
12 Ibid.
13 Ibid. p. 4.
14 Keller, Timothy. *The Reason for God: Belief in an Age of Skepticism*. Dutton, 2008, pp. 3, 23, 41, 59, 75, 91, 103.
15 McDowell, Josh, and Sean McDowell. *Evidence That Demands a Verdict*. Thomas Nelson, 2017, Intro.-IV.

Chapter 3. 변증의 어원과 성경적 기초

16 Boa, Kenneth D., and Robert M. Bowman Jr. *Faith Has Its Reasons*. 2nd ed. InterVarsity Press, 2012, p. 1.
17 Ibid.
18 Ibid.
19 Bauer, Walter, et al. *A Greek-English Lexicon of the New Testament and Other Early Christian Literature*. 3rd ed., U of Chicago, p, 2000.

Chapter 4. 초대교회부터 이어온 변증의 역사

20 이 장은 조슈아 채트로우(Joshua D. Chatraw)와 마크 알렌(Mark D. Allen)의 도움을 받아 변증의 역사에 대한 아웃라인을 기본으로 요약하고 다른 필요한 부분은 보강했다. Chatraw, Joshua D., and Mark D. Allen. *Apologetics At the Cross: An Introduction for Christian Witnesses*. Zondervan. 2018.

21 Harnack, Adolf von. *Marcion: The Gospel of the Alien God*. Translated by John E. Steely and Lyle D. Bierma, Labyrinth Press, 1990, pp. 25-30, 45-50, 87-92.

22 Tertullian. *Apology and De Spectaculis*. Translated by T. R. Glover, Harvard UP, 1931, pp. 2-3, 10-13, 38-39, 50-55, 95-97, 132-133.

23 Augustine. "Sermon 76.1-2." *Nicene and Post-Nicene Fathers, First Series*, vol. 6, edited by Philip Schaff, translated by R. G. MacMullen, Eerdmans, 1956, p. 481.

24 Grudem, Wayne. *Systematic Theology: An Introduction to Biblical Doctrine*. Zondervan, 1994, pp. 550-553.

25 Justin Martyr. *Dialogue with Trypho and First Apology/Second Apology*, in *The Ante-Nicene Fathers*, Vol. 1, edited by Alexander Roberts and James Donaldson, Eerdmans, 1977, pp. 194-270.

26 Ibid., pp. 159-87.

27 Ibid., pp. 190-97.

28 Clement of Alexandria. *The Stromata, Books One to Three*. Translated by John Ferguson, Fathers of the Church, vol. 85, Catholic U of America P, 1982, Book 1. Ch. 5 Sec. 28, pp. 1-3, 72-73.

29 Habermas, Gary R., and Michael R. Licona. *The Case for the Resurrection of Jesus*. Kregel Publications, 2004, pp. 56-59.

30 Damascus, John of. "On Heresies." *Writings*, translated by Frederic H. Chase Jr., Catholic University of America Press, 1958, pp. 60-153. The Fathers of the Church, vol. 37.

31 Sahas, Daniel J. *John of Damascus on Islam: The "Heresy of the Ishmaelites."* Brill, 1972, pp. 132-141.

32 Ibid.

33 John of Damascus, Saint. *St. John of Damascus-Concerning Heresy.doc*. Scribd, 14 Nov. 2016. https://www.scribd.com/document/331143273/St-John-of-Damascus-Concerning-Heresy-doc. Accessed 30 Sept. 2025.

34 Griffith, Sidney H. *The Church in the Shadow of the Mosque*. Princeton University Press, 2008, p. 53.

35 Lamoreaux, John C., translator. *Theodore Abū Qurrah*. Brigham Young University Press, 2005, p. 7.

36 Boethius. *The Theological Tractates and The Consolation of Philosophy*. Translated by H. F. Stewart and E. K. Rand, Harvard UP, 1973, pp. 4-5.

37 Anselm of Canterbury. *Proslogion*. *The Major Works*. edited by Brian Davies and G. R. Evans, Oxford UP, 1998, chapter 1.

38 Ibid., Chapter 2.

39 Aquinas, Thomas. *Summa Theologiae*. Translated by Fathers of the English Dominican Province, Benziger Bros., 1947, Part I, Q. 2, Art. 3.

40 Luther, Martin. "Disputation Against Scholastic Theology (1517)." *Career of the Reformer I*. edited by Harold J. Grimm, vol. 31, Fortress Press, 1957, pp. 9-16.

41 Ibid.

42 Melanchthon, Philipp. *Commonplaces: Loci Communes 1521*. Translated by Christian Preus,

Concordia Publishing House, 2014, p. 40.
43　Calvin, John. *Institutes of the Christian Religion*. Edited by John T. McNeill, translated by Ford Lewis Battles, 2 vols., Westminster John Knox Press, 1960, bk. 1, ch. 7, sec. 4.
44　Ibid.
45　Bellarminus, Roberto Francesco Romolo[Robertus Bellarminus]. *Disputationes de Controversiis Christianae Fidei adversus hujus temporis Haereticos*. 3 vols., David Sartorius, pp. 1586-1593.
46　Vives, Juan Luis. *De veritate fidei Christianae, Book IV: The Christian-Muslim Dialogue*. Edited and translated by Edward V. George, Brill, 2016.
47　Ibid.
48　Vives, Juan Luis. *Introductio ad sapientiam*. 1524, p. 54-70.
49　McGrath, Alister E. *Mere Apologetics: How to Help Seekers and Skeptics Find Faith*. Baker Books, 2012, p. 14.
50　Ibid, p.134.
51　Ibid, p. 27.
52　Pascal, Blaise. *Pensées*. ed. Michel Le Guern. Gallimard, 1977, p. 251(Frg. 680).
53　Ibid., Frg. 233.
54　Ibid,. Frg. 148.
55　Pascal, Blaise. *Pensées* Frg. 148.
56　Grotius, Hugo. *The Truth of the Christian Religion in Six Books*. Christian Classics Ethereal Library, n.d., www.ccel.org/ccel/grotius/truth.html. Accessed 30 Sept. 2025.
57　Butler, Joseph. *The Analogy of Religion, Natural and Revealed, to the Constitution and Course of Nature*. James and John Knapton, 1736, Intro., p. 15.
58　Ibid. Part II, Ch. 7.
59　Paley, William. *A View of the Evidences of Christianity: In Three Parts*. R. Faulder, 1794, Part I, Ch. 1.
60　Ibid.
61　Ibid.
62　Paley, William. *Natural Theology: or, Evidences of the Existence and Attributes of the Deity, Collected from the Appearances of Nature*. J. Faulder, 1802, ch. 1.
63　Ibid.
64　Leibniz, Gottfried Wilhelm. *Theodicy: Essays on the Goodness of God, the Freedom of Man and the Origin of Evil*. Trans. E. M. Huggard, Open Court Publishing, 1990, p. 173.
65　Ibid. p.10.
66　Ibid. p.128.
67　Schleiermacher, Friedrich. *The Christian Faith*. Edited by H. R. Mackintosh and J. S. Stewart, T&T Clark, 1999, pp. 12-16, 136, 185-387.
68　McGrath, Alister. E. *Historical Theology: An Introduction to the History of Christian Thought*. 2nd ed., Wiley-Blackwell, 2013, Ch. on 19th Century.
69　Kierkegaard, Søren. *Concluding Unscientific Postscript to Philosophical Fragments: Vol II*, ed. and trans. Howard V. Hong and Edna H, Hong, 1992, pp. 199-205.
70　Ibid.
71　Ibid., pp. 499-505.
72　Dulles, Avery. *A History of Apologetics*. Ignatius Press, 2005, p. 242.

73 Keyper, Abraham. *Lectures on Calvinism*. Eerdmans, 1931, Lecture 1.
74 Orr, James. *The Christian View of God and the World: As Centering in the Incarnation*. Reprint ed., Eerdmans, 1948, pp. 1-3.
75 Ibid., pp. 4-5.
76 Warfield, B. B. "Apologetics." *Presbyformed*, 16 Mar. 2016, presbyformed.pub/2016/03/16/321/.
77 Warfield, B. B., "The Resurrection of Christ: A Historical Fact." *The Journal of Christian Philosophy*, vol. 3, 1884, pp. 305-318.
78 Filson, David Owen. "The Apologetics and Theology of Cornelius Van Til." *Foundations*, No.79, Affinity, Autumn 2020, www.affinity.org.uk/foundations/issue-79/issue-79-article-3-the-apologetics-and-theology-of-cornelius-van-til/.
79 Wartick, J. W. "The Presuppositional Apologetic of Cornelius Van Til." *Reconstructing Faith*, 9 July 2012, jwwartick.com/2012/07/09/van-til-presup/.
80 Hsu, Patrick. "Critique of Carnell's Apologetics." *Defense of Faith*. 14 Oct. 2015, defenseofaith.wordpress.com/2015/10/14/critique-of-carnells-apologetic/.
81 Shaeffer, Francis. *The God Who Is There*. IVP, 1968, pp. 133-140.
82 Chesterton, G.K. *Orthodoxy*. John Lane,1908, ch. 2, "The Maniac"
83 Lewis, C. S. *Mere Christianity*. Harper One ed., 2001, bk. 2, ch. 3, pp. 54-7.
84 Barth, Karl. *Church Dogmatics*. T. & T. Clark, 1932, I/1.
85 Ibid., §1.1.
86 Ibid., pp. 3-40.
87 Newbigin, Lesslie. *Proper Confidence: Faith, Doubt, and Certainty in Christian Discipleship*. Eerdmans, 1995, p. 22.
88 Newbigin, Lesslie. *The Gospel in a Pluralist Society*. Eerdmans, 1989, p. 52.
89 Newbigin, Lesslie. *New Dictionary of Christian Apologetics*. IVP, 2006, p. 485.
90 Craig, William Lane. *Reasonable Faith: Christian Truth and Apologetics*. 3rd ed., Crossway, 2008, pp. 111-18.
91 Craig, William Lane. *The Son Rises: Historical Evidence for the Resurrection of Jesus*. Wipf and Stock, 1981, pp. 45-134.

Chapter 6. 하나님의 아들이 인간이 되셨다

92 이 장의 내용은 다음의 출처에서 아이디어를 얻고 도움을 받아 정리했다. McDowell, Josh and Sean McDowell. *12 Crucial Truths of the Christian Faith*. Harvest House Publishers, 2024, pp. 113-138.
93 Ibid., p. 116.

Chapter 7. 관계의 영적 전쟁

94 Lewis, C. S., *Mere Christianity*. Harper One ed., 2001, bk. 3, ch. 8, p. 122.
95 "Humility is not thinking less of yourself, but thinking of yourself less."

Chapter 8. 신(神)은 존재하는가?

96 Craig, William Lane, *Reasonable Faith: Christian Truth and Apologetics*. Crossway Books, 3rd ed., Crossway, 2008. pp. 111-156.

97 3 most common types of cosmological models | Description, Example & Application. https://your-physicist.com/3-most-common-types-of-cosmological-models/
98 https://www.reasonablefaith.org/writings/scholarly-writings/the-existence-of-god/the-existence-of-god-and-the-beginning-of-the-universe?
99 Tabata, Mark. The One True God? https://marktabata.com/2016/08/04/first-blog-post/
100 Craig, William Lane. Interview by Lee Strobel. *The Case for a Creator*. Zondervan, 2008, pp. 122-23.
101 Alberts, B., et al. *Molecular Biology of the Cell*. 6th ed., *Garland Science*, 2015, ch.1, pp. 1-38, ch. 10, pp. 563-600, ch. 18, pp.1055-1115.
102 https://uncommondescent.com/intelligent-design/michael-dentons-evolution-still-a-theory-in-crisis-a-spectator-best-book/
103 https://evolutionunderthemicroscope.com/newgenes01.html?
104 Ridley, M. *Genome: The Autobiography of a Species in 23 Chapters*. Harper Collins, 1999. 이 책에서 리들리(Ridley)는 인간 게놈을 탐구하며, DNA의 정보량을 방대한 도서관이나 수많은 책에 비유한다. 이는 세포 DNA 내에 담긴 정보의 밀도와 복잡성을 강조한다.
105 Alberts, Bruce, et al. *Molecular Biology of the Cell*. 4th ed., *Garland Science*, 2002, pp. 191-93.
106 https://en.wikipedia.org/wiki/Gravitational_constant
107 Solving the mystery behind dark energy and the cosmological constant. https://www.innovationnewsnetwork.com/solving-the-mystery-behind-dark-energy-and-the-cosmological-constant/7634/
108 Giancoli, Douglas C. Physics: Principles with Applications. 6th ed., P*earson Prentice Hall*, 2005. Ch. 16, problem 10, pp. 191-93.
109 Barrow, J. D., and F. J. Tipler. *The Anthropic Cosmological Principle*. Oxford UP, 1986, ch. 5.
110 https://science.nasa.gov/mission/webb/about-overview/
111 Labbé, I., et al. "A population of red candidate massive galaxies just 500-800 Myr after the Big Bang." *Nature Astronomy*, vol. 7, no. 4, Apr. 2023, pp. 266-69.
112 McDowell, Josh, and Sean McDowell. *12 Crucial Truths of the Christian Faith*. Harvest House Publishers, 2024, p. 38.

Chapter 9. 성경은 신뢰할 수 있는 하나님의 말씀인가?

113 Payne, J. Barton. *Encyclopedia of Biblical Prophecy: The Complete Guide to Scriptural Predictions and Their Fulfillment*. Wipf & Stock, 2020, p. 661.
114 Geisler, Norman L., and William E. Nix. *A General Introduction to the Bible*. Rev. and expanded, Moody Press, 1986, pp. 223-29.
115 https://jdgreear.com/jesus-from-genesis-to-revelation
116 Payne, J. Barton. *Encyclopedia of Biblical Prophecy: The Complete Guide to Scriptural Predictions and Their Fulfillment*. Wipf & Stock, 2020, p. 695.
117 McDowell, Josh. *The New Evidence That Demands a Verdict*. Thomas Nelson, 1999, p. 73.
118 Scribal Correction Techniques-NehemiasWall.com
119 마소라 본문(Masoretic Text, MT) 중 가장 오래된 완전한 사본은 레닌그라드 사본(Leningrad Codex)이다. 작성 연도는 주후 1008년(또는 1009년으로 추정)이며 알레포 사본(Aleppo Codex)의 작성 연도는 주후 930년경이다. 원래는 구약 전체였으나 1947년 화재로 손상되어 일부 결락되었다. 자세한 참고: Tov, Emanuel. *Textual Criticism of the Hebrew Bible*. Fortress Press, 2012.

120 McDowell, Josh. *The New Evidence that Demands a Verdict*. Nelson, 1999, p. 79. 변형의 5퍼센트는 주로 철자 변형으로 구성되었다. 예를 들어, 이사야 53장의 166개 단어 중에서 문제가 있는 단어는 17개에 불과했다. 그중 10개는 철자 오류이고 4개는 문체적 변화였다. 나머지 세 글자는 11절에 추가된 '빛'이라는 단어였다.

121 쿰란 사본 가운데 에스더서가 발견되지 않았지만 에스더서가 정경이 아니라는 의미를 주지는 않는다. 또한 외경의 일부가 발견되었지만 외경이 정경으로 여겨짐을 뜻하지는 않는다. 외경이 참고 문헌의 역할을 했을 가능성이 있다고 보는 것이 타당하다.

122 McDowell, Josh, and Sean McDowell. *12 Crucial Truths of the Christian Faith*. Harvest House Publishers, 2024, p. 68.

123 https://bibleversion.org/bible/versions/modern-english/todays-new-international-version/todays-new-international-version-preface-2005/

124 Bruce, F. F. *The New Testament Documents: Are They Reliable?*, 1943, p. 15. F. F. 브루스는 이 출처의 2장에서 고대 사본(MSS)에 대해 발언할 수 있는 최고의 권위를 지닌 학자였던 고(故) 프레데릭 케년 경(Sir Frederic Kenyon)을 인용한다. "그렇다면 원본이 작성된 시점과 현존하는 가장 오래된 증거(사본) 사이의 간격은 너무나 짧아 사실상 무시해도 좋을 정도이며, 성경이 본래 기록된 그대로 우리에게 전해졌다는 것에 대한 모든 의심의 마지막 근거는 이제 사라졌다. 신약성경 책들의 진정성과 전반적인 온전성은 이제 최종적으로 확립되었다고 보아도 무방하다."

125 《알렉산더 대왕의 역사》(*Histories of Alexander the Great*; 라틴어: *Historiae Alexandri Magni*)는 알렉산더 대왕의 유일하게 현존하는 라틴어 전기다. 이것은 주후 1세기에 로마 역사가 퀸투스 쿠르티우스 루푸스가 썼지만, 가장 오래된 현존 사본은 10세기에 나왔다.

126 마태복음의 가장 오래된 사본은 파피루스 104(P104)로, 마태복음 21장 34-37절의 일부와 아마도 마태복음 21장 43, 45절의 일부를 담고 있는 사본의 일부다. 이 파피루스의 기록 시기는 주후 2세기 후반 또는 3세기 초반으로 추정되며, 이 복음서의 알려진 가장 오래된 단편 중 하나다. P104 외에도 다른 중요한 초기 사본은 다음과 같다. 주후 3세기로 거슬러 올라가는 파피루스 1(P1)에는 마태복음 1장의 일부가 포함되어 있다. 주후 3세기로 거슬러 올라가는 파피루스 45(P45)는 사복음서와 사도행전의 일부를 담고 있는 더 광범위한 사본으로, 주후 3세기 초반으로 거슬러 올라간다. 이러한 사본은 기독교 초기에 전해진 마태복음의 본문에 대한 중요한 증거를 제공한다.

127 요한복음의 가장 오래된 사본은 파피루스 52(P52)로, 존 라일랜즈 도서관 파피루스 P52로도 알려져 있다. 이 작은 필사본 조각은 주후 125-150년경으로 추정되며, 한 면에는 요한복음 18장 31-33절의 일부가 있고 다른 면에는 요한복음 18장 37-38절이 있다. P52는 가장 중요한 초기 기독교 사본 중 하나로 여겨지는데, 그 이유는 신약성서의 가장 오래된 필사본 조각이기 때문이다. 그것은 특히 이 필사본 조각이 발견된 이집트에서 요한복음이 일찍 유통되었다는 결정적인 증거를 제공한다.

128 McDowell, Josh, and Sean McDowell. *Evidence that Demands a Verdict*, Thomas Nelson, 2017, p. 56.

129 Ibid., pp. 52-56

130 Kennedy, Titus. *Unearthing the Bible: 101 Archaeological Discoveries That Bring the Bible to Life*. Harvest House Publishers, 2020.

Chapter 10. 예수님이 구원의 유일한 길인가?

131 Keller, Timothy, *The Reason for God: Belief in an Age of Skepticism*. Dutton, 2008, p. 9.

132 Ibid.

133 이 부분의 내용은 다음의 출처에서 요약, 정리했다. McDowell, Josh and Sean McDowell. *12 Crucial Truths of the Christian Faith*. Harvest House Publishing, 2024, Chapter 4.
134 Lewis, C. S. *Miracles: A Preliminary Study*. HarperCollins, 2002, p. 108.
135 https://www.josh.org/christ-resurrection-empty-tomb/
136 Eusebius. *The Church History*. Translated by Paul L. Maier, Kregel Publications, 2007, Appendix. / McBirnie, William Stuart. *The Search for the Twelve Apostles*. Living Word Pub., 1987, pp. 15-20.
137 Ignatius of Antioch. "To the Ephesians." *The Apostolic Fathers*. Translated by J. B. Lightfoot and J. R. Harmer, 3rd ed., Baker Book House, 1989, pp. 63-70.

Chapter 11. 포스트모더니즘을 어떻게 대응할 것인가?

138 이 장은 조쉬 맥도웰(Josh McDowell)의 《Evidence That Demands A Verdict》(ETDAV)에서 제시한 포스트모더니즘의 아웃라인(outline)과 내용을 기본으로 알기 쉽게 요약하고 다른 필요한 부분은 보강했다. 포스트모더니즘에 대한 상세한 토의는 다음을 참고하라. McDowell, Josh and McDowell, Sean. *Evidence That Demands A Verdict*. 2017, Thomas Nelson, Chapter 29, p. 635-643.
139 Tarnas, Richard, *The Passion of the Western Mind*. Ballantine Books, 1993, pp. 395-96.
140 Lyotard, Jean-François. *The Postmodern Condition: A Report on Knowledge*. Trans. Geoff Bennington and Brian Massumi, U of Minnesota P, 1984, p. xxiv.
141 Anderson, Bernhard W. *The Testimony of the Old Testament: An Introduction to Biblical Theology*. Abingdon Press, 1972, p. 4.
142 Erickson, Millard J. *Postmodernizing the Faith: Evangelical Responses to the Challenge of Postmodernism*. Baker Books, 1998, pp. 28-30.
143 Tarnas, Richard. *The Passion of the Western Mind*. Ballantine Books, 1993, p. 417.7
144 Kant, Immanuel. *Critique of Pure Reason*. Trans. Norman Kemp Smith, St. Martin's Press, 1929, p. 36.
145 Nietzsche, Friedrich. *The Portable Nietzsche*. Ed. and trans. Walter Arnold Kaufmann, Penguin Books, 1976, pp. 46-47.
146 Grenz, Stanley J. *A Primer on Postmodernism*. Eerdmans, 1996, p. 41.
147 Tarnas, Richard. *The Passion of the Western Mind*. Ballantine Books, 1993, pp. 395-96.
148 Ibid., p. 401.
149 Blackburn, Simon. *The Oxford Dictionary of Philosophy*. OUP, 1994, p. 123.
150 BonJour, Laurence, and Ernest Sosa. *Epistemic Justification: Internalism vs. Externalism, Foundations vs. Virtues*. Blackwell Publishing, 2003, p. 11.
151 Descartes, René. *Meditations on First Philosophy*. Trans. John Cottingham, Cambridge UP, 1996.
152 Simon Blackburn, *The Oxford Dictionary of Philosophy*. OUP, 1994, p. 130.
153 Chisholm, Roderick M. *Theory of Knowledge*, Prentice-Hall, 1966, p. 10.
154 BonJour, Laurence. *The Structure of Empirical Knowledge*. Harvard UP, 1985, p. 232.

Chapter 12. 자연주의를 신뢰할 수 있는가?

155 Barr, Stephen M. *Modern Physics and Ancient Faith*. U of Notre Dame P, 2003.
156 Plantinga, Alvin. *Warranted Christian Belief*. Oxford UP, 2000, pp. vi-x.
157 https://sciencecouncil.org/about-science/our-definition-of-science/

158 "Science." *Britannica, Encyclopædia Britannica, Inc.*, www.britannica.com/topic/science. Accessed 30 Sept. 2025.

159 Cowburn, John. *Scientism: A Word We Need. Mosaic Press*, 2013, p. 14.

160 Rosenberg, Alex. *The Atheist's Guide to Reality: Enjoying Life without Illusions*. W. W. Norton & Company, 2011, pp. 6-7.

161 과학적 방법은 자연의 경험적 규칙성을 찾고 설명하기 위해 관찰, 정보 수집, 실험적 검증을 기반으로 한다. 과학적 방법은 반복 가능한 것을 증명하는 데에만 사용할 수 있다.

162 Koukl, Greg. "What Science Can't Prove." *Stand to Reason (STR.org)*, 4 Feb. 2013, www.str.org/w/what-science-can-t-prove-1.1

163 McDowell, Josh, and Sean McDowell. *More Than a Carpenter*. New updated ed., Tyndale House Publishers, 2009, p. 40.

164 Shifferd, Scott J. "The Legal-Historical Method." *The Breath of God*, 18 June 2019, godsbreath.net/2019/06/18/the-legal-historical-method/. Also McDowell, Josh, and Sean McDowell. *More Than a Carpenter*. Tyndale, 2009, p. 43.

165 McDowell, Josh and McDowell, Sean, *More Than a Carpenter*. New updated ed., Tyndale House Publishers, 2009, p. 43.

166 Wald, George. "The Origin of Life." *Scientific American*, vol. 191, no. 2, 1954, pp. 44-53.

167 Dalrymple, G. B. *The Age of the Earth*. Stanford UP, 2001, p. 74.

168 Ibid.

169 "Photosynthesis: Carbon Fixation, Reduction, Light." *Britannica, Encyclopædia Britannica, Inc.*, www.britannica.com/science/photosynthesis/Carbon-fixation-reduction-and-the-formation-of-other-products. Accessed 30 Sept. 2025.

170 "Radioactive Decay: Education-Stable Isotopes." *NOAA Global Monitoring Laboratory, National Oceanic and Atmospheric Administration*, U.S. Department of Commerce, www.gml.noaa.gov/outreach/isotopes/decay.html.

171 Ham, Ken, editor. *The New Answers Book 1: Over 25 Questions on Creation/Evolution and the Bible*. Master Books, 2006, pp. 85-86.

172 *Naver Blog: The Science Times*, 29 Feb. 2024, blog.naver.com/sciencetimes/223729304154

173 Dalrymple, G. B., and M. A. Lanphere. *Potassium-Argon Dating: Principles, Techniques, and Applications to Geochronology*, 1969, pp. 1-5.

174 Ibid.

175 Ibid.

176 *Naver Blog: The Science Times*, 29 Feb. 2024, blog.naver.com/sciencetimes/223729304154

177 Austin, Steven A. "Excess Argon within Mineral Concentrates from the New Dacite Lava Dome at Mount St. Helens Volcano." *Creation Ex Nihilo Technical Journal*, vol. 10, no. 3, 1996, pp. 335-343.

178 Ma: "Millions of years ago."

179 Snelling, Andrew A. "The Cause of Anomalous Potassium-Argon 'Ages' for Recent Andesite Flows at Mt. Ngauruhoe, New Zealand, and the Implications for Potassium-Argon 'Dating.'" *Proceedings of the Fourth International Conference on Creationism*, edited by Robert E. Walsh, Creation Science Fellowship, 1998, pp. 503-525.

180 https://en.wikipedia.org/wiki/Garniss_Curtis?utm_source=chatgpt.com

181 Taylor, R. E., and M. J. Aitken, editors. *Chronometric Dating in Archaeology*. Vol. 2, Springer-Verlag New York, 1997, p. 110.

182 Taylor, Ian T. *In the Minds of Men: Darwin and the New World Order*. TFE Publishing, 1984, pp. 240-241.

183 https://en.wikipedia.org/wiki/KBS_Tuff?

184 Milton, Richard. *Shattering the Myths of Darwinism*. Rochester, Park Street Press, 1997, pp. 53-55.

185 Criswell, Daniel. "How Soon Will Jurassic Park Open?" *Impact*, no. 396, Institute for Creation Research, June 2006, pp. i-iv.